EL ARBOL DE LAS HESPERIDES

Mario Roso de la Luna

El Caballero de la Luz Astral (1)

¡Hay muchas moradas en la Casa de mi Padre! JESUS, en el Evangelio de San Mateo

Mi santa madre, que esté en gloria, era una señora harto singular. Católica, casi mística, tenía, sin embargo, cosas raras que habrían causado extrañeza al menos riguroso de los párrocos de aldea, y una manera especial de considerar-pues que era bastante ilustrada, con ilustración impropia de señora pueblerina-todas las cosas relativas a la gran epopeya extremeña de Francisco Pizarro en América, epopeya que ella había leído más de una vez en el libro del Inca Garcilaso de la Vega y en Los Varones célebres, de don Manuel Jose Quintana.

Una noche de invierno-lo recuerdo cual si fuese ahora, con esa lucidez con la que suelen recordarse las cosas de la infancia cuando nada se 6a pintado todavía en la tabla rasa escolástica de nuestra mente- acababa de leerme mi madre las embelesadoras aventuras de Robinsón Crusoe en su isla solitaria: la primera noche del joven náufrago, pasada entre las ramas de un árbol, por miedo a las fieras; su primera comida con ostras de la playa; el encuentro providencial de una covacha donde guarecerse contra las inclemencias del cielo, y el más providencial descubrimiento del fuego, con el que ya pudo guisar, calentarse, ahuyentar a las alimañas y hasta labrarse una canoa... Aventuras todas que mi imaginación infantil veía al vivo y aun agigantadas, ora hacia los rincones obscuros de aquella cocina de aldea, ora entre las llamitas de la alegre lumbrarada, en las que, entre tanto, hacía yo surgir crepitantes, y blancas como la nieve, las palomitas del maíz, postre luego de mi cena.

(1)Publicada, con ilustraciones de Melendreras, en La Novela Corta, director D. José de Urquía, Madrid, el 7 de octubre de 1922.

-¡Mamá!-hube de decirla con esa terrible profundidad de ciertas incontestables preguntas infantiles-, ¿verdad que en un mundo así se estaría muy a gusto, sin peleas con los chicos y sin la diaria obligación de ir a la escuela?

La pobre madre, lanzándome una compasiva mirada de cariño que era todo un poema, limitóse a decirme:

-Sí. No hay duda que ese sería un mundo hermoso, como a la postre lo fue para Robinsón; pero no pierdas de vista que él tuvo, y todos tenemos que conquistarlo con la lucha, porque

« ¡milicia, y bien ruda, dice Evangelio, es la vida del hombre sobre la tierra!»

Y luego, como si en aquel mismo momento se la antojase sembrar en mi fecunda mente una semilla eterna, llamada a germinar sólo con los años, añadió con viveza:

-¡También ha habido en la Historia, que es, sin duda, la mejor novela, Robinsones-héroes como nunca enseñó Daniel Defoe! El capitán extremeño Gil Beltrán de Garcerán, de la familia de los Menachos de Montánchez...

Pero calló repentinamente como si se hubiese arrepentido de su frase:_ ¡Que si quieres!... No sabía bien ella el niñito curiosón e insoportable que estaba educando.

Desde aquel día, en efecto, ya no hubo paz en nuestras veladas invernales. Mientras caía fuerte la lluvia y el viento azotaba, cual a anclada nave, las paredes de nuestra vivienda convidando a gozar de esas delicias del hogar feliz y resguardado que yo había dado en llamar gráficamente «acurrucancias», mi eterna cantinela era ésta:

-Mamá, anda, ¡cuéntame lo del capitán Menacho!

-No, que no lo vas a entender: ¡eres muy tonto y muy pesado!...replicaba resistiéndose-. Te contaré, si quieres, otras mucho más lindas cosas.

-¡No, que quiero lo del capitán Menacho!-insistía, pesado cual un tábano, tirándola de la falda y haciéndola toda clase de mimosos arrumacos.

Tuvo, al fin, que capitular: ¿qué madre no ha capitulado con su hijo en circunstancias semejantes? Así que, haciéndose notoria violencia a si misma, y quizá comprendiendo que hay insistencias a veces providenciales, pues que tocan con los insondables misterios que llama Destino e Inconsciente nuestra pobre filosofía, acabó por decirme solemnemente, arrellanándose en el viejo sillón, mientras yo sacaba con las uñas mismas Y a riesgo de quemarme, la undécima palomita de la velada:

-¡Mira que es una cosa muy triste, y que a nadie he contado nunca, porque a mí me la contó antaño, y con mucho misterio, mi abuela, encargándome no la dijese sino al que fuese digno de comprenderla, y tú eres un niño todavía!...

-Pero, entonces, ¿cómo quieres que sea mañana un hombre? ¡Yo no se la contaré a ningún chico, si así lo deseas!

-Y harás bien en no contarla, porque no te creerían y además se reirían de ti, teniéndote por loco. ¡Hay cosas-añadió en un aparte como los del teatro y del que no perdí nada con mi perspicacia-que son algo así como tradiciones de familia, porque el capitán Menacho y nosotros!...

No terminó la frase, ni hacía tampoco falta alguna, pues ya tenía bastante con lo que había oído. Por otra parte, hay que convenir en que los niños son hombres a quienes, por no haberlos educado todavía en unas cosas, no se les ha deseducado en otras...

Y el cuento en cuestión, aunque relatado sin ese sencillo calor que da la palabra de una madre cuando habla algo interesante a su hijo, decía como sigue:

II

Cuando Francisco Pizarro trazó la célebre raya en el suelo, invitando a que la pasaran los valientes que quisiesen seguirle en demanda de las fabulosas riquezas del imperio de los Incas del Perú, es fama que sólo trece la pasaron con sus caballos. Los demás volvieron grupas hacia Santa Marta, teniendo la soñada aventura contra aquel pueblo, tan numeroso como las arenas del mar, por empresa de locos temerarios más que de gentes de sano juicio. Entre tales héroes se encontraba el valeroso paladín Gil Beltrán de Garcerán que fue el primero también en tocar las consecuencias de su heroísmo.

El joven primogénito de los linajudos Penachos de Montanchez ávido siempre de aventuras raras, fue vencido de allí a pocos días, no por indio alguno, que no se encontraban sino por el invencible enemigo de una naturaleza tropical, abiertamente hostil a los invasores.

Lejos ya de los caudalosos ríos, Cauca y Magdalena la fiebre, auxiliada por la fatiga y la pésima alimentación, pues es fama que tuvieron que adobar y cocer hasta las correa; de los atalajes de sus caballos, envenenó la roja sangre del mozo extremeño tanto que cierto día cayó de repente al pie de una desecada torrentera y extraviado, perdió el rastro de los suyos, quedando abandonado a las inclemencias en las soledades aquellas.

¿Buscaron solícitos, los compañeros de Garcerán, al así perdido? le dieron, buenamente, por presa de alguna fiera, o se preocuparon menos de él que de sí propios y de los saquitos de esmeraldas codiciosamente recogidas por ellos, esmeraldas ¡ay! que, cual la pepita de ore del gallo de la fábula, para nada les servían allí contra el hambre, la sed y los elementos?

La historia no lo dice, pero es piadoso el pensar lo primero, aunque alguno, quizá, más bien sospechase lo último.

En su postración mortal, nunca pudo saber el joven el tiempo que así permaneció, abrasado y delirante, sin otro auxilio que el de Dios, padre de los desvalidos, y sin más compañía que la de su fiel caballo Lucero un alazán de pura raza cordobesa, que parecía hablarle y animarle en su abandono.

Había cerrado hacía tiempo la noche. La tibia atmósfera se perfumaba con los mil desconocidos olores de las vírgenes soledades aquellas y el creciente de la Luna, una Luna tropical que da calor y congestiona, iluminaba ya apenas los altos picachos del lado de Occidente, desde los cuales probablemente se divisaría el Océano Pacífico.

En el mágico silencio, el bravo, bajo la acción de su delirio, creyó oír, no lejos, el dulce canto de un hada, con notas las más extrañas, y en lengua, naturalmente, desconocida.

¿Era aquella voz extrahumana una de esas ilusiones consoladoras colas que la muerte se apiada a veces de los desdichados a quienes va a llevarse de allí a poco?

Tal lo creyó en el primer momento el joven guerrero, pero advirtió bien pronto que también su caballo, sensible como todos los de su raza a las armonías musicales, había levantado la cabeza, sacudiendo las orejas y tomando viento hacia aquella parte.

Las leyendas de la lejana niñez de Gil Beltrán, realzadas por la fiebre tomaron al punto forma de mujer en su ardiente fantasía, pero esta vez no se engañó, porque a poco de haber lanzado el fiel caballo un sonoro relincho, vio que se le acercaba, en efecto, una admirable mujer, de albas vestiduras flotantes, con su negro cabello abundoso pasando mucho de sus espaldas; su boca y nariz eran perfectas; sus ojos, de pureza sobrenatural parecían luminosos por sí mismos, y el andar de ella tan gracioso que se diría no pisaba en el suelo.

¡Y esta excepcional mujer, la más hermosa de cuantas el joven había visto en su vida aventurera, se le acercaba compasiva, ni más ni menos que en típica escena de teatro!

¡Y no sólo le habló en lengua tan dulce como incomprensible la mujer aquella sino que se llegó blandamente a él, le tocó la frente sudorosa, y le tomó una mano....

A este arranque de la desconocida siguió un momento de vacilación imposible de ser interpretado por nuestra humana psicología. Advirtió ella, sin duda, la fiebre que devoraba al guerrero, y quizá aun pensó en curarle por sí misma, en secreto, siguiendo los naturales impulsos de la compasión femenina, pero, comprendiendo el peligro inminente y la debilidad de sus fuerzas, ágil cual gacela, subióse a una roca vecina, lanzando un sonoro ¡Cuuauél, especie de llamada de alarma de aquellas gentes como el ¡Hijujú! asturiano, grito que se dilató hasta perderse a lo lejos en las soledades circunvecinas.

La llamada atrajo al punto al sitio hasta una docena más de mujeres semejantes a la primera, y que parecían descendidas allí en un rayo de luna. Una escena conmovedora desarrollóse entonces en torno del triste guerrero. Todas las bellas mujeres le atendían a porfía, cual madres amantes, sin quitar la vista por cierto del caballo, especie de pacífico monstruo a sus ojos, monstruo que hubo de seguir mansamente a su amo así que el grupo de mujeres-hadas, haciendo prontamente una especie de angarillas de ramaje, tendieron en ellas al delirante enfermo, emprendiendo el camino hacia su retiro, pues conviene anotar aquí que las gentiles salvadoras del joven eran las moradoras de la vecina Casa de "las hijas del Sol", como así se llamaban todas cuantas mujeres del Imperio pertenecían a la regia familia del Inca.

Y si extraño encontraban al fiel Lucero aquellas Vírgenes del Sol, pues que los caballos no eran allí conocidos, más extraño y admirable hubieron de encontrar al caballero, cuya tez blanca, de un blanco de nieve para ellas jamás visto, su barba cerrada, larga y señorial y su gentil continente de noble y de guerrero, realzado por una elevada estatura contrastaba enormemente con el aspecto de las menudos hermanos de ellas, los indios guaraníes, y demás de aquel cálido país, todos poco menos que imberbes, y bronceados por los ardores del trópico.

-¡Es uno de esos seres de rosa, nieve y fuego que nuestra Viracocha en su última profecía nos anunció que llegarían pronto con sus naves desde las remotas tierras por las que nace el Sol-hubieron de decirse, sin duda; aunque el joven no las entendió.

Y, caminando un buen trecho, llevándole con el mayor cuidado, le depositaron blandamente en un fresquísimo y amplio aposento de un palacio admirable de labrada, de nunca vista construcción.

¡Allí le dejaron desmayado y solo!

III

Al volver en sí de su desmayo el joven Garcerán, vió en pie, frente a frente a su lecho, a un vejete minúsculo, rechoncho, feo, antipático, con unos ojitos brillantes y maliciosos que parecían escudriñarlo y penetrarlo todo.

Con ademán, más que de persuasión de sacerdotal mandato, el viejo le hizo tomar una pócima rojiza, muy amarga, a base probablemente de corteza machacada del árbol de la quina, y luego, tendiéndole boca abajo, le propinó enérgicos pases magnéticos todo a lo largo de la columna vertebral, al par que mascullaba algo así como un monótono rezo.

Gil Beltrán no podía equivocarse acerca del carácter e investidura de su curandero, por haber conocido a otro análogo en la península de la Guaira, a poco de desembarcar. El personaje en cuestión era un pistaco, es decir, un sacerdote de alguno de los antiguos cultos locales, a los que habían sido incorporados más tarde por los dominadores quíchuas el supremo e iniciático culto del Sol.

La enfermedad del joven era, sin embargo, tan grave, que resistía a todas aquellas vigorosas medicinas del pistaco, y su resultado habría sido fatal a no tratarse de una de esas vigorosas naturalezas extremeñas, que apenas si ya quedan, y que parecen tener la dura resistencia de los troncos de encina de sus dehesas.

Por una nada explicable condescendencia del pistaco, Zulaí, que tal era el nombre de su hermosa salvadora, a veces sola, a veces acompañada por las otras, venía a visitarle todos los días, agitada, nerviosa, y ya evidentemente enamorada del guerrero, otro tanto que él lo estaba también de ella, manifestándole con la mirada, o por otras discretas señas, cuán grande era su inquietud y cuán lealmente correspondía su corazón al amor y a la gratitud de aquel héroe que así luchaba entre la vida y la muerte.

La fresca pulpa de coco, el jugo ácido y refrigerante de frutas tan desconocidas como deliciosas, que el joven tomaba de las lindas manos de Zulaí o bebía con amorosa avidez, hicieron seguramente más por la curación del enfermo que todas las medicinas del pistaco. Tanto, que se salvó al fin.

¡Curóle el amor de la doncella inca, con sus tiernas solicitudes de ángel tutelar suyo!

Un poema de amor, con romanzas sin palabras a lo Mendeishon, comenzó también a propagar su fiebre entre Garcerán y Zulaí, así que iba desapareciendo en aquél la otra fiebre producida por el clima del trópico

IV

Larga, muy larga fue la convalecencia del joven extremeño, quien, a medida que iba recobrando sus energías, notaba que la razón de tales cuidados era harto diferente en la virgen inca que en el viejo sacerdote, pues mientras que a los de ésta los inspiraba, como va dicho, el más ingenuo y decidido amor que ella disimulara a maravilla en presencia de los demás, en la fría mirada del sacerdote surgían de vez en cuando los chispazos de un odio de razas que parecía cada día aumentar.

Una tarde, mientras Garcerán fingía dormir, oyó como discutir allí cerca. Sin duda se recelaban muy poco de él, sabiendo que no conocía de la lengua quíchue más que alguna que otra palabra suelta, pero el joven no dejó de comprender que algo muy grave ocurría. Las palabras «huaca», «Tupán», «Viracocha», etc., de significado para él conocido, mezclábanse con otras ya netamente españolas de «caballos», «muerte del Inca», «oro y tesoros», «Pizarro», «Caxamarca», «Coozco», «sacerdote cristiano» Y otras tales, con las que pudo reconstruir lo sustancial de aquel vivo diálogo, y aun explicarse lo espantoso de su propia situación, cosa aquella que más tarde la Historia se ha encargado de resumirnos así:

«Tras innumerables penalidades, vencidas por las fuerzas, más de titanes que de mortales de Pizarro y de los suyos, éstos habían ocupado Caxamarca, entre la desconfianza y el terror supersticioso de los millares de indios que constituían las avanzadas del gran imperio de Cuzco por aquella parte del Norte. Los caballos, animales desconocidos en toda América, repetimos, parecían formar un solo cuerpo con sus respectivos jinetes, como en la universal leyenda de los centauros. Uno de los más expertos jinetes, sobre todo, caracoleando entre la multitud y superando obstáculos habíales parecido un ser extranatural e invencible. El barbudo aspecto extranjero de don Francisco Pizarro, cuanto de la mayoría de sus compañeros, sus continentes reposados, aristocráticos, la mate palidez de sus semblantes avinagrados, en franco contraste con los gregarios indios, parecían ser el vivo cumplimiento apocalíptico de las profecías que anunciaran el término de los sacrificios humanos y la ruina del templo del sol. Los cielos y la tierra también habían mostrado mil fatales augurios, desde la aparición de flamígeros cometas y estrellas corredoras, hasta terremotos, erupciones de los volcanes vecinos, hambres y discordias civiles.

Estas últimas, especialmente, sangraban tragedia: El Inca, HuaynaCapac, había muerto inopinadamente, dejando un terrible pleito de sucesión entre su hijo legítimo, el mozo Huáscar y su bastardo Atahualpa, que le era el más querido. Las gentes de este último acababan de hacer prisionero a aquél, pero, casi al mismo tiempo, los soldados de Pizarro, con deslealtad que les honrara poco, o por lo menos con el refinamiento propio de esas dudosas artes que a lo largo de la Historia se ha dado en llamar «razón de Estado» y «conveniencia política», habían logrado atraer a Caxamarca al Inca Atahualpa, donde yacía en situación asaz dudosa. Las noticias del momento, según infería Garcerán, eran sencillamente espantosas: la majestad del Hijo del Sol veíase escarnecida por aquellos advenedizos, cuyo pistaco, de negros hábitos e insolentes ademanes autoritarios, decían había pretendido poner la autoridad de su Biblia y su Rosario por cima de la suprema Borla Roja, símbolo de la celeste realeza del Inca.

El desgraciado Atahualpa, pues, por uno de esos frecuentes sarcasmos del ciego Hado, era pleno vencedor, rey, Dios indiscutible en un dilatadísimo imperio que abarcaba, con sus tributarios, medio continente de la América del Sur, y era árbitro, además, de la suerte de su hermano y vencido enemigo. Pero al mismo tiempo, veía-se él dominado, prisionero y al arbitrio de aquel puñado de desconocidos, en los que no había que fiar gran cosa, dado que tenían un ciego amor al oro de sus templos y sus «huacas» mortuorias, cosa de mero adorno y ostentación para los incas, como para los gnomos y los nibelungos de los cuentos europeos.

«Y llegaba a tanto la codicia de aquéllos, que habían exigido a Atahualpa, a cambio de su rescate, que les hiciese a los suyos llenar de oro hasta la altura de la raya que alguien, puesto de puntillas y elevando su mano, había hecho en la amplia estancia que servía de prisión al Inca... El pistaco, como conocedor del corazón humano, desconfiaba de que aquello no acabase en una de las más terribles y concatenadas tragedias que ha conocido el mundo. Ya se habían soltado los diques al torrente, por cuanto Atahualpa, prisionero y todo, había tenido la debilidad, indigna, no ya de un Inca y de un hermano, sino hasta del más ínfimo de los hombres, de ordenar desde su propia prisión que el infeliz Huáscar fuese sacrificado, fratricidio que tan caro había de hacerle pagar el inexorable Destino, ese Talión cruel del «ojo por ojo y diente por diente», del pueblo judío, al que llamamos Karma los teósofos.

—¿Qué cosa más natural-pensó Gil Beltrán, mientras veía pasar desde su retiro de largas recuas de llamas cargadas de barras de oro y toda clase de objetos preciosos en dirección a Caxamarca-que la tragedia tome vuelos y sea yo también otra de las víctimas?

Y Sucedió cual se temía, porque la lógica de las cosas, tratándose del mal se despeña hacia abajo en creciente rapidez de alud. Tres días después entró furioso el pistaco en el aposento y dirigiéndose al atribulado Garcerán, como fiera que pretendiera saltarle los ojos, dióle rápidamente a entender toda la magnitud de la catástrofe. ¡Aunque los tesoros habían sido llevados rebasando la alta raya prefijada, y aunque estaban en camino de la prisión muchos más, Atahualpa había sido al fin decapitado por los españoles, quienes pretendían así castigar, no la muerte de Huáscar, sino la resistencia, decían, del Inca a dar las señas de más tesoros de los inagotables con que contaba el Imperio. Bajo el pretexto de que podía quizá conspirar contra los invasores, éstos pretendían así imponerse a las supersticiosas huestes indias por el terror, recelosos de poderlas vencer de otro modo si se daban cuenta de su inmensa, de su aplastante superioridad numérica y de la verdadera situación de los españoles.

-¡Si el Inca ha muerto, como aseguran-rugió el pistaco blandiendo el terrible cuchillo de negra piedra de obsidiana volcánica, que empleaba rara los sacrificios-, tus soles estarán contados y tú también morirás!

Y le dejó solo, entregado a tristísimos presentimientos, porque empezaba a conocer la lealtad de la palabra de los incas y tenía harto conocidos a sus compañeros españoles.

Para mayor contrariedad, aquella tarde no vino a consolarle su amada Zlaí como acostumbraba. No acertaba a explicarse tal mudanza, porque en las largas horas de su enfermedad había aprendido a estimar las profundidades insondables de ternura de aquellas damas quíchuas, corazones verdaderamente regios, con esa suprema majestad y esa absoluta renunciación amorosa a la que sólo llegan las mujeres orientales.

V

Día terrible, de sol a sol, fue aquel en que se supo en el refugio-prisión del desdichado amante que, al fin, había ocurrido lo que se temía, o sea, el sacrificio de Atahualpa. Los manes del imperio se estremecieron de horror, retemblaron los cimientos del templo del Cuzco, y la nueva cruel recurrió hasta los más remotos confines, con esa casi eléctrica celeridad de las comunicaciones que luego nosotros copiáramos de ellos. Una nueva y fatídica era comenzaba para los Incas y para el mundo.

-¡El Inca ha muerto asesinado por los tuyos!-gimió el pistaco-. ¿Tú le acompañarás mañana, porque te enviaremos al Padre Sol con el mensaje para aquél de nuestra fidelidad y nuestro cariño!

Y, sin más trámites, le sacó fuera, a una especie de empalizada circular, vecina a unos

peñascos que parecían dólmenes, y entre los que se destacaba una gran piedra circular, traceada, que era la llamada Piedra del Sol, o de los sacrificios humanos, con los que aquellos aborígenes americanos solían todavía honrar a sus divinidades sanguinarias con culto más bien primitivo y atlante que verdaderamente incásico.

Era el sitio, pues, del que Garcerán no había ya de salir sino para que el gran pistaco, auxiliado por otros cuatro oficiantes encargados de sujetar cada uno una extremidad de la víctima, y cara al sol naciente, le abriese el pecho de un solo golpe, sacándole palpitante el corazón para presentarle al Sol y deducir augurios necromantes de sus últimos latidos.

Al lado del joven habían puesto maíz tostado y abundante cantidad de pulque, esa bebida embriagadora, hecha de pulpa de pita o magüey, con las que las gentes americanas, más piadosas en ello que los europeos, permitían al pobre condenado el colocarse en situación de perder con la embriaguez su conciencia ordinaria, haciéndole menos dolorosa su situación. Al exterior resonaban, discordantes y estruendosas, las danzas rituales guerreras de todos los indios del contorno, en las que hombres, mujeres y niños plañían la triste muerte del Inca, la obscura suerte del Imperio y la injusta invasión codiciosa de los españoles, contra los que conjuraban al Sol y a todos los elementos.

VI

Garcerán, tras las innumerables penalidades por él sufridas desde que dejara el dulce solar extremeño, casi se alegraba de que fuesen a tener término sus sufrimientos.

Pero joven y fuerte, en lo mejor de sus floridas ilusiones de gloria como cuantos engañados pasasen a América, amaba ya, con imposible amor, a una mujer tan perfecta de cuerpo como de espíritu y que le correspondía a su vez con una pasión digno complemento del de su amante y anciana madre, a quien tampoco, ¡ay!, habría de volver a ver...

En su dolor, fuerte y estoico, no quiso comer nada el preso en todo

El día, ni menos probar una gota de pulque. Quería demostrar a aquellas bárbaras gentes cómo despreciaba la vida un soldado del César castellano, quien, sin ser «Hijo del Sol», no cedía en grandeza al Inca celeste.

Reclinado en su camastro de yerbas secas, dejaba sólo vagar errante a su fértil imaginación, con la que iba recorriendo retrospectivamente su vida, como dicen que de un modo inconsciente acaece a los que se sienten morir. De momento, su situación actual, con los tormentos que le aguardaban y que, a fuer de verdadero héroe, ya tenía descontados; un poco más antes, los días pasados en aquellas dependencias de la Casa de las Vírgenes, luchando con su enfermedad y de la que había sanado para entrar en otra más cruel: ¡la incurable enfermedad del amor!...

Loca, funesta ambición es la insaciable ansiedad humana, que, cual el perro con la maza de carne de la fábula, dejar suele lo cierto y bueno por lo malo y dudoso. ¿Tan difícil le habría sido a un caballero guapo joven, no mal acomodado, como él lo era, el vivir en su tierra y con los suyos?

Semejantes consideraciones traíanle naturalmente a la memoria dolorosas añoranzas de la lejana tierra extremeña y a la que ya no volvería jamás. El desaliento entonces le avasallaba y, tendido, casi inerte, parecía más muerto que vivo, sin pretender el menor intento de fuga. En las últimas horas ya no le abandonaba el pistaco, invitándole a que bebiese y recitándole monótonas letanías hechiceriles. Ya iba más que mediada la noche, cuando en la semiobscuridad de la empalizada vio entrar a otro pistaco llevando su escudilla de pulque, que le cogió rápidamente la mano al joven, con una dulce presión y un sedoso contacto inconfundible. ¡El pistaco recién venido no era sino la disfrazada y fiel Zulai, que así llegaba en socorro de su amado!

La señal fue entendida, y antes de que el pistaco viejo pudiera darse cuenta del engaño, ya estaba clavado al suelo por la vigorosa presión de las rodillas de Garcerán, quien le tapaba la boca para que no gritase, mientras Zulai le hacía comprender al oído que no se trataba de quitarle la vida, sino simplemente de narcotizarle con aquella pócima para dar tiempo a la fuga del prisionero.

En la despierta mente del marrullero viejo no anidó la vacilación. Considerando imposible toda resistencia y que quienes tan sujeto le tenían podrían matarle si quisieran, optó por tomarse sumiso la pócima, sabiendo que no miente nunca una «Hija del Sol.»

Los amantes, al punto, tomando Garcerán el amplísimo ropón de pistaco, que su amada le traía, huyeron del campo del sacrificio y seguidamente del país aquel, utilizando para ello los servicios inestimables de Lucero, quien, escondido por la Virgen en la selva, parecía sentirse orgulloso de la carga feliz que sobre sí llevaba y de la misión salvadora que con ellos iba a realizar.

Así, mucho antes de que sonriese el alba, los dos enamorados pudieron ganar la lejanía, donde ocultos por el momento a las pesquisas de los indios, aguardaron inquietos a que se ocultase el Sol.

A la noche siguiente, los dos supuestos pistacos tornaron a tomar el caballo y a proseguir en su huída.

Ningún indio les vio, o, si acaso los columbraron, su imaginación supersticiosa se limitaría a ver en ello una brujería más de los pistacos, al ir a caballo como los intrusos españoles.

Así continuó hasta tres días la fuga de los amantes, ocultándose durante el día, comiendo al azar de los frutos que encontraban, y caminando durante la noche por donde y como podían, a veces entre los inquietantes rugidos de las fieras, con rumbo siempre hacia las más altas montañas del lado del Pacifico donde sus corazones amantes parecían anunciarles que estarían más seguros, tanto de los españoles cuanto de los indios.

-Si tropezamos con unos o con otros -se habían dicho los amantes en la jerga castellana-quichua, con la que ya se entendían a maravilla-estaremos irremisiblemente perdidos.

-Si-dijo Zulaí-, si nos cogen los míos nos sacrificarán al Sol, tanto en castigo de nuestra fuga como por el sacrilegio que supone en una «Hija del Sol» el amar a un extranjero enemigo y ser amada por él.

-Y si tropezamos con los españoles-añadió Garcerán--, corremos peligro de que algún jefe se enamore de ti, o decrete de nuevo tu reclusión en la Casa de las Vírgenes, por respeto a vuestros votos y usos, separándonos así para siempre, o, en fin, te condenen, también por política, a morir, como a Atahualpa y la demás familia del Inca.

-¡Oh, no, prefiero morir en tus brazos ahora mismo-clamó con desesperado acento de amor la hermosísima Zulaí, deshecha en lágrimas y reclinando amante su admirable cabeza de diosa sobre el noble pecho de su amado-. ¡Mátame y vuélvete tranquilo con los tuyos!

-¡Ya no hay tuyos ni míos desde que te conocí y te amé! ¡Ya no hay para -mi españoles invasores ni incas invadidos, sino una fusión sublime de entrambos, simbolizada en nuestro ciego amor!-dijo con santa emoción cristiana el héroe extremeño, añadiendo: -Aunque la Fatalidad haga correr un río de sangre entre ambos pueblos, en lucha que sólo acabará por el exterminio del uno o del otro, nuestra misión es más grande, pues que es de unión y de amor. ¡Nosotros formaremos, lejos de unos y de otros, un tercer pueblo sin odios, o pereceremos voluntariamente antes que ellos nos hagan perecer! ¿No habrá de haber en el cielo o en la tierra justicia para nosotros que odiamos al Odio y amamos al Amor?

Hubo un momento solemne de silencio, en el que sólo se escuchaba el latir al unísono de aquellos dos pobres corazones de niños, nacidos para un mundo mejor que aqueste miserable mundo. La magnitud de su problema les avasallaba aún más que el hambre y la fatiga. Como la BlancaFlor y el príncipe Diamante del consabido cuento, no sabían realmente qué partido tomar que fuese fácil y hacedero. Para colmo de su desgracia Lucero, el pobre caballo, sucumbió al fin bajo su esfuerzo, y los fugitivos tuvieron que contentarse con premiar sus servicios sepultándole en un barranco, bajo piedras, tierra y ramaje, como si sepultasen a un bienhechor o a un héroe, que ambas cosas había sido el pobre bruto para con ellos...

VIII

Fuera el que fuese, era evidente que los enamorados tenían que tomar ya un partido, si no querían morir como en la leyenda, uno en brazos del otro.

Mira-exclamó Zulaí en un momento de inspiración sublime, de efectiva sacerdotisa de un druídico culto-: Yo no sé qué pensarás tú de esto en tus ideas cristianas, pero en el secreto de las iniciaciones de nuestros templos se nos dice en los últimos grados, y como una enseñanza sublime que puede ser dada a muy pocos, que, cuando la angustia humana llega al paroxismo y un dolor superior a nuestras resistencias va a hacernos sucumbir, siempre, de un lado o de otro, llega el auxilio salvador.

¡Son los Hermanos del Sol!, los Santos Ancianos Solitarios de la esplendente Luz, del Popul Vuh, nuestro Libro Sagrado primitivo, y que habitan en el misterio de las montañas inaccesibles y de sus valles ignorados, lejos de las imprudentes miradas y las funestas pasiones de los hombres!

-Sí-añadió muy conmovido Garcerán-, esa enseñanza hermosísima también la tenemos nosotros, aunque algo desfigurada, los cristianos. ¡Son los Santos de todos los tiempos y los Ángeles Guardianes, quienes en los momentos supremos tienden su mano protectora a los desvalidos que los imploran cual ahora los imploramos nosotros!...

¡Cierto!-continuó sublimada la gentil sacerdotisa incásica-. Esos seres excelsos de los que te hablo y que también son hombres como nosotros, pero ya sin pasión alguna y en un supremo grado de espiritualidad, no hacen invasiones injustas como la vuestra, ni sacrificios humanos como los de nuestros cultos, porque los consideran contrarios a la Divinidad, sin nombre, que está por encima del mismo Sol, presidiéndole con un Supremo Espíritu, que es el aliento de todos los soles del cielo!

-Sí; San Pedro Alcántara y otros ascetas de mi tierra extremeña, se dice vivieron así, alejados del mundo y de sus miserias-corroboró el joven.

-¿Y por qué, pues, no habríamos de tropezar nosotros, en nuestra congoja suprema, con alguno de estos Señores excelsos, a los que como esclavos, serviríamos nosotros?-insistió Zulaí, con un acento muy extraño.

-¡Tienes razón!... Sin vanos cultos de criminales sacrificios, sin ninguna de esas pobres exterioridades religiosas con las que suelen disfrazar su impiedad los hombres, ¡cuán hermoso no sería el poder vivir en ese mundo! Pero sabes cómo encontrarlos o invocarlos?

¿Lo sabes, por ventura, tú?

Yo solo sé repuso la joven, brillando en sus celestes ojos un extraño fulgor de pitonisa iluminada-las notas de una canción invocadora que indiscretamente oí una sola vez, cuando estuvo el Inca a visitar nuestro templo, siendo aún niña. La cantaron en el Adytia o Cámara Secreta. No sé si aún podré recordarla, y además, no sé su letra.

-¡No importa, cántala! Yo te acompañaré con todo el fervor de mi alma amante y cristiana exclamó el joven lleno de fervor.

Y como en los cuentos de hadas, en el silencio de aquella noche, dulce como nota de flauta, acariciadora cual arrullo de tórtola, y sugestiva al modo de sirena abandonada, de la garganta de la sacerdotisa inca salió una primitiva melodía, muy semejante a las que, al amanecer, entonan desde sus dahabieds los felahs o pastores del Nilo. Luego los ecos de la rituaria canción se fueron perdiendo entre las gargantas de las montañas, como si ellos mismos se encargasen de buscar en sus misterios a los Sublimes Hermanos de la Compasión a quienes llamaban...

Pero nadie respondió.

Bajo el agobio del cansancio y del temor, ambos amantes, uno en brazos del otro, quedaron dormidos como dos niños.

IX

Al despertar vieron con inmenso asombro los amantes que un venerable anciano velaba su sueño, cariñoso.

Era el anciano uno de esos seres de ilusión ensoñados por los grandes aristas, especie de Moisés de Miguel Angel; del Rey Lear shakesperiano, de luenga barba blanca, que les miraba fijamente con toda la dulzura de un padre cariñoso, pero al mismo tiempo con toda la deslumbradora majestad de un ser evidentemente superior. Una aureola de luz, luz como la de los astros, nimbaba a su cuerpo todo con las irisaciones del nácar y otros tintes más delicados de la aurora, que ya cedía su puesto al Padre-Sol.

Los dos jóvenes, comprendiendo al punto que se hallaban ante una altísima Presencia, cayeron prosternados a sus pies. Él los levantó vigoroso, y los acogió en sus brazos cual Jesús cuando en el Evangelio dijera: «¡Dejad que los niños se acerquen a mí!...»

Y los llevó lejos, muy lejos, casi por los aires, sin que la desvalida pareja se diese cuenta de ello.

Y los puso en un valle lejano, amenísimo, mil veces mejor y más hermoso que los que las investigaciones arqueológicas de la Universidad de Yale en estos últimos tiempos acaban de descubrir en las gargantas del sublime Manchú Pichú, junto al Cuzco, o que los solitarios valles de Cachemira, Kuen-Lun y Kara-Korum, que forman los Himalayas, con sus alturas inaccesibles, y que ahora empiezan a conocer los europeos.

Y los habló a cada uno-¡oh, maravilla!-en su respectiva lengua, cual si le fuesen igualmente familiares todas las lenguas del mundo.

Y una vez que allí los hubo dejado, entre aguas rumorosas, pensiles floridos llenos de toda clase de frutos y habitados por aves de todo linaje, bajo alturas sublimes cubiertas de nieve y coronadas por los gallardos penachos de humo de mal dormidos volcanes, los dio un sendo beso en la frente y los dejó en aquel extra terrestre aislamiento, después de bendecirlos como, según El Génesis, el Señor bendijo a Adán y a Eva en el Paraíso...

Y no se supo más ya de ellos ni del Anciano Santo y Luminoso con aureola de astro que los había bendecido.

Pero es fama o tradición venida no se sabe de dónde-agregóme muy al oído mi madre idolatrada, con emoción que llegóme al fondo de mi alma, para en ella grabarse con caracteres de fuego-, es fama, digo, que los amantes, bien solos, bien en unión de otras parejas igualmente selectas y desvalidas frente a la eterna injusticia de los hombres, allí fundaron un pueblo feliz: ¡uno de esos pueblos de los que nadie en el mundo tienen detalle, ni aun casi noticia, porque si las tuviesen en seguida irían a invadirlos impíos, arrancándoles su felicidad prístina!

-¡Pero algún día-terminó proféticamente mi madre-, cuando no perdure ya la dominación española, aquella que empezó con la trágica muerte de Huáscar por su hermano Atahualpa; de Atahualpa por Francisco Pizarro; de Pizarro por Almagro; de Almagro por los sucesores de Pizarro, y los del partido de éste por los de aquél, en inacabable cadena de injusticias- que parecerían otras tantas inmolaciones de los viejos sacrificios abolidos-, ese día, repite la leyenda, serán descubiertos aquellos pueblos de misterio y aquellos seleccionados y adoptivos hijos de los grandes Seres de la Compasión, cuyas doctrinas, en momentos de supremo peligro, otra vez volverán a salvar al mundo corrompido!...

X

El tiempo, con su mano cruel, lanzóme, cual a todos, desde las paradisíacas delicias del hogar, al cenagoso torrente de las luchas del mundo, más propia de fieras que de hombres.

¡Tuve pasiones, ejecuté malas obras, pequé una y mil veces contra mí, contra mis semejantes y contra Dios, pero en el fondo de ese inconsciente spenceriano que se llaman santos recuerdos de la dichosa infancia, ni un sólo ápice se me ha borrado la emoción que me produjera«el cuento del capitán Penacho», como antes decía; el del Caballero de la Luz Astral, como ahora me digo!... ¡Un dichoso ensueño de un mundo superior del que no tenemos enseñanza ni testimonios, ni menos comprobación experimental alguna!, solfa yo pensar en mi necia fatuidad de escéptico al uso.

Pero un día mi dormida espiritualidad vino a verse despertada por las salvadoras enseñanzas de la Teosofía, y aquel Caballero de la Luz Astral, como llamo desde entonces al Hermano Mayor del relato materno, no sólo dejó de ser para mí un mito al estilo de « Las mil y una noches», sino una realidad que más de una vez me ha salvado la vida, y cuya acción protectora sobre una humanidad sencilla, feliz y preservada como simiente de renovación mundial para la raza futura sudamericana, a título español e inca, pero depuradísimas, está indicada en varios pasajes de la gran obra de H.P.B como aquel de Isis sin Velo en que dice: "El gran viajero Stephens" nos asegura en sus relatos que los descendientes de los primitivos caciques americanos viven todavía, según se cree, en las inaccesibles fortalezas naturales de la Cordillera, soledades hasta las que aún no ha penetrado hombre blanco alguno; viviendo como vivían sus padres, construyendo los mismos edificios y grabando en la dura piedra iguales misteriosos jeroglíficos. Región tan vasta como desconocida, que no tiene un solo camino que la atraviese, y en donde la imaginación se representa a aquella ciudad misteriosa vista desde la cumbre de las cordilleras, con sus indómitos aborígenes, jamás buscados y nunca vistos...Dicha oculta ciudad ha sido percibida desde gran distancia por viajeros atrevidos y de ella habló también a Stephens un cura español en 1828-29, quien juró haberla visto con sus propios ojos, igual que a sus gentes, las cuales no tienen monedas ni caballos... Igual nos dijo personalmente a nosotros un anciano sacerdote indígena, con quién me relacioné en el Perú hombre que había pasado toda su vida ocultando en vano su odio a los conquistadores, siguiendo en el fondo de su corazón su religión primitiva, y que, en su calidad de indígena convertido y de misionero, «había estado en Santa Cruz de Quiché» y visitado parte de sus hermanos en creencia, recorriendo «la galería subterránea» que a la misteriosa ciudad conducía.... Nosotros también hemos visitado otras dos ciudades completamente desconocidas para los viajeros europeos, y no porque sus habitantes deseen permanecer escondidos-puesto que algunas gentes de los países budhícos van algunas veces a visitarlas, no obstante no estar indicadas en los mapas asiáticos ni europeos-, sino a causa de los demasiada celosos misioneros o quizá por otras razones aun más misteriosas, que ellos saben, siendo lo cierto que los pocos naturales de otros países que tienen noticia de la existencia de dichas dos ciudades, jamás hacen de ellas mención.

"La Naturaleza -termina la maestra ukraniana- ha proporcionado extraños rincones y lugares ocultos para sus favoritos y, desgraciadamente lejos de los llamados países civilizados es donde el hombre pueda libremente adorar a la Divinidad tal como sus padres lo hacían." esos lugares- me digo hoy- los pueblos aun no invenidos para nuestra ciencia que se dicen ocultos en inaccesibles gargantas bolivianas ecuatorianas o chileno-argentinas, gargantas misteriosas semejantes a las incaicas del Manchú-Pichú?-Yo no diré si lo sé o lo ignoro, pero sí que lo creo firmemente, como sé que he de morir...

La Cueva de los Maragatos.

(NARRACIÓN EXTREMEÑA) (1)

El turista que, dejando a la espalda la verde colina de Mirabel, remonte hacia La Cabeza del Moro--broche central de las Villuercas, a más de I.300 metros sobre el nivel del mar-, ha de hacer alto forzosamente en El Pozo de la Nieve, ruinas de un ciclópeo edificio a cal y canto, bajo el que los jerónimos de Guadalupe cobijasen el depósito de tan preciosa sustancia, con la que contrarrestar, allá abajo, los calores estivales, tanto y más que con las claras corrientes de aquellas aguas purísimas y con la fronda de madroñas, castaños, álamos, robles y alisos, que hacen de aquel lugar envidiable el más hermoso paraíso extremeño.

(1) Esta narración, de mi primera juventud, es rigurosamente histórica hasta en sus menores detalles del documento, las evocaciones espiritistas, etc. aún vive alguno de los personajes de aquélla.

Sibaritismo como el de aquellos Padres de feliz recordación, ni se ha conocido, ni se conocerá jamás en Extremadura.

Pasaban ellos los días del verano en el retiro de Mirabel, como pasaban el resto del año, ya en las construcciones-palacios que hoy son de los marqueses del Riscal, soledades del Dehesón todo encinas su vuelo y todo jugüe sus yerbas, ya en las magnas casas de labor del Cortijo de San Isidro o del Rincón de Valdepalacios, más a la técnica, sin pretensiones, que la mejor granja-modelo moderna, ora en las gargantas, del Ruecas, ricas es truchas, y en los estanques del Guadalupejo, atiborrados de tencas, va, en fin, tras las galerías encristaladas de la fachada sur del monasterio, miniando libros de coro, pintando al lado de Zurbarán, Jordán o Murillo, bordando femenilmente, con celemines de perlas y puñados de piedras multicolores, las casullas para las grandes solemnidades de La Morenita.

El edificio en cuestión nada ofrece de particular, como no sea su pozo medio cegado y su argamasa durísima, que no tenía por qué envidiar a la de las construcciones romanas del puente de Alcántara o el acueducto de Mérida. Los enormes bloques, aquí y allá caídos, antes rompieran por la piedra que por la cementación.

Desde el Pozo de la Nieve se dirige hacia el sur la crestería de cuarcitas de la Casquera de Santa Ana, que domina un panorama inmenso, de más de 15 leguas de radio por algunos sitios. Un verdadero dédalo de afloramientos silúricos, que arrancan de la Cabeza del Moro y se extienden en anfiteatro hasta abrirse al sur para formar la planicie que el Guadiana besa por su margen derecha.

A lo lejos los picos de Piedrabuena, Herrera del Duque y Garlitos. Más acá los encinares de Castiblanco y la triste braña de Valdecaballeros, cuyo suelo, de estéril aluvión, recubre con muy pocos centímetros una vega guadianesa tan buena como la de Barros y apta hasta para los frutos del trópico. A la derecha las alineaciones montañosas que aprisionan al Ruecas entre cantos blanquecinos y rojizos rodados de los calveros que llaman melonares de los frailes en el país. A la izquierda los picos más altos del Puerto de San Vicente que aún parecen albergar a los famosos bandidos de los Guadarranques, o consolar las nostalgias, durante catorce años, de aquel Robinsón extremeño que se llamó Miguel Alía (2).

(2) La singular historia de Miguel Alía es merecedora de que se la consagre un día recuerdo más extenso. 5e trató de un condenado a muerte por no sé qué delito y que hubo de fugarse a los Montes de Toledo y Sierras de Guadalupe, donde hizo una vida salvaje durante más de quince años, vida llena de privaciones y de horrores como es fácil de colegir y en la que no realizó la más nimia acción delictiva contra las personas ni los bienes de los pastores, hasta el punto de que mereció tal conmiseración por parte de éstos, que su fama de eremita trascendió a más altas esferas. La condesa de Bornos, según creo, consiguió, al fin, su completo indulto, y el Robinsón extremeño acabó honradamente sus días en el seno de su familia.

Abajo, a los pies mismos del precipicio, el valle umbroso con que el Guadalupejo separa a Guadalupe de Mirabel, y arriba un cielo espléndido que, cuando está despejado, tiene las profundidades visuales del cielo egipcio.

Apartemos la vista, embebecida con las lontananzas de frondas y pueblecillos, entre los que destaca la abigarrada mole del Santuario, y forcémosla a recorrer, con perspicacias de lince, las casqueras y farallones aquellos, que bien lo han de menester por los tesoros enormes que todas aquellas montañas solapan para el vulgo. ¿Quién alguna vez no ha sido vulgo?

Y, en verdad, que allí debe haber algo, como dice la gente. Si todo tiene su razón de ser en este mundo, ¿cómo explicarse si no el destino de la misteriosa cueva del antiguo Callejón de la Fragua, hoy Cueva de los Maragatos, y el de la otra caverna del Algibe que se ve por cima? Sus obscuridades no pueden albergar sino tesoros de moros; sus angulosas galerías tienen que conducir forzosamente al corazón de la sierra, de donde la lenta labor de las aguas roba las pajuelas y pepitas de oro que luego hallan más abajo las lavadores de arenas del Ruecas y el Ibor. Donde hay cuarcita y calcopirita allí hay oro, que dijo proféticamente el geólogo

Que allí hay todas estas cosas es cierto. Doquiera se ven escorias dejadas por los beneficiadores del cobre. Los romanos de Emérita Augusta sacaron cobres de allí y de la sierra de Córdoba, y cinabrios de Sisipo, ambas más abajo del Guadiana en las mismas derivaciones villuerqueñas. _

Pero además hay allí oro mondo y limpio; oro en barras; oro en joyas y monedas, oro en estatuas, de lo mucho que allí enterrasen los moros: los moros del profeta, o los prehistóricos que, según la ciencia, acaso pasasen en seco el estrecho de Gibraltar...

¿Lo dudáis, escépticos? Pues cuento al canto y os convenceréis.

II

Uno de los vecinos más estimables de Guadalupe, por aquel entonces de 18..... era el Exquisito.

Quien conozca el tipo labrador de la frailuna y gloriosa villa no necesita que se le describa. Alto, más que mediano de cuerpo; sanchopancesco, magër de enjuto, mostraba en su fisonomía de hombre de 40 años todas las huellas antropológicas de su raza, desde el fino rasgo viril celtíbero de los aborígenes oretanos y el enérgico trazo leonés de los pastores trashumantes, hasta la huella vaga de ciertas consanguinidades imborrables, precisamente con aquellos que no pudieran dársela según el Derecho canónico implantado por los Urbanos y los Bonifacios contra las tradiciones más sabias de los Fueros Municipales de los hispanos-góticos..., aquellos fueros patrios que reglamentasen la, hasta cierto punto, casta barraganía.

Los grandes y vivarachos ojos de el Exquisito no eran, no, los inexpresivos ojos del gañán o del pegujalero del llano, sino los de una raza, como la de Guadalupe, tocada antaño por la magia de una cultura monacal, perdida en aquel rinconcito de la sierra, cuna inmemorial de todos sus ascendientes.

El resto, en cambio, de su cara y persona-con las zancas largas, huesosas, el cuerpo como tuero de encina, las mandíbulas progmatizadas, las orejas groserotas, los rudos cañones entrecanos de la borrascosa barba y una bocaza hecha a todas las rudezas del comer, del decir y del gozar, con la apagada colilla del cigarro sobre el labio-daba fuerte contraste a los ojos aquellos, acusando en el organismo entero de nuestro héroe ese entrecruce de contrarias sangres y opuestas taras hereditarias, que, en desarreglada ponderación, determina la neurosis o el defecto físico, y en rara, por justa proporcionalidad, crea los héroes, héroes cual los que realizasen, saliendo obscuramente de Extremadura, la sin igual epopeya de América en su descubrimiento y conquista.

Es decir, que el Exquisito era un hombre rudísimo, pero dotado, sin embargo, por su neurosis latente, de una imaginación excesiva; más femenina que varonil, más visionaria que ponderada y creadora, más embrionaria y falsamente mística que fecunda, cosa intuida, sin duda, con pasmoso golpe de vista como siempre por el numen de sus convecinos cuando le echasen a cuestas el apodo de el Exquisito.

Pero su mujer, su típica gualupeña, era más exquisita que él a todas luces.

Os lo podría jurar esto último sin miedo a condenación, por cuanto yo mismo hube de verla días más tarde, a la boca de la Cueva de los Maragatos, con su cara más negra que morena, cual la de su Virgen, con su pelo lustroso de azabache, asentado y partido en raya, asomando apenas bajo el pañuelo con lunares de la cabeza. Su cuerpo pequeñuelo y bien formado, era un cuerpecillo plástico, mal traicionado por la tosca vestimenta que le, desdibujara, a saber: el zapato basto y bajo, informe zueco de cordobán del país, la saya de pintadillo blanco, con listas azules y negras de los telares caseros del pueblo, sobre refajo colorado, con ramos rosa y verdes y guardapiés orlado con puntilla de punto cuadrangular, clásica indumentaria modificada en verano por chambrilla, no planchada, de percal y el pañuelo rojí-blanco de sandía, y en el invierno por el mantón de lana, traceado en blanco o en castaño y con flecos, cubriendo el jubón, ora de paño para diario, restos mañosamente cortados de tos trajes viejos de su hombre, ora de veludillo con bocamangas de terciopelo para las fiestas, amén del indispensable mandil diario, de coco, más que de cotonía, como el de marras de dama de Dulcinea.

De aquel cuerpo, vulgar pero gracioso, exhalaba, a pesar de su limpieza relativa, jamás rayana en suciedad genuina ese efluvio magnético que es el mayor acicate amoroso, según fama, de las mujeres de aquella sierra, aura, ¡ay!, que habían amortiguado más que los años, que no eran muchos el descuido típico de la mujer casada extremeña, del que apenas se la puede absolver considerando que, madres sin rival todo lo olvidan por sus hijos, hasta el cuidado por la personal belleza, el caudal más precioso para las vanidades femeninas.

Abultosa y hasta ligeramente hidrocéfala, hija de los extremeños descuidos de la lactancia, que atiborra de indigesta papilla a criaturas que solo pueden digerir la leche, era la frente de la exquisita; hermosos sus cejas y ojos, éstos negros y muy expresivos; demasiado afilada la nariz, demasiado sensual su boca, y más que demasiado inquietos por el histerismo de su dueña los dos enormes pendientes de herradura colgando de sus orejillas diminutas.

El carácter de la Exquisita era felino, como comadreja de sierra; dado al chismorreo de la

vecindad, al continuo escalentado o rabieta con los hijos; a la refriega diaria con el manso y dominado marido; pero dado más que nada a lo maravilloso, labor añeja, hecha año tras año en sus ineducados cerebros infantiles por supersticiones de pagano sedimento, cuanto por una oratoria sagrada escuchada domingo tras domingo, en sermones, morales siempre, pero de pobre fruto, como dedicados a exaltar sólo las facultades afectivas, hasta un grado al que jamás pueden llegar fisiológicamente sin la ponderación integral de una mente robustecida por la enseñanza de la escuela.

Tales eran los dos esposos de mi cuento, esposos lo bastante listos para no carecer de aspiraciones sobre lo vulgar, pero lo bastante tontos para dejarse embaucar por un nuevo personaje.

Este personaje capítulo aparte merece.

III

-¡Avemaría purísima!-clamaba un mendigo, golpeando la puerta de el Exquisito.

Aquel era un mendigo singular. Su poblada barba negra, su porte y sus modales acusaban a las claras que bajo aquellos harapos se cubría una persona algo distinguida. Llevaba en el zurrón un grueso rollo de manuscritos.

-¡Una limosna, por amor de Dios, a este infeliz que viene de Marruecos!

Picado por la curiosidad, el Exquisito hizo entrar al mendigo para que se calentase en el hogar, donde ardían grandes trueros de encina. -¿Cómo es que viene usted, buen hombre, de tan lejanas tierras? le preguntó, de buenas a primeras el Exquisito.

-¡Ah!-exclamó el mendigo, cual si evocase tristísimos recuerdos-. Yo he sido rico en otros tiempos y debo volver a serlo pronto. Mi hermano, que vivía en Ceuta, me escribió cierto día manifestándome que habían llegado a su poder unos documentos valiosísimos de diversos tesoros escondidos por los moros cuando fueron echados de estas tierras, y como él padecía una enfermedad que le impedía ponerse en camino para descubrirlos, me ofrecía la mitad de lo que encontrase, si me decidía a ir por los papeles yo mismo.

-Vi en un momento realizada mi fortuna-añadió el desconocido. Aquellas joyas de los ricos moriscos, aquellas alhajas de oro, plata y pedrería, sumaban una cantidad fabulosa; pero, viviendo yo hacia el norte de España, carecía de todo humano recurso, y a no ser por la caridad pública, que imploré de pueblo en pueblo, jamás hubiera realizado el penoso viaje para unirme con mi hermano y recibir de él los papeles de los tesoros. Dios quiso que, por fin, triunfase: pronto hará un año que salí de Ceuta, lleno de júbilo, con cuanto puede mostrar los sitios de estas sierras en que yacen enterrados los tesoros. Yo, pues, soy rico, aunque parezco pobre, y guardo mi secreto, porque algunos, por arrebatarme los papeles, me matarían.

-¡Ah!-exclamó el Exquisito, avasallada ya su fantasía por el relato del morisco-. ¡Déme, por favor, parte en esos tesoros, que también soy pobre!

-Mi pide un imposible-replicó el otro-, pues ahora tengo que ir al norte para traerme a mi mujer y a mis hijos. Después hablaremos. —No, no!-continuaba con suplicante acento el Exquisito-. Dejadme los papeles; aquí estarán más seguros, hasta que regrese. Si no véndamelos, que yo le daré lo que tenga y me pida.

El pobre se quedó como indeciso un buen rato. Por fin, cual si hiciese un verdadero sacrificio, dijo:

-¿Qué podré yo negarle a una persona como usted? Bien ve que cifro, en los papeles mi fortuna, pero no soy egoísta. Hay en este rollo señas de los dos tesoros más importantes; le venderé los papeles de uno de ellos, y con la pequeña cantidad que me dé en cambio, podré hacer rápidamente el viaje y dentro de un mes estaré de vuelta para que saquemos juntos el tesoro segundo.

El iluso de Guadalupe a duras penas podía contener su alegría. -¿Cuánto me llevaréis, pues?-dijo al harapiento.

-Poca cosa; no más que treinta duros.

-Treinta duros no tengo, pero sí quien me preste quince. -¡Sea todo por Dios!

El tío Exquisito salió presuroso a contar a su mujer la inesperada fortuna que se les entraba por las puertas... ¡Vana tarea con quien siempre estuviera de escucha sin perder sílaba! Entrambos cegaron de codicia; pero la mujer, aún más EXQUISITA que él, tuvo una idea luminosa:

-Mira, Pepe-le dijo-, harto entrampados estamos para echarnos más trampas encima. Además, ve tú a saber si seremos capaces de dar con el Tesoro por las señas. ¿No sería mejor el que emborrachásemos al mendigo v le quitáramos los papeles?

-Es verdad-asintió el marido rascándose la cabeza-. Tráete media arroba del Valdelanchas y unos chorizos.

Una opípara cena de pueblo restauró las fuerzas del harapiento, Entre bocado y bocado los dos compadres empinaron de lo lindo, y es fama que el truhán necesitó más de siete cuartillos para cabecear, tras larga charla, con los síntomas de una borrachera soberbia. Toda la noche roncó como un bendito, mientras que el Exquisito y su costilla le hurtaban a mansalva los papeles.

IV

La historia no cuenta lo que al despertar del mendigo ocurriría en la casa de el Exquisito, ni qué fue del mendigo mismo. Sólo sí consigna lo que, en una singular literatura de presidio africano y de cursilería soñadora de viejos mitos incomprendidos, rezaban los papeles misteriosos.

El primero decía así:

"Aláh es grande y se acuerda de sus elegidos en el día de la tribulación. El que plantó con su mano los árboles del Edén y creó el Minotauro con los cuernos de oro; el que hizo caminar por los aires a su Profeta en la burra blanca como el armiño, acompañado por los querubes del cielo; el que dio fuego y dulce mirar a la gacela del desierto que salta por los oteros y por los riscos, no abandona a los suyos, por siempre, amén.",

«Compañeros de aquel anillo y aquella pata de la mesa del rey Salomón fueron los tesoros del poderoso Selim, quien supo esconderlos muy bien escondidos en la cueva que hay a la diestra mano de las Villuercas.¿Oh tú, mortal, que esto leas!, bien puedes llamarte feliz entre los felices, porque, a poco de entrar por la puerta principal de la cueva grande, encontrarás una estancia espaciosa y en ella una caja con raspaduras de la pezuña de la misma burra que montó el Profeta. Cogeráslas con la mano derecha y las esparcirás, y una puerta de oro, con goznes de rubíes, ante ti se abrirá. Pero cuida muy mucho de entrar sin tocar al dintel de la puerta, porque si así no lo hicieres, dos maragatos de oro, que la guardan, te dejarán caer encima sus enormes mazas de oro y te aplastarán. Dentro de la estancia hay un hombre, una mujer y un niño, todos de oro, un cerdo y una serpiente, de oro también, y una arqueta llena de joyas. No cojas al animal inmundo, ni a la que come tierra y se arrastra sobre su vientre. Coge sólo el cofre y las tres estatuas. De nuevo se abrirá la puerta ante ti, pero no salgas sin fijarte antes en los maragatos, porque velan el tesoro con los ojos cerrados, que sólo abren mientras duermen... ¡Mira siempre y no imites al depravado Eblis!»

Había otros muchos papelotes extravagantes, con rayas y señales de la cueva, todos concebidos por el mismo abigarrado tenor.

Los dos buenos consortes acordaron trasladarse, con todo sigilo, a la Cueva de los Maragatos. Tan evidentes eran, a juicio de su locura, las señales del tesoro y tan avasalladora la codicia de entrambos, que decidieron salir del pueblo al día siguiente, sin que se enterase ni la tierra. Inútil es añadir que la noche anterior no pegaron ojo los dos futuros millonarios. Desde su ya lejana luna de miel jamás estuvieron tan de acuerdo el Exquisito y la Exquisita.

Lo primero dejar los muchachos, bajo cualquier pretexto, en casa de un pariente, como ya lo habían hecho; lo segundo, llevar alguna herramienta, víveres, un par de faroles y la escopeta; lo tercero, al romper el día, estar ya dentro de la cueva y cavar, cavar hasta dar con la puerta principal que rezaban los papeles, arco de triunfo del paraíso de su ventura. De cábalas para reducir a moneda, sin que nadie se enterase, lo que moneda no fuese; de comprar una casita; de echar después censos y réditos, vestirse como el médico y la boticaria y hasta de no volver más a aquel envidioso pueblo, no hablemos. Ante lo fabuloso del tesoro, para todo sobraba, sin disputa.

Y en la calenturienta fantasía de aquella pareja codiciosa creían ver, entre las luces fosforescentes del insomnio, montones de oro; duendes y gnomos ventrudos, espías peligrosos de su obra, disputándoles a muerdos y arañazos la posesión del tesoro; galerías retuertas y tenebrosas, pozos sin fondo de aquel recinto dantesco, bellísimo, sin embargo, a sus anhelos, cual leyenda de Las mil y una noches.

Tres sonoras campanadas de la torre del Monasterio les dieron la señal de partida. Nadie sino ellos las debió de oír en Guadalupe, según eran la calma y el silencio que al salir los consortes reinaba en el pueblo. La luna se había ocultado tras densos nubarrones. Aun no cantaban los gallos y habían cesado de ladrar los perros.

Solamente ellos, los dos Exquisitos, acostumbrados a los vericuetos de las salidas, habrían podido orientarse, mal que bien, en aquella oscuridad de nublada madrugada. Nadie pudo contemplarles, pues, con su equipo de campaña, a saber: él con la escopeta colgada y un azadón al hombro; ella con los dos farolillos con cantoneras de cristal de colores y el hato de la merienda metido en una espuerta.

Antes del alba, sin tropezar con persona alguna, ya estaban los consortes sobre la Casquera de Santa Ana, y apenas comenzaba a esparcirse indecisa la suave luz del nuevo día cuando ya, azada en mano, removían febriles los escombros de la cueva, tarea en la que la historia cuenta que la mujer hubo de superar al marido.

Avanzaba a más andar la mañana. El sudor corría copioso por las frentes de los buscadores; el montón de mocos de fragua, tierra y pedruscos del interior, lejos de franquear entrada alguna, iban en terrible aumento. Aquello era desesperante. Los ecos de la cueva, lentos, misteriosos, sonoros, parecían burlarse de tan ciega y sostenida codicia. Diríase que estaban animadas las piedras y que se mofaban de los dos ansiosos saliéndose por los bordes de la espuerta o despidiendo chispas al detener al azadón en su camino hacia el tesoro. Consumíase a todo correr el aceite de los opacos farolillos, cuya luz sólo servía para hacer más densas las tinieblas de allí dentro.

Fue necesario todo el peso abrumador de una realidad brutal: la del cansancio, para que aquel par de ilusos, que esperaban ver brillar de un momento a otro el oro bajo su herramienta, cayesen agotados, uno junto a otro, en el fondo de la cueva, cuando ya hacía gran rato que el sol había traspuesto las crestas de la sierra. A los últimos destellos de los farolillos comieron en silencio y con corto apetito, aunque no probaron bocado en todo el día, y, como dos niños grandes, quedaron al punto dormidos.

¡Qué malestar tan hondo, qué ensueños tan horribles los de aquella fría y nublada noche de invierno, pasada sin abrigo en el duro y humedísimo suelo del antro, pues a otra cosa no había llegado su loca imprevisión y ceguera! Bien cara estaban pagando su codicia y su villanía con el mendigo.

Rodaban las nieblas por lo barrancos como enormes masas empujadas por seres invisibles. De tiempo en tiempo aullaban tras los riscos los lobos, coreados allá abajo por los perros de majada, piaban siniestramente las víboras y una oscuridad grisácea, esa tan característica de las montañas elevadas, empapaba el ambiente, bajo el hálito tenue y frío precursor de las grandes nevadas de las Villuercas, mientras que los dos visionarios, acurrucados uno contra otro en un ángulo de la caverna, se agitaban convulsos bajo los embates de la pesadilla.

Esta tomaba en sus cerebros tonos macabros, proteísmos de las ansiedades contrariadas, unidas al miedo que la soledad, el silencio y el sitio infunden en seres naturalmente supersticiosos. Ora se creían obligados a perpetuo cavar bajo siniestro conjuro, y cavando más y más iban labrando su sepultura, sima insondable, a los pies de los maragatos. Ora cerraban éstos los ojos, despertados por el ruido de mil monedas de oro cayendo con extraño tintineo sobre las piedras y alzaban sus mazas hercúleas, tamañas como calabazas de huerta, prontas a descargar un golpe de muerte sobre los temerarios logreros. Ora, en fin, y esto sí que era horrendo, parecían salir del suelo mismo, entre ayes de dolor, unos resplandores siniestros, seguidos de tenues nubecillas del clorótico fulgor de la luna, fuegos fatuos que se condensaban en mil formas cambiantes, con colas, garras, trompas, aguijones, cornamentas, aletas y patas medrosas, bailando en torno de ellos una danza walpúrgica que terminaba siempre con un estallido de trueno o una caída infinita, cuyos terrores sólo pueden ser comprendidos por quien haya sufrido una vez siquiera los vértigos de la meningitis.

Aquellos manes del averno, aquellos djins, aquellos afrites tremebundos reían, aullaban, chillaban rugían balaban y blasfemaban todo junto, ante el temor de que les arrancasen su tesoro y los ecos a su vez iban prolongando y agigantando aquel estruendo, hasta semejar como si la montaña entera se hundiese en un último y supremo paroxismo. El miedo pasado por entrambos neuróticos en aquella noche memorable no se podría pagar con todos los tesoros del mundo.

Así les sorprendió a los esposos el nuevo día y, faltos de todo, menos de aprensión y miedo de la noche anterior, optaron por volverse al pueblo y traer algunos de sus compadres para que les ayudasen, aunque tuvieran que partir con ellos. Al fin y al cabo el tesoro daba para todos.

Pero tercos y un punto egoístas, como buenos extremeños, aún no dieron el brazo a torcer. Encariñados siempre con el objeto de su tormento, todavía tuvieron alientas para dar aquí y allá otras cavochaditas. Para lo que no los tuvieron, ni en su supersticiosa condición podían tenerlos, fue para arriesgarse a pernoctar otra noche como la de marras en la cueva.

Cabizbajos, malhumorados y hasta escépticos sobre el tesoro, descendieron por la ladera, y, muy entrada la noche, se metieron en casita, tan inadvertidos como a la salida.

Mas, ¡oh poder de la fantasía extremeña, que para cosas de éstas sólo tiene rival en la gallega, como hijas que son ambas del perdido pueblo atlante, que yace sepultado en el mar, entre Europa y América! Confortados con el calorcillo de la lumbre y de la cena primero, y de la cama después, tornaron a su insano delirio de grandezas y, muy de mañana, ya estaban al habla con media docena de compadres, quienes, a la simple lectura de los malhadados papeluchos, pronto estuvieron tan ilusionados o más que ellos.

Nada faltaba a la falange de buscadores del tesoro que de allí a dos días remontaba hacia la

 Casquera de Santa Ana... nada más que el tesoro mismo.

Componían la cuadrilla el Exquisito, su mujer, su primo y dos cuñados de este último: el zapatero y el hojalatero, con sus mujeres a la cabeza, y un retirado de ejército, retirado antes de la edad y por propios méritos, uno de esos picapleitos, sábelotodo tan indispensable en las aldeas y muy leído en cosas de espiritismo de menor cuantía. Este era, naturalmente, por su mayor saber, el director de la empresa.

No hay que decir con esto si las excavaciones irían bien organizadas. Los hombres cavaban y sacaban escombros por turno, trabajando con un ardor que es fama no gastasen jamás en sus oficios respectivos; las mujeres alumbraban con hachones de los que se emplean en el oficio de difuntos, guisaban las comidas y repartían de cuando en cuando, para cobrar fuerzas, traguiños de añejo Valdelanchas con perfume de camuesa. En cuanto al retirado nunca se supo a ciencia cierta lo que hizo, como no fuese darle vueltas a las Logográficas señas de los papelotes y fruncir mucho el peludo entrecejo de bisonte, cual si meditase sobre los más nimios detalles de los manuscritos.

Pasaron así varios días sin fruto.

Más de un convecino, entre burlón y envidioso, había subido a curiosearles la obra, dándoles no pedidos consejos sobre los trabajos entre el lento liar con la navaja de retuertas y ventrudas tagarninas. Más de un compasivo pastor, dejando a las cabras campar por sus respetos, había echado unas manitas con el azadón, y en cuanto a los cazadores de la sierra no dejaban pasar un día sin darse una vuelta por las obras, mientras que allá abajo, en Guadalupe, no se hablaba de otra cosa, y muchos, extrañados con la significativa tardanza de los expedicionarios, se preparaban a hacerles mal tercio si llegasen a topar con el tesoro. Aquello llevaba trazas de constituir una vesania colectiva.

Los escombros extraídos subían más y más en la boca de la cueva, al par que iban bajando las esperanzas de los buscadores. El cansancio y la falta de víveres amenazaba provocar una crisis y las comadres aquellas, que todo lo añascaban y embrollaban, ya empezaban a hacer de las suyas con sus «pícame que picarte quiero», y sus chinchorrerías, las que en dos o tres ocasiones hubieran hecho venir a las manos a los maridos, a no verse contenidas por la autoridad, nunca hasta entonces pacífica, del picapleitos.

Pasaron más días y aun semanas, pero «la puerta principal» que rezaba el documento no se hallaba por parte alguna. La covacha, limpia de escombros, se había convertido en larga escalera de mina. Cada vez aumentaban los mirones de las obras rada vez arreciaban más en sus sangrientas pullas. Por fin el retirado, como hombre de recursos tuvo una luminosa idea que puso enseguida por obra: la de traerse una médium de Logrosán, gran zahorí de las cosas ocultas (1).

(1)No pretendemos aquí el burlarnos del Espiritismo filosófico, aunque nuestras ideas no coincidan con las suyas, sino del mercenario y farsante con que se han cobijado tantos embaucadores. El hecho de que los buscadores apelaron también a la mediumnidad es asimismo histórico.

Con la llegada de la pseudo-pitonisa almorranera las pesquisas dejaron de ser físicas para ser psíquicas. Cesó de trabajar el músculo y el nervio hiperestesiado comenzó a hacer de las suyas, ora bajo los golpes del trípode que se subió a la cueva, ora con los conatos sonambúlicos de aquella miss Cook en miniatura. Los ya rematados nervios del Exquisito le traían de nuevo a la imaginación todos los terrores de la primera noche en el antro, con cuantos fantasmas les bailasen macabros. Veíase ya en pecado mortal y juró en su corazón hacer confesión de todas aquellas diablurías así que bajase a Guadalupe.

La cosa, en verdad, no era para menos. El maldito pie del velador golpeaba de un modo siniestramente inteligente, sin que le forzase a ello mano alguna visible, y empezaba a contestar con endiablada sabiduría a cuantas preguntas preparatorias, extrañas al asunto, se le hacían, ya -sobre la edad, nombres y familias de los presentes, ya sobre ciertos secretillos íntimos que los sonrojaron, ya sobre el destino ulterior de personas hacía tiempo fallecidas. Aquello ponía los pelos de punta. Ninguno de los presentes lo habría podido sufrir sin echar a correr, si no fuese porque, con medios tan sobrenaturales, no podían menos de saber de una vez a qué atenerse sobre el maldito tesoro.

Lo más espeluznante fue luego la caída en trance de la médium para conseguirlo. Rígida, cadavérica, dormida sonambúlicamente, con los ojos muy abiertos, cual los de los maragatos de marras, gimió, gesticuló y, con los brazos extendidos, vagó unos minutos por el ámbito de la cueva, haciendo aquí y allá espasmos y muecas horribles. A la fúnebre e incierta luz de hachones de iglesia, aquello estaba dantescamente, imponente, y los buscadores, acurrucaditos de terror contra las paredes, no se atrevían ni a moverse. El Exquisito se había desmayado.

Aquel espectro viviente de la médium se detuvo un punto al fin sobre el velador, y con mano febril trazó sobre un papel unos angulosos garrapatos que, ¡oh desencanto!, decían:

-«Los grandes espíritus, guardadores del tesoro de las Villuercas, se han apartado de vosotros por vuestra poca fe y sobrada codicia. No pueden consentir que os lucréis con el fruto del engaño a un mendigo, ni que seáis más ricos para ser peores... Sois, pues, presa de una caterva de espíritus ligeros o burlones que en la cueva habitan. ¡Purificaos en la oración!»

-¡Y en el trabajo del campo, ilustrado por la ciencia, locos!-rugió una voz severa.

Era la del médico del pueblo, docto anciano a quien había llevado penosamente hasta la sierra la conmiseración hacia aquel puñado de neurópatas.

Y con ademán sacerdotal, profético, de verdadero iluminado por la ciencia, añadió aquél, mientras señalaba con las manos hacia la inmensa extensión de tierra que se atalayaba desde la boca de la cueva:

-Sí que hay oro, mucho oro, en estas queridas Villuercas. Infinitamente más oro del que podéis calcular, ni prometer pueden esos papeluchos mentirosos. Pero ese oro no está en barras, ni en estatuas, ni le guarda maragato alguno mas que el de vuestra ignorancia, sino que está en las venas metalíferas de su suelo; en la fuerza motriz y riqueza fertilizadora de sus aguas, y en esos benditos árboles seculares que regulan vuestras lluvias, sanean vuestro ambiente, embellecen vuestros paisajes; esos árboles a los que tan ciega guerra hacéis con descuajes suicidas que roban el pan a vuestros nietos... ¡Cuidad de vuestros castañares y vuestras huertas; estudiad vuestro subsuelo y vuestra climatología, y el oro, el oro ennoblecido por un trabajo honrado, colmará vuestras arcas y moriréis felices!... Entre los fabulosos tesoros de moros y moriscos hay, en efecto, uno certísimo, que le tenéis a vuestro alcance, sin verle: y es el de los riegos y cultivos, como en las huertas de Valencia y Murcia.

Los ilusos buscadores, dotados, magüer que de codicia, de ese enorme fondo de buen sentido que palpita siempre bajo la rudeza e incultura extremeñas, vieron claramente su error a la luz deslumbradora de la ciencia, en la que el anciano doctor era peritísimo maestro.

Se miraron unos a otros y sonrieron corridos de vergüenza. El sentido común recobró sus fueros, y mohínos, pero aleccionados, marcharon, cada uno por su lado, falda abajo de la sierra.

De entonces data el potente resurgir de Guadalupe, porque en el cultivo de su huerta y sus castaños hallaron, efectivamente, un gran tesoro los antes ilusos buscadores de oro de La Cueva de los Maragatos y, por su ejemplo, todos sus convecinos.

Omnia vincit labor, que el clásico dijo.

KULTUR UND LIEBE

0

LA ORDALIA PSICOLÓGICA DEL PROFESOR ENGEL

Me parece que hace de ello un siglo... ¡Han pasado tantas y tan gravísimas cosas desde aquel julio de 1914 en que subí a los picachos de Gredos, centro geológico de nuestra Península, en compañía de Oswald Engel, sabio y joven doctor por la Universidad de Bonn, cuyo apellido recuerda el del gran socialista de cátedra precursor del marxismo!

Primero fuimos a Arenas de San Pedro, cabeza de partido hoy, histórico retiro antaño de la viuda del condestable Don Alvaro de Luna, mujer heroica aún recordada en la vía principal que lleva el pintoresco rótulo de calle de la Triste Condesa, y cuya calle va desde un antipático convento incendiado por los franceses del año ocho hasta el soberbio castillo feudal que a orillas del río Arenal tenía aquel favorito del rey Don Juan II.

La calle entera de la Triste Condesa ocupa el fondo de la barrancada en que se asienta el pueblo, teniendo arriba, por un lado el famoso hospital de San Pedro de Alcántara, donde murió el místico extremeño de este nombre -cuyo cuerpo viejo de asceta recordaba, según Santa Teresa, las retorcidas raíces de las encinas de su tierra-, y por el otro lado, o sea el del Norte, se alza el hemi-palacio y digo hemi porque está cortado por mitad cual ciertas casas de cartón de los chicos del infante Don Luis, hermano de Carlos III, palacio que ocupa una redondeada colina con la infalsificable gallardía de las acrópolis griegas, dominando la plazuela junto a la que hoy se asienta, con la cabra montés de su escudo, el Centro de turismo denominado "Arenas-Gredos", cuartel general donde tomamos los guías y bastimentos.

El naturalista, como buen alemán, era, en plena juventud, un alma de niño con un cuerpo de gigante, y bajo una cabeza cuadrada, que albergaba todo un mundo de ideas positivas, sin emotividad enervante alguna, es decir, a lo Comte, o a lo Bürchner. Había que verle la figura que hacía el buen Engel cabalgando sobre desmirriada jacuela, puerto arriba del Peón hasta los neveros de la Mira, por cima de los Galayos, a 2.550 metros del mar, y no menos interesante que aquella su figura eran sus exclamaciones de asombro ante las agujas de los Galayos, bosque petrificado de tristes cipreses, decía, salpicadas de nieve aún, y sus ingenuas risotadas escolares al verse luego bajo aquel túnel-mazmorra de grandes losas de granito que se llama Refugio de Arenas-Gredos, en compañía de unos ratones alpinos que no pudo cazar para estudiarlos, aunque lo intentó -a pasar buena parte de la noche en vela. Y no digamos nada de la alegría del sabio a la vista de la laguna principal de Gredos, espejo de acero encuadrado en un circo montañoso que recuerda a los que el telescopio nos revela en la muerta superficie de la luna. Cantó Engel a la otra noche dulcísimos líder rhenanos al calor de la lumbrada del chozo del frío Gargantón, mal tañendo un rústico arrabel de cierto pastorcillo de aquellos desiertos, nevados las cuatro quintas partes del año. Al siguiente día, en fin, dejando atrás el Almiar de Pablo, la Galana y el valle de las otras cinco lagunas, me llevó, como si caminasen por la llanura talaverana, hasta el picacho supremo de Almanzor, a cuyos pies se desarrolla el cóncavo panorama de seis provincias: Ávila, Salamanca · Cáceres, Toledo, parte de la de Madrid y hasta algo de Badajoz.

Engel, después de espantar una ágil partida de cabras monteses, por allí guarecida, depositó en el buzón que el Alpinísmo tiene en aquellos neveros una postal dirigida a mademoiselle Sylvia Proudhome, linda francesa alsaciana con la que se carteaba, "científicamente", que entrambos salieran del colegio de Colmar, pues conviene anotar que a ella también le daba por la zoología, en afición heredada del doctor Remy Proudhme, su padre, sabio belga, émulo de Cuvier, que pasaba los inviernos enseñando dicha ciencia en Colmar y descansando los veranos en su quinta solariega de Charleroi.

La tarjeta decía en francés:

"Mi bella condiscípula: ¡Soy feliz! No solo he disfrutado de estos panoramas soberbios y estudiado la geología de Gredos sino que llevo a Papa lo que creo una variedad de los Gordüdae de Dujardin pseudo-filaria de los Nematodos, que, como sabéis, son gusanos que pasan de parásitos en su primera edad a acuáticos en la segunda. La he pescado al borde de un nevero entre el cieno de la laguna grande. En septiembre, cuando regrese de mi viaje, aún les encontraré en Charleroi. Mis mejores recuerdos.- Oswald Engel

Y el sabio añadió solemnemente, hablándome como ex-cátedra: -Esto es de más importancia de lo que parece, pues que este animáculo que aquí veis parece una filaria de las de Mull y es un simple pariente nuevo del gordius acuáticus de Dujardin. Cuando le examine al microscopio y haga de él minucioso estudio anatómico, podré saber si esta lombriz, no más gruesa, como veis, que una crin de caballo, carece de orificio genital y es su macho desconocido, como el dracúnculus de Guinea, o el filaria inimitis de Leidy, que se meten por todas las vísceras del hombre y de los animales, hasta en la misma cápsula del cristalino, o es, como creo, un verdadero Gordius, o en fin, una especie nueva, apta para constituir un género intermediario, como sospecho. ¡Sylvia ha de admirarse mucho!...

Y yo me imaginaba ya a la joven franco-belga de ojos melados y de pelo rubio, palmoteando de triunfo camino del despacho de papá, llenándole a éste de impaciencia hasta recibir la tal pseudo-filaria que, cuidadosamente metida en un frasco vacío de quinina, quise yo alimentar, haciendo reír al sabio, con una mosca y unas miguitas de pan, en el agua renovada todos los días...

Pero la lombriz de Gredos no debió llegar a su destino, ni quizá la carta tampoco. Cosas harto más graves para esta insensata humanidad que las del amor y de la ciencia preocupaban por lo visto en aquel julio histórico, cual era la piadosa tarea de matarse los hombres, a toda costa, en la más horrible de las guerras conocidas. ¡Engel, al bajar a Arenas, ya tenía en el "Hotel de la Dominica" la orden de inmediata movilización! Por Ta- lavera, Madrid, Barcelona, Italia, Suiza, seis días después ya estaba mi sabio incorporado al 14.° de línea, y pronto a invadir el territorio francés.

Pero, aunque partió despreocupado y alegre, dispuesto a dar su sangre por su patria y por la Kultur que ella iba a imponer al mundo, no por eso se olvidó Engel de su `pseudo-filaria gredensis, metida en agua en el frasco de quinina.

II

Engel alcanzó a incorporarse a su regimiento de línea al tiempo mismo en que éste, después de arrollado el baluarte belga de Lieja, entraba victorioso en Namur. Ya lo supe muy pocos días más tarde gracias a una extensa carta del joven alemán, fechada en aquella ciudad y venida a mis manos por la vía de Holanda, en la valija diplomática de la embajada de aquí. La carta en cuestión era un precioso documento de una larga serie, serie en la que el ingenuo positivista de Bonn fue desahogando conmigo sus nostalgias científico-alpinistas durante varios años en la emocionante forma que el lector va pronto a saber.

Entre otros párrafos que omito, mi amigo me decía en su misiva:

"Me considero dichoso por haber asistido a la apoteosis del genio alemán, ese que fue insuperable con Goethe, Kant, Nietsche y Bismark.

Tras la locura de la inútil resistencia Belga, locura digna de loa habitantes de Liliput descritos por Gulliver, ayer entramos en Namur, desde donde, a vuela pluma, le pongo estas líneas, que confío llegaran a sus manos, para por ellas ver como en la cumbre de la gloria de la patria no olvido a mi noble acompañante de las cumbres españolas del Almanzor, nombre este último que recuerda al magno caudillo de los belicosos árabes de antaño..........

¿Qué noche, amigo mío, la de ayer! Un ejercito al que podría aplicarse como a ningún otro la frase bíblica, respecto de la progenie de Abraham, de más numeroso que las estrellas del cielo y las arenas del mar lo ocupaba todo, casas, plazas, fábricas, parques, templos, cafés, con su insuperable aire marcial y su alegría de invencibles triunfadores. Pasado el fragor del choque, ¡qué delicia no ha sido para mí el oír a las bandas unidas de seis regimientos, organizaciones sin precedentes en la historia militar por su vigor y disciplina, ejecutar con el fervor y con la maestría que saben, esas obras del coloso de Baireuth, que parecen estar hechas como prólogo del Deutschland über alles, que muy pronto ha de entonar el planeta entero! El resonante allegro de la Cabalgata de las Walkyrias parecía infundirnos alas para volar sobre París en fiera y triunfal carrera arrolladora, que llegará pronto hasta el Pirineo, sin detenerse tampoco en él, sino que, cruzando de parte a parte la bella España de nuestro cariño, irá amistosa a restituirle ese pedazo de su suelo patrio que los ingleses detentan rapaces en Gibraltar. ¡Cuán solemnemente trágica resonaba la marcha fúnebre de El ocaso de los dioses, no ya sobre el cadáver de Sigfredo, Sino sobre los montones palpitantes de cadáveres de héroes de uno y otro bando!... ¡Cuán augusta después la apoteótica paz del Parsifal, invitándonos al Banquete Eucarístico de la nueva Kultur en la mesa del Laboratorio Humano, sin rancias ni enervantes sensiblerías!... Y después del simbólico concierto, el descanso fugaz sobre las armas ennoblecedoras, en cualquier rincón de la urbe, como pocos días hace nosotros en los picachos de Gredos... ¡Ah, amigo querido, allí vencíamos a la Naturaleza, que se nos quería oponer con sus escarpas, sus precipicios, sus nieves y su soledad! Aquí vencemos, en cambio, a algo que vale más: a una humanidad decadente y viciosa, sustituyéndola por un cielo nuevo y una tierra nueva, cual la cantada por El

Apocalipsis... ¡Cuán grande nuestro Kaiser! ¡Cuánto más grande aún la vieja tierra alemana, que tales hombres produce!...»

Y por este tenor continuaba el dulce sabio de antaño, de cuerpo gigantesco, cabeza cuadrada y sencillez de niño. El sentimiento colectivo de su guerrera raza, en plena embriaguez del triunfo, había hecho, sin duda, otro hombre: un triste superhombre nietschiano, del pacífico naturalista de Bonn, el de la pseudo filarla en el frasco de quinina.

III

La resonante carta anterior acababa con estas palabras: «Mañana volamos contra Charleroi, donde esperamos chocar ya con los franceses.,»

Y, en efecto, el choque fue espantoso, en las calles mismas de la mártir ciudad. Los franceses retrocedieron envueltos cual tenue brizna de hierba arrastrada por el vendaval.

¡Un desencadenado huracán humano, que, con arreglo a la nueva táctica, venia a hacer gravitar sobre un solo punto matemático el de la punta de «cuña» clásica, todo el poder tremebundo de un aguerrido ejercito integrado por varios millones de hombres provistos de cuantos medíos nuevos de destrucción les proporcionase una ciencia sin entrañas: la de ¡sed crueles-así hablaba Zaratrustra-del impío loco de Niestche, el émulo de Wágner!

Pero si supe por la Prensa el terrible encuentro de Charleroi, nada volví a saber de mi amigo, el téte-carré, todo ciencia positiva, de dormida espiritualidad.-¿Habrá muerto en el choque funesto?-me pregunté lleno de angustia.-¿Habrá su cuerpo de atleta constituido una anónima piltrafa más del inmenso montón de carroña humana que alcanzó hasta los primeros pisos de las calles de la pacífica ciudad, la ciudad carbonera de los bosques llenos de chimeneas y los llanos campos de esmeralda?-Ello era muy de temer, y confieso que una lágrima furtiva asomó indiscreta en mis ojos al pensarlo, porque todo alemán-iba a decir todo hombre y más aquel alemán representativo, es en el fondo un niño bueno, al que se suele dirigir mal, y yo había empezado a estimarle hondamente a Engel en su gran cerebro, que era una esperanza para el mundo, y en su corazón sencillo, dormido oro del Rhín, que era otra mayor esperanza para él.

Más cómo saber de cierto el destino que le había cabido al sabio pseudo-filaria gredeasis en aquella empresa bélica para la que, sin duda, no le llamaba Dios? Imposible el que me lo dijesen en la Embajada-las noticias eran escasas y confusas-. Imposible también el saberlo, de momento al menos, por la generosa Oficina de información de suiza, o por esotra montada aquí bajo los auspicios de don Alfonso. Una secreta intuición parecía tranquilizarme, sin embargo, diciendo que aún vivía....

No me equivoqué. Varios meses después logré confidencialmente, con gran esfuerzo, esta corta, pero tranquilizadora noticia:

«El suboficial número 77 del 14 regimiento de línea en la división de Von Kluck, ha sido incorporado como oficial, a las huestes turcas de Mustafá Ibraim, en Anatolia y Siria.»

--Un sabio transformado anónimamente en un simple suboficial número 77 como en los enterramientos y como en los presidios. ¡Bravo por la nueva kultur!—me dije, y esperé ya más tranquilo, noticias del de Siria.

Las noticias aún se hicieron esperar

Esmirna1 de enero de - 1916.-¡Noble amigo mío! Tal vez me haya tenido por muerto al no saber de mí en más de un año que ha transcurrido desde mi última. Un año, ¡digamos mejor una triste e inacabable vida, que ha llevado las nieves de las canas a mi cabellera y el hielo de la muerte moral a mi asendereado corazón!...

No sé cómo contároslo todo, y eso que deseo constituya esta carta un largo apunte más bien para que pueda escribir usted algún día una de esas historias-novelas teosóficas a las que es tan dado y cuyo título bien pudiera ser el de El Karma y la vida.

«Preparaos, en efecto, a saber algo tan trágico que únicamente es comparable a esas tragedias de Shakespeare en las que sólo se salva uno para contarlo horrorizado a las generaciones venideras, y este uno, ¡ay!, que se ha salvada en mala hora, soy yo, que os escribo desahogándome con vos, mi solo amigo ya en el mundo, como con un hermano espiritual.

»Y basta de preámbulos.

«A la madrugada del siguiente día al en que os escribía mi última desde Namur, el toque de

«bota-sillas» nos lanzó como una tromba humana sobre Charleroi, donde los franceses comenzaban también a entrar... Los más fúnebres presentimientos me asaltaron crueles.

¡Charleroi, el gran retiro veraniego del profesor Proudhhome, la ciudad antigua de Charnoi, que en 1666 fue consagrada por Luis XIV a vuestro Carlos II, el hechizado; la población carbonera por excelencia, que no era para mí sino un jardín delicioso sobre la Sambre, cuna de mi amada Sylvia, donde pasé al lado de ella los días más felices de mi juventud, mirándome en sus ojos; sus ojos, ¡ay¡, que ya no verán más la luz!..,

»Perdonad: ¡deliro! No está en mí casi el deciros con orden lo que desordenadamente, cual pesadilla macabra, se agolpa sobre mi pobre mente al querer relataros la catástrofe que me ha hecho el más desgraciado de los mortales. ¡La herida cruel, como la llaga de Amfortas, que nunca más querrá sanar!...

-Iba yo en el pelotón de vanguardia, animoso, aunque entristecido por los más funestos presagios, esos en los que mí espíritu de positivista nunca jamás había creído. Con la seguridad del que conoce el terreno, entré -vos también conocéis aquello-por la Ville-Basse de la ribera derecha del Sambre, a tomar posiciones en la Ville-Haufe, que se alza a la izquierda, pero, en el mismo puente, antes de llegar al Quai de Flandre, topamos de manos a boca con la vanguardia franco belga, que pretendía cortarnos el paso. Una descarga cerrada de ametralladoras barrió literalmente a la mitad de los de mi pelotón, como espigas secas que la hoz abate. Después el enemigo se echó sobre nosotros con rabio, y oh fatalidad de la vida!, entre la turbación propia del choque brutal, esa versión superliminal que todos tenemos en los momentos supremos, me hizo ver al reaccionar nosotros contra los franceses caer redondo al que mandaba la vanguardia: ¡a René Proudhome, mi amigo, al hermano de mi Sylvia amada. Al saltar mi caballo por sobre su cuerpo inerte, creí ver cruzar por sus ojos vidriosos, que tal vez me reconocían, el definitivo aletazo de la Intrusa..............

« ¿A qué continuar describiéndoos el formidable encuentro en el que quedó deshecho el ejército enemigo, dejándonos dueños de las calles sembradas de cadáveres franceses? Ya lo leeríais en los diarios.

»Pero la desgracia no viene sola nunca, y a mí me tocaba por lo visto aquel día apurar hasta las heces el cáliz de un destino cruel. Para atender a la curación de mí herida-un insignificante rasguño de bala en una pierna-, me llevaron los de la ambulancia, ¿Dónde diréis? Pues a la quinta más inmediata de la Sambre, frente al último de los quince cruces que sobre el río tiene la vía férrea de Bruselas, es decir, a la quinta misma de los Proudhome, el antes tranquilo retiro del sabio, allí sorprendido por la conflagración mundial

«Yo creí enloquecer con locura igual a la del héroe del Don Alvaro o la fuerza del sino, del Duque de Rivas, obra que, para mi mal, viese durante mi estancia en Madrid. ¡Sí, yo soy ese mismo Don Alvaro el inca, maldecido por Dios y por los hombres, quien, después de haber saltado loco por sobre el cuerpo palpitante del que había de ser pronto mi hermano, aún fui introducido por los impasibles sanitarios en el jardín, tras cuya poterna vi abrazados, y no sé si desmayados, heridos o muertos, al anciano profesor y a su otra hija Alicia! Un fatal error sin duda-pues no cabe pensar tan mal de nuestros guerreros, sin calumniarlos-, le había movido quizá al incauto sabio a caer así en defensa de la honra de su hija, que él, ante lo súbito de la irrupción, creyese comprometida.

¿Creéis que esto fue todo? Pues aún me quedaba que ver algo peor. ¡Tras el espectáculo horrendo de la muerte, el más horrendo aún de la locura! Mientras gritaba yo a los sanitarios para que me dejasen abandonar la camilla e ir en socorro de aquellos seres queridos, sin que aquéllos me hicieran caso, atribuyéndolo a delirio de la fiebre, tuve

ocasión de ver, vagando sonriente y florida, con flores arrancadas del jardín, a la santa madame Proudhome, la cual, bajo el espanto de la muerte de su hijo, de su hija Alicia y de su marido en el intervalo de una hora, y la destrucción de su quinta por el bombardeo de uno y otro ejército, se había refugiado en el ángulo del salón principal, allí donde estaba el piano, y con mano febril tocaba el tristísimo largo y mesto de la sonata VII de Beethoven, ese grito de dolor extrahumano que dicen que compuso el maestro cuando sintió los pródromos de su sordera y le tocaba acompañándole con sonoras carcajadas que helaban el corazón..........(1)

(1) Este caso de locura por el terror es histórico, aunque acaecido en otro lugar del frente francés.

Al verme pasar en la camilla, quiso así como reconocerme vagamente, pero cuando le pregunté por mi Sylvia, temiendo, no que hubiese muerto, sino, cosa peor en aquellas circunstancias, que hubiese desaparecido, me dio por toda respuesta una sonora carcajada enseñándome como una fiera la doble hilera de sus blancos dientes. Pero luego, volviendo al derruido rincón del salón, exclamó helándome la sangre de las venas:

¡Ciega, ciega y sorda por un obús!

Yo, ante aquella noticia, falsa o cierta, perdí el sentido.........

¿A qué seguir, amigo mío, horrorizándole con el relato de la Inevitable? De Sylvia nada en concreto pude saber por más que me esforcé ¡cuantos estragos no ha hecho con ocasión de la guerra esotro criminal comercio que se llama la Trata de Blancas!... Pero, ¡no! Empiezo a sospechar, no sé por qué, y contra la oposición tenaz de mis facultades conscientes, que hay una justicia trascendente, pese a mi eterno determinismo, y que tras las negruras del invierno vienen las delicias de la primavera, aunque esta primavera no brote ya para mí.

¡Yo me daría hoy por muy dichoso sabiendo que ella vive aún y que vive en el decoro heredado de sus padres! En cuanto a lo demás, acepto el principio filosófico que de usted aprendí en Gredos: «Quod amor conjungit natura non separet», aforismo del que, escéptico, me reía antaño, y que ahora he aprendido, como a todos los duros de mollera sucede, bajo el látigo del purificador sufrimiento...

»Lo demás está dicho en dos palabras. Hospitalizado en Malinas, curé pronto de mi herida física, pero la herida moral era tan incurable ya que el coronel de mi regimiento, hombre que odiaba a Nietsche de todo corazón otro tanto que amaba a Schopenhauer, el ario, movido a pena ante la ironía del Destino, me deparó el medio de que, al menos, no siguiese luchando en el suelo de Francia contra una nación desventurada que tumba era ya de mis ilusiones más caras. He aquí, pues, la razón de mi presencia en Esmirna, frente a la Frigia y a la Misia históricas; junto a ese Illion sagrado de las siete Troyas descubiertas más bajo de otras por Shliemann, ciudades que sucumbieron sucesivamente bajo otras tantas catástrofes guerreras, no tan grandes como la que hoy padece el mundo, ni tampoco como la que abisma mi corazón.

IV

Como es fácil colegir, la tragedia vivida en un solo día por el doctor Engel me produjo, naturalmente, hondísima emoción. Nadie mejor que yo, que le había conocido en la flor de sus ilusiones científicas de una Kultur materialista que se pretendía imponer al mundo por la fuerza de las armas, podía apreciar el cambio psicológico sufrido por aquel hombre-niño, al tocar por sí mismo las consecuencias del universal desastre que el día anterior mismo deputase su ceguera como salvador de la Humanidad.

Cortante arma de dos filas el arma del Conocimiento que nos quita la inocencia y la irresponsabilidad anterior de la ignorancia, a nada bueno puede conducir sin el Amor. La fruta simbólica del Árbol de la Ciencia, en efecto, al ser comida por nosotros, como se cuenta de Adán y Eva en el Paraíso, forzosamente nos ha de hacer mejores o peores-nunca dejarnos como antes-, según el empleo que de la Ciencia hagamos: o para egoísmos nuestros, o para mejoramiento de la Humanidad. Y como casi siempre miramos más a aquéllos que a ésta, ocurre que a cada civilización sigue una barbarie o «caída». Ya lo dijo, sabio, el portugués vizconde de Figaniére, cuando afirmó que el estado primitivo de la Humanidad, como el de cada hombre en particular, no es la barbarie, según cree hoy la Ciencia, sino la inocencia, ya que la barbarie es siempre un estado de postcivilización, de los abusos de la civilización nacida.

Pero no filosofemos y sigamos llanamente el relato de las aventuras del naturalista de Bonn, relato hecho con tan ingenua sencillez par sus cartas confidenciales y sabrosas.

La que tuve la suerte de recibir meses después, no obstarte !a dificultad de las comunicaciones merced a la vigilancia aliada, venía fechada en Balbeck-Heliópolis; llenóme de asombro al ver por qué tortuosos caminos nos lleva el Destino o Karma a lo larga de la Vida, para que labremos, con el mal y con el dolor, nuestro propio mejoramiento espiritual, con arreglo a aquella sentencia de Cicerón de que «todo cuanto nos sucede, por contrario que parezca a nuestros ciegos deseos, acaba siendo siempre para nuestro bien,». Indudablemente, como Engel era bueno, estaba protegido por ese poder abstracto y superior la Ley misma, que rige a todo y a la que suele llamarse Providencia. La propia carta lo demostraba al decirme:

¿Qué bálsamo supremo ha venido, amigo mío, a calmar las llagas de mi enfermo corazón? No lo sé, pero es lo cierto que en la personalidad de mi jefe, Mustafá Ibrahim, he encontrado algo más que un general fiero y .temerario, amante de la guerra por la guerra, como tantos otros en Europa. Él es hoy mi amigo, mi maestro, casi mi padre, porque sólo de un padre cabe esperar la protección augusta que él derrama sobre mi ¡Y es lo bueno del caso, que en sus actos, en sus ejemplos y enseñanzas, en todo cuanto lo caracteriza, en fin, veo un paralelismo chocante con las ideas de usted; aquellas ideas tan poéticas, tan consoladoras, que antaño tuve el gusto de escuchar de sus labios, ¿se acuerda?, y ante las cuales yo sonreía escepticismo benévolo, porque, aunque bellísimas..., no eran científicas, científicas, claro, a los ojos de nuestra Kultur! Pero hoy me digo avergonzado si no es que toda nuestra cultura europea no es un coloso a lo Nabucodonosor, con el cuerpo de oro y los pies de frágil terracota, que el más débil choque puede romper...

«Porque Mustatá Ibrahim es lo que los árabes llaman un sufí y los hebreos rabí o maestro. Con él la historia gloriosa de estas viejas comarcas que ya eran sabias y opulentas cuando nuestra joven Europa yacía casi en el trogloditismo cuaternario, parece que adquiere nueva vida al conjuro de él, del mago de Damasco, segundo Iskandar, el de los cuernos, del que tan ditirámbicamente nos habla Mahoma en el Corán. A su lado, y olvidando a veces entrambos que éramos guerreros, he recorrido las regiones sagradas de la Grecia asiática y de la Siria, desde el Bósforo hasta el Líbano, pasmándome a cada paso ante el mundo de recuerdos acumulados doquier.

»Ya sabe usted por la Historia que los «caminos militares» son algo permanentes en medio de unos hechos guerreros cambiantes con los siglos, pero, en el fondo, siempre los mismos también. ¡Henos, pues, recorriendo la primera etapa del itinerario de Alejandro por el Gránico y por Arbela, hasta Tiro y Jerusalén; el de los cruzados por la Sardes de los concilios. Efeso, la de los misterios de Diana y de San Pablo; la Tyana de Apolonio;

Mileto, donde Thales diera las primeras enseñanzas matemáticas, base de toda la ciencia moderna; la Pisidia, la Antioquía y las desoladas regiones de la Palestina, que antes de la guerra fueron paraísos de verdor! Hemos admirado también a Damasco, a Alepo, Palmira, Mosul y cien ciudades gloriosas más, y, lo creeríais vos que cierta vez me hablasteis de ello con cargo a lo que dice en Isis sin velo, su maestra Blavatsky haciéndome dudar de si erais un iluso o pretendíais tomarme el pelo , como grafiamente dicen ustedes ahí?¿Lo creeríais, repito, si os dijese que me he iniciado entre los drusos del Líbano, con aparosidad inusitada y ceremonial, que estoy autorizado para referiros, ya que, en líneas generales me mostrasteis conocerla? Ya lo veis pues. En lugar de estar consagrado a derramar la sangre de mis semejantes –los ingleses están aún muy lejos de nosotros-, mis ocios de instructor del ejército de Siria, los he empleado instruyéndome en aquellas sublimidades de las que antaño, ¡ay!, me reí.

«Sí. Lo que Jhon Yarker nos dice en sus notas acerca de !os misterios científico-religiosos de la antigüedad respecto a los Derviches-Bektash, iniciadores de los Genízaros -tales como Mustafá Ibrahim-, es rigurosamente- cierto, como también lo es aquel párrafo de la obra inmortal de Mackenzie al hablar de los Hermanos herméticos: «Una fraternidad oculta viene existiendo desde tiempos muy antiguos, poseyendo una jerarquía de oficiales, signos, consignas secretas y un método particular de instrucción en ciencia, religión y filosofía... Si hemos de creer a sus actuales miembros, la piedra filosofal, el elixir de vida, el arte de hacerse invisible y el de poder comunicarse directamente con la vida ultra-mundana, forman parte de la herencia que poseen. Este cuerpo de filósofos existe, aunque no para el valgo curioso, Su erudición es vastísima, e indudable el don de lenguas que poseen. Errantes por el mundo, no permanecen mucho tiempo en país alguno, y ellos saben bien por qué.

«Heme, pues, hecho todo un templario, casi un moderno Hugo de Payens o un Godofredo de Saint Hilaire, un discípulo, en fin, de esos hasanidas, esenios o «curadores» del Líbano, los «assasinos», palabra que la ignorancia de los cruzados introduce en nuestro léxico como «asesinos», por la manera tremenda y fulminante de realizar por igual sus justicias con musulmanes, cristianos y sirios.

No estoy autorizado ciertamente para revelarle los «misterios» e «instrucciones»allí recibidas y que acaso conozca usted, aunque nunca me lo haya dicho, porque es frecuente el caso hasta de cónyuges iniciados en ellos que no se han revelado el uno al otro como tales hasta muchos años después de vida en común. Pero sí le diré que la prueba ha sido tremendamente dura. ¡Las fatigas militares más penosas son, en comparación, meros juegos de niños! Figúrese que durante un semestre he sido seguido como por mi sombra por un compañero, iniciado, que me hacía todos los oficios como cocinero, intérprete, guía, criado, etc., para él poder certificar concienzudamente luego acerca de mi preparación. Paso por alto los ayunos sin cuento, hasta la extenuación; las marchas forzadas hasta caer rendido de cansancio; las inquietudes, las torturas morales y demás probaciones que resistir no habría podido a no ser por las que soportadas llevo, como ya sabéis por mis cartas. He estado tres días como sepultado, a obscuras, en el lugar innombrable de «Bayt-et-Din», sobre el que es inútil que haga averiguaciones, cábalas, ni etimologías. Muerto de hambre, y a solas con los manjares más deliciosos y las bebidas más apetecibles, he tenido que triunfar de mí mismo, no probándolos. ¡Y esto es nada comparado con las dos pruebas más crueles, la de la Mujer y la del Ridículo! ¿Quién puede gloriarse de antemano de triunfar de la una y de la otra? Yo no me envanezco si triunfé es porque, como sabéis, desde la tragedia de Charleroi, yo sólo soy un cadáver que anda, un imbécil cuitado que antes no se suicidó por cobardía, y hoy menos podría hacerlo sabiendo que el suicidio es la cobardía mayor. Aún me veo en la plaza pública sufriendo la amargura infinita del ridículo, en humillante escena que hoy no le quiero referir. Aún me veo, también, como Krishna con las Asparis y como Parsifal con las mujeres-flores, en el jardín encantado de Klingsor, rodeado de sacerdotisas seductoras, en la calma enervante del descanso y de los más excitantes perfumes, acosado por una temible Kundry, capaz de enloquecerme a la menor debilidad... Hoy, en que yo mismo me asombro de mi triunfo, pienso que si pruebas semejantes se hicieran con nuestros jefes militares en las Escuelas preparatorias, o con políticos, magistrados y, en general, con cuantos hayan de ser algo luego en el mundo, el mundo no tendría que lamentar más de una traición funestísima, estilo de la de Dalila con Sansón o la de Judith con Holofernes...

¿Resultados de mi iniciación? Ya los veréis algún día. Hoy sólo os hablaré de uno que empieza a devolverme la paz, llenándome de esperanzas. Figuraos que, en premio a mi triunfo, se me ha hecho ver en el «espejo mágico», que diríamos para llamar de algún modo a este «meipo» o visión astral esclarecida, los orígenes ocultos de la guerra, su desarrollo pasado y futuro en los diversos frentes y también su resultado final, cosa que, aunque no va ni con mucho por el camino de mis antiguos y lamentables entusiasmos guerreros, me tranquiza al menos respecto de sus frutos para el mundo y también, _¿Quién lo diría?, respecto a mi porvenir, quedando yo maravillado, de tal modo que ahora comprendo cuán injusta ha sido nuestra época, necia e infantil en dudar de los relatos ultrafantásticos que de tales cosas han hecho en diferentes tiempos viajeros como Marco Polo, el abate Huc, Asoma de Koros y vuestra Blavatsky.

>Sí, amigo mío. He aprendido de todo esto una tranquilizadora verdad, a saber: la de que la tragedia es para los malos y el drama para los buenos. En otros términos que la ley de la naturaleza, es, como la del drama, la de acabar bien, cualquiera que sean las negras y trágicas complicaciones del nudo de lo que con tanta propiedad llamamos el Drama de la Vida. Ahora bien, el malo, por su propia ceguedad y falta de fe en el ideal, se queda aprisionado en este nudo, es decir, se queda en la tragedia, mientras que el bueno, afrontando la trágica lucha, logra trascenderla y transformarla en bien. ¿Queréis de ello ejemplos históricos? Pues ved, de un lado la tragedia griega clásica, o la tragedia humana vivida, por ejemplo, por la familia de los Atridas. El sacrificio simbólico del macho cabrío que la diera origen es todo un emblema de sangre y de dolor. En cambio, ved, de otro lado resulta felizmente en todos los cuentos de Las mil y una noches las aparentes tragedias en las que siempre se ve envuelto el héroe y a las que acaba dando cima feliz.? Cómo pensar otra cosa en un «Cosmos> que es todo Armonía? Los malos, repito, viven la parte descendente del drama, esa parte que acaba abajo en tragedia, mientras que los buenos, después de vivirla también, remontan por su esfuerzo heroico la otra mitad ascendente del ciclo dramático, y de la misma tragedia labran la felicidad, como del estiércol se forman las rosas y sus perfumes...

« ¿Qué aplicación pueden tener estas filosofías? Una sola y hermosísima, que os voy a decir, y que me hacen esperar confiadamente en un grato porvenir. ¿Cuál haya de ser ella? Os la iba a referir en el acto, pero he aquí que al llegar a este punto os tengo que dejar lleno de curiosidad como en los folletines, pues se acaba de recibir la noticia de que los ingleses, tomada Jerusalén, van a caer dentro de breves horas sobre esta ciudad, clave de todo el Líbano. Sólo tiene tiempo, pues, para firmar ésta, hasta la próxima, su amigo, que no le olvida, Oswald Engel»

No hay que añadir en qué estado de curiosidad hube de quedar con la truncada carta. Cualquier cosa habría dado porque los ingleses, mis amigos, no hubiesen caído tan a destiempo en la hermosa ciudad solar de entre el Orontes, el Jordán y el Lita.

V

Pasaron meses y meses sin saber más del nuevo afiliado «druso» del Bayt-et-Din. Esta vez, pensé, mi amigo ha encontrado la muerte que ansiaba bajo la metralla inglesa, porque la relativa libertad de movimientos disfrutada por los submarinos alemanes entre Siria y España no permitía dudar de que Engel, a estar vivo, habría podido tornar a escribirme, narrándome la segunda y más interesante parte de su folletín sirio.

Cuando ya no me cabía duda acerca de la triste realidad de mis presentimientos, una carta, llegada a mí no sé cómo ni por dónde, pues que apareció una mañana sobre mi mesa de despacho, vino a maravillarme. El pliego en cuestión no tenía sellos de oficina remitente, transmisora ni receptora alguna. Además, venía escrita en castellano perfecto, no en perfecto francés, como todas las de mi amigo, con aes, es y zedas de arcáica factura griega, en finísimo papel de arroz, del que no se fabrica en parte alguna conocida, y, en fin, ¡asombro de asombros!, suscrita por el propio Mustafá Ibrahim. La carta, lacónicamente, decía:

«Tranquilícese el noble amigo del doctor Engel, respecto de la suerte que a éste le ha cabido. No ha muerto, sino que vive, muy lejos ya de la Siria y de otro lugar manchado por la fiera lucha de los hombres. Por hoy no es dable decir más, pero el futuro aclarará bien pronto el pronto el premio que, los hombres rectos acaban por alcanzar siempre aun en esta misma vida.» Por bajo de la firma de Mustafá Ibrahim aparecía un sello en seco que era todo un logogrifo cabalístico.

-Está visto-me dije-. Aquí tenemos ya otro caso como el de Damodar Malvankar, o el de Alejandro Ksoma de Koros, y no sólo me quedo con la curiosidad por lo del «espejo mágico>, sino que no volveré a saber ya mas del notabilísimo doctor de cabeza cuadrada, miembros de atleta y alma de niño...

Llegó al fin el día 11 de noviembre de 1918, en que el ansiado armisticio puso término a la lucha armada, dando comienzo a otra lucha sorda en lo social y en lo político, que aun hoy, por desgracia, perdura. Las comunicaciones con los países remotos volvieron a ser posibles, y ya bien entrado el siguiente año de 1919 recibí de la India, vía Bombay-Suez, noticias que me transportaron de júbilo. Engel, en efecto, vivía, como me había asegurado Mustafá Ibrahim, y me escribía desde Cachemira la siguiente misiva:

He aquí, mi inolvidable amigo, que volvéis a saber de mí, quizá cuando me creyerais irremisiblemente perdido.

»Os escribo desde la sublime ciudad de los chales de seda-esos mismos chales que en los desfiles de toros y en las fiestas carnavalescas yo viera antaño realzando a las hermosas mujeres de vuestro Madrid, pregonando el abolengo parsi e hindú que constituye, sin que bien se sepa, la raigambre más honda de vuestra raza inmortal. Y os escribo de regreso de Ladakh o Pequeño Thibet, que por mi buen karma; alguna vez había de ser bueno!-he tenido la dicha de visitar.

¿Que cómo ha sido esto? La historia es larga, pero omitiré detalles, sobre cada uno de los cuales podría forjarse una novela. Desde que recibí la iniciación en los misterios de los coptos solitarios, llamados por mal nombre «drusos», o sea los discípulos de Hamsa («el cisne»), soy otro hombre en todos conceptos.

«>Gracias a lo que he visto en el «espejo mágico», mis viejos misoneísmos se han cambiado en un optimismo sin límites que me hace reconocer en todo el Dedo Ideico del Destino señalándonos el camino de nuestro mejoramiento a lo largo de un mundo que es todo maya o ilusión, según dicen los buddhistas. ¿Me imagináis, como a Paracelso en la Ecitia, arrastrado de Siria a Persia y al Paropamiso a través de los desiertos horribles de la Gedrosia, desiertos en los que es fama que Semiramis, al cruzarlos en son guerrero, sólo salvó veinte hombres, y Ciro, siete? Pues yo los he atravesado con una banda de «merodeadores kurdos», que me han dado fiel escolta como al más elevado de los reyes, hasta dejarme en el territorio independiente de Labore, desde donde, sin que nadie me moleste aunque alemán, he remontado el curso del Alto Indo...

¿Y cómo no recordarle a usted en este último sitio? ¿Cómo no pensar que la gigante hondonada aquella que forma el lecho del río sagrado se halla quinientos metros más arriba que nuestro picacho de Almanzor, el cual tan elevado, sin embargo, nos parecía? ¿Os imagináis siquiera lo que es un río purísimo corriendo a tres mil metros de altura sobre el nivel del mar entre glaciares de hasta 60 kilómetros, como tronco de una red hidrográfica que se va repartiendo más arriba por sus afluentes, como los dedos de la mano, hasta media docena de puertos, el que menos también a 4.000 metros de altura sobre el mar, entre montañas de nieve eterna, que se aproximan a los 9.000 metros de altitud?

¡Qué cielo seco y puro, que permite ver claramente a simple vista a los satélites de Júpiter y a las estrellas hasta la séptima magnitud! ¡Qué tierra bendita y hospitalaria que da dos cosechas al año a estos tranquilos habitantes, obscuros herederos de cien razas diferentes de la prehistoria! Qué jardines naturales los de aquel «Paraíso de los paraísos de la India», con rosales rododendros de hasta cuatro mil rosas en cada pie y con una fauna poderosa, en la que no hay casi, sin embargo, seres dañosos al hombre!¡Qué iniciáticos lagos de montaña, trasunto fiel de las piscinas sagradas de lejanos días; qué de criptas misteriosas, tras las que es fama se ocultan bibliotecas enteras, depositarias de la Santa Tradición filosófica desde que el mundo es mundo, incluso los miles de volúmenes que nosotros diéramos por definitivamente perdidos para la Humanidad con los los tres incendios sucesivos, por romanos, cristianos y árabes de la gran Biblioteca de Alejandría! ¡Y sobre todo, qué gentes tan misteriosas, estas gentes renunciadoras, superhumanas y capaces de hacer «mneipos» o sea los hechos maravillosos que nosotros, en nuestra ignorancia, consideramos como otras tantas transgresiones de las eternas leyes de la Naturaleza, seres conocidos por los múltiples nombres de shamanos, mahatmas (o grandes almas), seikes o murides, gimnósofos, derviches-bektash y cien otros nombres insignes!

Uno de estos seres superiores, a los que casi profano llamándolos hombres me ha conducido por la mano a través de todo este laberinto de anfiteatros montañosos, los más elevados e inaccesibles del mundo, enseñándome cosas, tradiciones, misterios, fórmulas, signos y tesoros de todo genero que yo, no podría, aunque quisiese, revelar.

Pero en cambio, os voy a hacer una confesión íntima: el tal saberón o shamano me ha ratificado la realidad de lo que viese en el, espejo mágico de Baalbek, cosa que de ser cierta, como yo no dudo que lo será según lo que llevamos visto, me hará pasar teatralmente en mi vida, de víctima de la tragedia que ya conocéis por mis cartas a protagonista de un drama al estilo de las mil y una noches, y en el que todo acaba bien.

-¿Es posible?-me diréis con el natural escepticismo-. Igual me diría yo si, como antaño, careciese de fe. Pero no; son tantas las pruebas que llevo recibidas acerca de estas «patrañas— «patrañas» no en el significado que damos a la palabra en Occidente, sino en su genuina etimología de «cosas de los padres- o sean «verdades perdidas», como si dijéramos-, que no lo dudo ni por un solo momento, ni podría dudarlo ya aunque se conmoviesen los cimientos del mundo. Y voy en derechura a contaros el caso para no tener por más tiempo en suspenso vuestra natural curiosidad, diciéndoos mi visión en el «espejo mágico», ratificada hoy por mi guía nobilísimo como absolutamente cierta en todos sus detalles, según, añade, voy pronto a comprobar yo mismo.

›Triunfante en mi difícil iniciación del Líbano, el Hierofante o «Anciano» que lo presidía, ser muy análogo al del que ahora os hablo, se llegó a mí amorosamente y dándome el ósculo de paz, la palabra y los toques sagrados para mis futuros reconocimientos con los miembros de la Fraternidad esparcidos por el mundo, me dijo:

—; Ahora, hijo mío, vais a recibir una recompensa, pálido reflejo de las que os esperan a lo largo del Sendero!

-El anciano unió a dicho al hecho, y sacando de sus vestiduras sacerdotales una pequeña caja de laca con caracteres que me parecieron thibetanos, puso en mis manos un minúsculo espejito que brillaba como el sol, y mientras trazaba con su dedo sobre el ara no se que clase de signos mágicos, añadió:

»-¡Mirad por el anverso en el espejo!

»Miré dócilmente y vi con espanto reproducirse entera, con perfecto realismo, la escena de Charleroi; mi salida de Namur en el pelotón de vanguardia y mi choque con los franceses en el puente de la Sambre; la caída de mis bravos, segados por las ametralladoras enemigas, y la caída también de René Proudhome, el hermano de mi Sylvia, sobre cuyo cuerpo desplomado creí ver ya asomar la agonía más cruel-pues tenía atravesada la cabeza de parte a parte por una bala-; mi conducción por los sanitarios hasta la que fuera antaño grato retiro de un profesor sabio; el paso frente a los inertes cuerpos del padre y de la hija abrazados en un paroxismo de terror... Volví asimismo a ver la loca florida Madame Proudheme y hasta oí claramente de nuevo las lúgubres notas del largo beethoveniano, coreado por las carcajadas de la perturbada infeliz, quienes me repetían macabras la frase espantosa relativa al destino de mí Sylvia. «¡Ciega, ciega y sorda por un obús!» Y, en fin, a esta última, como a la Nydia de Los últimos días de Pompeya, de Bulwer Litton, vagando de noche y sin rumbo ciega, desgreñada y fatídica, por junto a los montones de cadáveres hacinados entre escombros humeantes, buscando con los brazos extendidos o a alguien o a algo salvador ¡acaso a mí!... Vime, en fin, yo cual cadáver y oprimiendo con la diestra la humeante pistola del suicidio, al que habría llegado sin la bienhechora influencia del coronel de mi regimiento y la extraña protección de Mustafá Ibrahim...

»Cuando ya no podía más ante el cuadro de horrores que agigantados veía en el anverso del mágico espejo, con colorido más intenso que en la realidad y aunque en mi propia imaginación, la voz solemne del Hierofante clamó imperiosa:

-¡volved del otro lado el espejo!

«Entonces la escena continuó, pero ya con ese cambio dulce y grato característico de todos los descansos: el del tránsito del hielo de la calle y del combate al dulce calor del hogar con alimento sustancioso, bebida reconfortante, abrigado reposo y sueño reparador...

«Seguí pues, viendo, digo, cosas cada vez mejores o más tranquilizadoras —un verdadero reverso de lo de antes-, desde mi llevada al hospital de Malinas, hasta lo que en días sucesivos y sin yo saberlo acaeciese cosa que no parece de este mundo de tristes realidades, sino del mundo de la imaginación.

A mi lado, en el mismo hospital, sin que yo antaño de ello me enterase por estar en otra sala, veía la segunda cura del joven René Proudhome a quien, no sólo yo, sino los mismos médicos de la ambulancia, deputaron por muerto, por presentar su cabeza en las dos regiones témporo: derecha e izquierda, balazo que, sin embargo, cosa increíble, no le mato, como ha sucedido en caso clínico alguna otra vez .(1)

Por las trazas sólo no había muerto el gallardo joven, sino que ya le veía a la sazón restablecido, en el espejo al menos, como nunca se podía esperar.

(1)Por ejemplo, a D. I. P., de Madrid, en 1922, según puede acreditar mi bú: D. J. J. S. B., quien no creo se negase a dar detalles científicos de este rarísimo caso clínico, caso que podría reputarse «milagro» de un hombre con la cabeza perforada de parte a parte por una bala, la que entrando, sin duda por la tercera circunvolución parietal, no tocó ni a la cisura derroca ni al kiasma óptico. El herido quedó absolutamente restablecido.

»La visión continuó gratísima, halagadora, con el volver en sí del padre y de la hija Alicia, que estuvieron, no muertos, ni siquiera heridos, sino desmayados por el terror ante lo súbito de la catástrofe que se les echara encima, y en cuanto a madame Proudhome, la crisis de locura-por lo que en el espejo veía-no había dejado tampoco huella permanente gracias a la pericia en enfermedades nerviosas, como en todas las demás ramas de la Ciencia Médica, doquiera mostrada por el profesorado médico alemán...

»Quedaba sólo en pie, como más grave, lo de la ceguera de Sylvia, cosa real y positiva, por desgracia, pues que así la veía en el espejo, llenándome de compasión infinita y de amor purísimo, más infinito aún. Pero la veía tranquila, resignada, con los suyos al lado, en uno de los cien albergues que deparase, próvida, para los amigos y enemigos, la intendencia Militar. La veía, sí, con todos los suyos, paseando por las avenidas de aquel refugio con esa mirada alta, vaga, soñadora, confiada, de los que no ven físicamente, pero que siguen viendo en un mundo hiperfísico, pues es sabido que hay en todo ciego un clarividente y hasta un optimista, cosa que contrasta, no sabemos por qué causa, con el duro pesimismo de los sordos y de las que padecen enfermedades de las grandes vísceras del tronco, tales como el estómago o el hígado.

«-¿Qué me importa su ceguera ya, dentro de lo ya irremediable, si así podré mostrarla pronto, a mi regreso a Europa, lo intenso de mi amor, saltando, renunciador y generoso, por sobre los defectos físicos y las rivalidades nacionales? me dije al soltar el espejo y dirigir al Hierofante: una mirada en la que quise envolver todo un poema de gratitud.¿Quien sabe, en efecto, si a no ser por lo que allí veía, en el espejo mágico, iniciado y todo como estaba yo con los drusos misterios, habría podido resistir al fin la obsesionante idea del suicidio como único medio de liberación de lo que yo creía una tragedia a lo Don Álvaro, siendo sólo un drama más milnocharniego a lo de Kamaralzamán y Badura?

»Entonces recordé también el caso análogo que ya viera antaño en París con cierta pobre mujer del teatro, la cual, en el extremo de la más espantosa miseria y harta de esperar un socorro que nunca llegaba, se suicidó en la mañana de la tarde misma aquella en que el tal socorro esperado llegaba al fin, aunque llegaba con horas de retraso, por la falta de fe de la muchacha, cosa que no ocurrió, en cambio, al bueno del banquero monsieur Morrel, que nos pinta Alejandro Dumas, padre, en su Conde de Montecristo, obra que es una de las mejores novelas ocultistas conocidas; ello no ocurrió-repito-porque aquél supo esperar hasta su hora, entonando con su sangre fría un himno completo a ese Tema de la justificación wagneriano que se ve en la leyenda de Lohengrin, pues convendría que todo el mundo supiese y no lo olvidase nunca, que el Tema de la Justificación es una verdad grande para la Humanidad como lo es el Teorema de Pitágoras para la Naturaleza, verdad que yo, por lo que he visto y experimentado en cuanto os narro, me permito enunciar así: En todos lo problemas aparentemente insolubles de la existencia, cuando el hombre no puede ya más, o sea cuando llega ese «estado critico» al que en Lohengrin se llama «Tema de la Justificación», la continua obra mágica de los Poderes superiores actuando sobre el mundo,

aportan siempre-como a mí me aportaran-la Solución imprevista... ¡Sí, amigo, yo, por lo acaecido-y de ello no puedo dudar-había llegado al límite del sufrimiento humano, y este mi Tema de la justificación había llegado también a las altas Esferas Kármicas, de donde tarde o temprano nos viene siempre la justicia a los hombres!

» -Qué más deciros en esta carta-protocolo? Por hoy nada: Que estoy de regreso en el Penjab, camino de Bombay y de Europa, y que esta mi historia, novela o lo que sea, quizá vaya hacia

España en el mismo barco en que yo regrese a Bremen, ya exmilitarizado felizmente. ¡Qué dicha al no ser ya un simple número en un simple regimiento de los innu- merables que el hado ha deshecho con su dedo invisible! ¡Ya vuelvo a ser el profesor de antaño; digo, más, vengo a ser simplemente un mero discípulo, pues que ya sé que no sé nada, sobre todo cuando me comparo con las inconmensurables personalidades que me han salvado la vida y restituido la dicha que creí perdida para siempre!»

Omito comentarios sobre la carta anterior, que me dejó perplejo y asombrado. Aunque los principales detalles ocultistas de ella los conocía e menos por los citados viajeros thibetanos, siempre constituía para mi un inmenso motivo de júbilos al verlos confirmados por la científica seriedad del profesar alemán, que decía deberles la vida y la dicha. E es añadir que desde aquel punto y hora en que me sorprendió la epístola en esperar a mi amigo con los brazos abiertos, como vulgarmente se dice.

Las esperanzas concebidas por mí desde la última carta de Engel, en la que me anunciaba su retorno a Europa y la plenísima seguridad que en ella mostraba de ser cierto cuanto de halagüeño y pasmoso decía haber a el "espejo mágico", no dejaban por eso de alternar en mi corazón con ciertas dudas gravísimas.

«Y si luego resulta que no hay Cielo?, me dije en un instante impío, remedando a Bartrina, en un momento de filosófica debilidad que hace escaso honor a mis convencimientos sobre estos asuntos. ¿Y si, pese al «espejo mágico», o bien por haber visto en su imaginación lo que en este último realmente no se veía, resulta luego que todo fuera para el cuitado Engel no más que una consoladora quimera? Lo de un hombre con la cabeza atravesada de sien a sien por un proyectil, viviendo como si tal cosa, según Engel contaba haber visto de René Proudhome, se me hacía un tanto duro de creer a mi sanchopancesco escepticismo, que es triste condición demoníaca de los hombres mediocres como yo la de estar más inclinado, quizá por concatenados escarmientos de la vida, a pensar siempre mal y no bien, y tener más seguridad de que siempre vendrá un dolor más que un placer. ¿Habíale sobrevenido a Engel una extrañísima locura y me estará contando efectivamente una patraña de su cerebro desequilibrado, que él en sus fantásticos extravíos cree a ojos cerrados hasta que llegue y mate el desengaño?

Y pudo tanto en mí aquella obsesión pensando que cuando Engel se hallase de regreso en aquellas regiones devastadas y se convenciese de la realidad de los horrores, que efectivamente viese en Charleroi así como de la efímera ilusión consoladora de lo que creyese ver en el mágico espejo, se volvería loco efectivo, o bien a la postre se suicidaría, que tomé mi sombrero y me fui en derechura a la Embajada alemana a contarle a Su Excelencia el triste caso de Engel para que tomase medidas si lo creía oportuno. El amable ministro sorprendidísimo del caso tomó el asunto con excepcional interés y prometió comunicarme cuantos informes; pero los informes, pedidos no llegaban nunca y yo no sabía ya qué pensar, muerto de curiosidad.

Por fin, en la mañana del 28 de junio, mientras leía los consoladores partes telegráficos relatándome la solemne firma del Tratado de Versalles el día anterior, alguien llamó nerviosamente al timbre de casa con ese repiqueteo especial que nos hace saltar a veces presintiendo algo extraordinario. Y tanto me alarmé, que fuí yo mismo a abrir, adelantándome a la doméstica. Lo que vi merecía efectivamente la pena de que hubiese oficiado de portero. Dos jóvenes altas, delgadas, gallardas, de ojos azules la una y melados la otra, vestidas entrambas con infalsificable elegancia parisiense, eran las que llamaban. Detrás venía un venerable anciano, pulquérrimo, chiquitín, de barbas y cabellos como el ampo de la nieve; una señora sanota, sencilla, flamenca, tipo a lo Rubens y dos caballeros, uno de ellos pequeño, y el otro alto, de cabeza cuadrada y con algunas canas ya entremezcladas en su rubia cabellera, en el que me costó algún trabajo reconocer al gallardo naturalista de marras, al simpático y asendereado profesor Osmald... No cabía duda: ¡tenía delante a toda la familia Proudhome, de Colmar-Charleroi, a los muertos resucitados de 1914; a los héroes de aquel cuento de Las mil y una noches, que venían a certificarme una vez más en la vida el hecho de que la realidad, tanto en bien como en mal, excede casi siempre a los más increíbles ensueños de la imaginación!

Pero una incógnita, la más inquietadora, me planteó en el acto aquel encuentro tan grato:

«Si tenía delante efectivamente a la familia Proudhome, quien de aquellas dos jóvenes de animados ojos podía ser Sylvia la ciega? Engel, adivinando que el problema para mí era de otra sorpresa, dentro de la sorpresa, después de darme el estrujante abrazo, que era de suponer entre sus brazos hercúleos, me dijo sonriente, con frase evangélica:

-La fe remueve las montañas, y han llegado los tiempos en que los ciegos vean y los muertos resuciten. Pero esta incógnita que sin duda tratais de resolver en vano en estos momentos mismos, es un gran secreto que no os puede ser comunicado aquí entre cuatro vulgares paredes, sino bajo la bóveda azul de La Mira de Gredos y con todo el panorama de cuatro provincias a los pies... ¿Cuándo, pues, partimos para Arenas de San Pedro, y esta vez con la tranquilidad de no ser movilizados a destiempo?

-Cuando gustéis, mi prodigioso amigo-repuse-. ¡Estoy tan asombrado que no acierto ni a hablar! ¡Ordenad, pues!

-Permitidme que, por mis años y mis canas, asuma la jefatura suprema de este nuestro grupo familiar, dado que ya formáis parte de nuestra espiritual familia-dijo, interponiéndose, el bondadoso monsieur Proudhome-. Partiremos mañana mismo en el auto que nos ha traído hasta aquí; Ansío tanto el ver lo que antaño vosotros!

Y con acento confidencial y quedo, como el que revela un gran secreto de Estado, añadióme al oído:

-; Además, lo de la pseudo-filaria es cosa muy grave, pues sospecho que Ya a revolucionar los cánones hasta aquí establecidos por la ciencia, bien creando un grupo nuevo intermediario entre gordius y filarias, bien fundiendo dos familias de Nematodes en una sola!

-¡Brava concordia! Concordia hermosa, casi tan grande como la que espero que se asentase en Versalles ayer!-contesté sonriente inclinándome ante el sabio de Colmar.

-Ahora, vamos a comer!

-No, no aquí, sino todos en nuestro hotel-exclamó René Proudhome tuve que ceder, aunque no sin resistencia, ante la presión del número: seis contra mí!

Inútil es añadir, pues ya lo podrá adivinar el lector, que la comida fraternal e intima, como realizada al calor de esas simpatías internacionales de los hombres cultos y buenos, simpatías que han saltado siempre por encima de las fronteras desde que el mundo es mundo-, no pudo ser más grata. Aunque las líneas generales del gran éxodo de Engel las sabía yo por sus cartas, ¡cuántos preciosos detalles no añadió la animada conversación cruzada entre los siete, a unas aventuras, a veces increíbles, como aquellas y tocadas siempre del interés más folletinesco al parque histórico!

Engel, una vez firmado el armisticio guerrero, había podido regresar felizmente a Europa, sin que nadie le molestase ya lo más mínimo. Cual nuevo Conde de Montecristo visitando al cabo de los años el abandonado presidio marítimo de If, frente a Marsella-donde llamándose simplemente Edmundo Dantés el marinero, había padecido angustias inenarrables-, Engel, así que se vió libre, se apresuró a entrar en Charleroi, Meuse arriba desde Namur_, aunque harto diferentemente que cuando fuese en la vanguardia de su 14 de línea. Y entraba ya en la ciudad muerta, no como guerrero voluntario de una patria causa, sino como héroe humano, sublime y efectivo, victorioso de todos los dolores del mundo y de sí mismo. Y como antaño había pasado el Sambre por hacia el puente famoso, que ya no era sino una ruina, y llegado al Quai de Flandre donde antaño viera caer a su amigo, perforada su cabeza de sien a sien quien sabe si salida de su pistola misma. Y cual antaño había subido luego a la Ville Haute de la ciudad belga por el boulevard que acababa no lejos de la quinta de los horrores, donde había creído ver antaño cadáveres al profesor Proudhome y a su hija Alicia. Y había entrado por las ruinas aquellas cual si de nuevo fuera a encontrarse con la loca florida tocando entre las carcajadas que helaban el triste largo e mesto de la sonata beethoveniana, modelo amargo de todas las amarguras del mundo. Y por último, aún creía verse buscando aquí y allá como un loco la huella perdida de una mujer amada, de la que le separaba, no ya un odio de razas, sino la mano de la Fatalidad, que la hiciera caer cegada por la explosión de un obús, en manos de la ambulancia francesa-decía el «espejo mágico» con sus panoramas fugaces-, pasando luego al propio París, donde, en el angustioso estado que es de suponer, habría esperado sin esperanza el término de una campaña que nadie podría pensar pudiese restituirla, en parte al menos, la dicha perdida.

Y después de cumplir ese deber fatal, que es el mismo que hasta al delincuente, lo quiera o no, le conduce de nuevo al lugar de su crimen, la ida de Engel a París para indagar la suerte de su cieguecita, sin perder la esperanza, dicho sea en honor suyo.

-Y esta fue,os lo juro-dijo solemnemente Engel-, la prueba más dura de cuantas sufrí entre los drusos, porque la desconsoladora realidad de aquellos campos belgas mudos, desolados como un desierto, tras la horrible lucha parecían dar un terrible lasciate omne speranza dantesco a la incertidumbre de mi confianza total absoluta en las palabras alentadoras de aquellos Guías Orientales míos, que no conocían el error, la doblez ni la mentira, y que me habían hecho ver que todos estos cinco seres queridos vivían.........

¡Si, vivíamos todos, por verdadero milagro del Destino, que siempre es bueno con los buenos!-añadió, candorosa, madame Proudhome.

Vivían, sí, sin duda alguna, todos, pues que ahora tengo la dicha de verme rodeado de los cinco-repliqué yo, no pudiendo contener por más tiempo mi curiosidad.

-Pero perdonad mi ansiedad, mi pregunta: ¿Dónde, en qué celeste bazar ha comprado esos hermosísimos ojos de sílfide con los que ahora nos mira Sylvia la cieguecita?

Es un don inasequible por hoy al más sabio naturalista! -añadí ¡Eso es un don inasequible por hoy al más sabio naturalista! añadió solemnemente el anciano Proudhome, bajando los ojos e inclinando la cabeza en ademán de respeto el más profundo-; ¡un misterio del Destino! ¡Un algo que se sale de los límites de lo ordinario para entrar en los dominios de lo superficial o hiperfísico y que ni yo ni nadie podría explicar sin duda.

-Nadie de Europa, ciertamente-replicó con viveza Oswald-, pero no en Asia, donde alguien, él, mi Guía, me lo explicó de antemano en revelación solemne que hoy les puedo transmitir.

-Sabed, en efecto-me dijo-, que el proyectil vuestro que pasó de sien a sien a René, podía no ser proyectil mortal psíquicamente, porque _no le animaba la pasión ni el odio, sino el deber, pero llevado por la fatalidad iba al menos a interesar los kiasmas ópticos, dejándole ciego a René... ¡Otro ser querido se interpuso sin duda!-habló en términos ocultistas-,ofreciéndose allá en los recónditos senos de lo Inconsciente como víctima al modo de todos los redentores, y ese ser quedó a su vez ciego por otro accidente, semejante. Pero como se trata en ella, en Sylvia, de una simple neurosis, la luz volverá otra vez a sus ojos al recibir de repente con la salvación de los suyos y el encuentro conmigo, la luz moral de un salvador evento con el que en lo humano no podía contar nunca...

Un silencio solemne, religioso, de una intimidad santa y felicísima puso punto final a las sibilinas palabras del transfigurado Engel, cuya mirada, sin hipérbole, se había hecho luminosa como un astro, y cuyo ademán de iniciado nos avasalló de respeto a todos, sintiéndonos ante la presencia de lo Desconocido.

-¡Kultur und liebe!-exclamó Engel. -¡Cultura y amor!-repetimos todos...

Y, casi sin más trámites, nos pusimos a hacer los preparativos de un nuevo viaje para Gredos, pensando:

-Las alturas no son de los hombres, sino de los dioses: ¡Bajo la bóveda celeste somos hermanos todos sin diferencia de raza, sexo, credo, casta ni color!, como ha cantado Beethoven, el coloso de Bonn, en su Novena Sinfonía.

ROBINSONES EXTREMEÑOS CASTROLA Y MIGUEL ALIA

¿El hecho? Uno de tantos debidos a «los elementales del vino». La noche de una fiesta en que los dos camaradas habían bebido más de lo de costumbre; la salida de la taberna, discutiendo sobre una trivialidad cualquiera con esa pesadez cíclica de los borrachos que vuelven siempre al tema como los rondós musicales; la exacerbación con el frío de la calle; el cambio consiguiente de puñaladas, una de ellas en el vientre al contrario, y mortal de necesidad. Luego la huída del agresor, el que, siguiendo un natural instinto-ese instinto que no abandona jamás a los niños ni a los ebrios, se perdió bien pronto por entre las callejuelas de los cercados exteriores hasta el monte vecino...

Es cuanto se sabe del crimen de autos acaecido allá por los años de 18... ... en la villa de Alía, la noche de la Ascensión. De la víctima ignoramos el nombre, el agresor, hombre de campo, de unos treinta años, se llamaba Miguel.

Tipo anodino y amorfo, como tantos otros pobres braceros extremeños, no podemos caracterizarle por nota alguna especial. Sólo, sí, colegimos que debió ser fuerte como el acero o como la encina de las dehesas con aquella resistencia para marchas y privaciones tantas veces probada por sus paisanos en América y en las guerras, porque de cuatro zancadas, a pesar de su embriaguez, se puso en los Guadarranques y fuera de la justicia (1).

(1) En prensa y a esta historieta extremeña, nuestro amigo don Diego Canelada Perdigón, refiriéndose a relatos que le hiciese su padre, nos acaba de suministrar los siguientes detalles que la avaloran, detalles que, como se verá, ya han tomado típicos rasgos de leyenda entre las gentes del país.

El padre de Miguel Alía, anciano y falto de recursos, se acercó a pedir limosna a una majada de pastores trashumantes. Estos serranos, en lugar de socorrerle, azuzaron contra él a los mastines del redil, que le destrozaron la ropa y aun le causaron algunas heridas. Los tales serranos, prevalidos de su riqueza y poderío, las gastaban por lo visto así, y el pobre viejo llegó como pudo hasta la majada de su hijo, quien cual el Cid con los condes castellanos que abofetearan a su padre, partió veloz a pedirles explicaciones y, en su defecto, castigar a los serranos.

Para darle el joven al padre una muestra elocuente de que muy bien podía fiar en la puntería de su escopeta si llegaba el caso, a las prevenciones de éste contestó aquél alejándose atrás unas varas y disparando contra el sombrero del autor de sus días. La bala, silbando, cortó a cercén la erecta borlita tan típica de los cómicos sombreros del país en uso por aquel entonces, y el padre, nuevo Guillermo Tell de la suiza, diciéndole simplemente al hijo ¡no abuses de esas bromas!., echose aún más atrás, y disparando su escopeta contra el sombrero del hijo, le quito de igual modo la borlita...

Lo demás era de esperar: los serranos ignorando con quien se las iban a haber, recibieron al hijo con la misma insolencia y éste, «al más gallo de ellos», le descerrajó un balazo en la frente que le dejó seco, siendo después detenido por la justicia, ante la que se presentó espontáneamente, y condenado a cadena perpetua, cuya pena se dice comenzó a cumplir en los presidios de África, de ellos escapó a poco viniéndose a los montes de Toledo y Extremadura en la forma que vamos a relatar, como único medio de sostener con la caza a su familia. Los parientes del muerto, sabedores de su fuga, no perdonaban medio de perseguir al pobre Miguel Alía, el cual más de una vez, disfrazado de pastor y cuidando el ganado de sus encubridores en la braña mientras éstos venían a los pueblos por sus hatos, contestó impávido a las preguntas de los propios guardias civiles que rastreaban sus inverosímiles correrías, bien ajenos a pensar que tenían delante al mismo a quien perseguían.

¡Los Guadarranques! ¿Sabéis bien, lectores, el espanto que producía la sola palabra aquella en las buenas gentes del país? Los Guadarranques eran y son hoy una garganta lóbrega, estrecha, profunda, llena de maleza de jara, madroño, lentisca, rebolla y alcornoque hasta la altura de la cabeza del más alto jinete. Por la garganta, aprisionado entre moles de cuarcita silúrica, corre una torrentera misteriosa en cuyas linfas diáfanas se abrevan sin inquietudes el jabalí y el ciervo, la zorra y el lobo, toda clase de bichos, en fin, perseguidos por el hombre.

Porque el hombre allí, en aquellos días casi no tenía acceso. El labrador, por lo impracticable de los descuajes en aquellos pedregales; el cabrero por lo ciego de la espesura, y el viajero, ¡ay!, porque su vida peligraba en aquellas soledades, pues la crónica del bandolerismo andaluz, tan admirablemente trazada por el Zugasti, no recuerda hechos tan espantosos como los registrados en aquella divisoria de Toledo, Ciudad Real, Badajoz y Cáceres, a buenas treinta leguas de las capitales respectivas, por donde no había carreteras, caminos ni nada más que algunas «sendas de perdices», salvo el camino de herradura que venía de Toledo a Guadalupe y donde el pobre viajero que trasponía el Puerto de San Vicente tenía un 90 por 100 de probabilidades de ser asaltado por los facinerosos de «La Librería» y despojado hasta de la ropa, si es que, por su resistencia, no perdía la vida.

«¡La Librería!»... Yo he visto por mis propios ojos, muchos años después, cuando ya había Guardia Civil y carretera, aquel sitio fatídico, y en verdad que merecen la pena de ser visitados aquellos riscos de pizarra cuarzosa fragmentados por los elementos en forma de libros, justificando el nombre que al recóndito sitio se le asigna, libros, ¡ay!, en cuyas

pétreas páginas rojizas, grisáceas o blancuzcas la luz astral parece tener registrados, para enseñanza de las edades, el espanto, la angustia y los gritos de dolor de las víctimas, gritos repercutidos por los ecos a lo largo de la angostura, sin que nadie, ni en el cielo ni en la tierra, se apiadase de quienes los lanzaran.

Porque los bandidos de los Guadarranques, ex hombres lanzados a tan triste situación por el cenagoso torrente de la vida, eran, el que menos, desertor del ejército liberal o carlista, y el que más, empedernido fugado del penal de Ocaña o de los presidios africanos, que, sintiendo las nostalgias de la tierra natal, no se avenía a vivir en otra alguna, a la manera de esas gentes nacidas al borde de las volcanes o en otras regiones inhóspitas, por ellos deputadas, sin embargo, como lo mejor del mundo, aunque la muerte les esté amenazando siempre, como a aquéllos les amenazaba sin duda. Unos cojeaban todavía de resultas del grillete del presidio, otros mostraban en sus rudos cuerpos las huellas de tal o cual desfavorable aventura, y todos sangraban del alma porque, como diría Concepción Arenal, bajo el pecho más criminal late, con las alas rotas, el ángel humano caído.

Mi padre, en nuestros viajes por el territorio, me había contado antaño, emocionado, las hazañas de algunos de aquellos Diego Corrientes, Panchamplas y Bizco de Borges extremeños, que no les iban en zaga a las de los bandidos andaluces ni en arrojo ni en generosidad, y de quienes se podía cantar mejor de aquel otro la copla de:

¡Aquí está Diego Corrientes, la flor de la Andalucía, que a los ricos los robaba, y a los pobres socorría haciendo desfilar por mi mente infantil los horrores de sus robos audaces contra las caravanas de romeros de Guadalupe, sus asaltos a las diligencias, que ya empezaban a correr de Madrid a Badajoz, allá abajo en el otro extremo de su coto redondo de latrocinios, no lejos de Mérida, en el pavoroso sitio llamado «El Confesionario», porque cuantos en él caían ya podían hacer confesión general de sus culpas si querían morir como cristianos...

Y supe así hazañas del jorobado, el Salustiano y el Coguto, antes de que purgasen sus crímenes en la plaza pública de Castuera y Campanario, y las correrías latrofacciosas de sus congéneres de Toledo disfrazados de «carlistas» por todo el territorio selvático que abarcaba antaño desde casi Toledo a Mérida, y desde casi Ciudad Real hasta Trujillo, un territorio, en fin, de 500 leguas cuadradas, salpicadas de pueblecillos, donde el terror y la codicia antes les depararan cómplices que perseguidores a aquellos omnipotentes reyezuelos del jaral extremeño.

Al grito insólito de «¡Boca abajo todo el mundo!», refrendado en la vuelta del camino por las fauces siniestras de unos cuantos trabucos naranjeros que parecían figles, cargados de pólvora, metralla y piedras hasta la boca, y apuntados por sendos facinerosos de espantables cataduras, rendíanse mansos como corderos los arrieros más valientes, los jayanes más tozudos, porque ya se sabía que no había apelación si, perdiendo las doblas de aro de la bolsa, se quería conservar la vida.

Y, al saberse el crimen de Miguel y su fuga, todas se dijeron en Alía: -¡El infeliz se habrá ido con la banda para escapar al presidio!

Esto al menos es lo que, en su caso, habían hecho ya otros muchos.

Miguel corrió y corrió hasta caer extenuado entre el jaral, y allí, durmiendo un agitado sueño, acabó por despejarse de los vapores del vino. Declinaba ya la tarde cuando despertó, y sus manos manchadas y su navaja chorreando aún sangre te hicieron ver en frío la magnitud del crimen cometido. Lloró, pues, las lágrimas de contrición que lloran los buenos cuando han caído un momento bajo la garra de los elementales o del «Maligno», y su primer impulso, después de arrojar el arma y lavarse las manos en un arroyo, fue el de presentarse a la justicia al otro día.

Pero el espectro del presidio le heló el corazón. ¡Él, hombre activo, verse reducido por años a la inanición del grillete!; ¡él, pastor toda su vida, respirando, en lugar del ambiente puro y perfumado de la sierra, el vaho mefítico de la celda!; ¡él, cobijado bajo negruzco techo día y noche, sin volver a ver salir el sol por las mañanas, ni ocultarse la luna tras las sierras de Guadalupe!...

Para evitarlo, pensó un momento en el suicidio. Riscos bien altos desde los que despeñarse tenía la sierra. La misma navaja abandonada podía también mezclar en santo consorcio de perdón las sangres del agresor y de la víctima, eso sin contar con la muerte por hambre, a la que podía apelar en caso extremo.

Cabizbajo yació el pobre Miguel no se sabe cuánto tiempo, hasta que el ruido inconfundible de una banda de perdices le despertó de su ensimismamiento. Alzar la vista, ver la banda sobre su cabeza y disparar contra ella un canto del suelo, fue obra de un instante. Un macho de los de la banda cayó aleteando a sus pies. El instinto de la selva no le hacía traición y cobró la pieza como en sus mejores días. Así empezaba sus hazañas Robinsón el fugitivo de Alía...

A la vista de la palpitante caza también el instinto con sus fueros le reveló que no había probado bocado en todo el día y que le era preciso comer si quería estar fuerte a todo evento. Desplumó, pues, el ave, y aunque tenía ese recado de encender pastoril que se llaman chisques, no quiso encender lumbre para asarla, temeroso de que la humareda le descubriese, resignándose a comer la perdiz cruda. A los primeros bocados, sin embargo, arrojó la carne lejos de sí, porque sintió entre los dientes con la sangre del pájaro una impresión semejante a la horas antes sentida en la mano homicida...

Entonces huyó más y más, hasta que se le hizo de noche cerca ya de los Guadarranques, entre cuyas malezas pasó el desgraciado su segunda noche de angustias, bajo el espectro, siempre amenazador, de su víctima y el no menos amenazador espectro de la vengadora Justicia. Así, para ahorrar razones, diremos que pasó Miguel otro día.

Despuntaba apenas el alba del día tercero cuando el perseguido despertó de su pesadilla bajo el consabido grito de

-¡Alto; si te meneas, te embrueco!(1) el característico de los bandidos, al par que le enfilaba con el naranjero.

(1) extremeñismo típico del verbo embrocar, equivalente a tirar patas arriba a la víctima descerrajandola un tiro.

Miguel despertando y dándose cuenta en el acto de su situación, casi estuvo a punto de moverse intencionadamente para que el que así gritaba le descerrajase un trabucazo quitándole de penar. Pero, al fijarse en las emborrascadas barbas del bandido, reconoció al punto la cara de otro aliano, compadre suyo, quien, huyendo de sus acreedores, o más bien de la venganza de los parientes de cierta hermosa de Valdecaballeros, a la que no guardase antaño tantos miramientos, le había parecido bien irse dos años hacía con la banda de Castrola y de El Gómez para robar bolsas en la braña después de así robar corazones en el pueblo.

-¿Eres tú, Miguelón?-exclamó el bandido reconociéndole a su vez y deponiendo toda hostilidad-. ¿Eres tú el que ha matado de una puñalada a tu compadre, según ayer supimos?

¡Si es así, ya estás andando con nosotros, y tu suerte será la de todos mis compañeros! Con el capitán nuestro nada te faltará... ¡Mucho menos que en el presidio!

El rudo argumento del bandido no tenía réplica y su proposición en aquel estado de Miguel era hasta tentadora; así que, vaciló un punto; pero reportándose, le dijo con infinita tristeza, en la que latían todas las vibraciones del arrepentimiento:

-No, Pepe. Hay categorías. Vosotros sois ladrones, pero yo ¡soy asesino!

Y echó a correr barranca abajo sin decir más. El bandido corrió tras él, enternecido, y una gruesa lágrima, la única quizá desde años hacía, cayó sobre la manga de su chaqueta. Pero Miguel, débil y todo, era una corza, y de dos zancadas se le perdió de vista.

Miguel no cesó de correr hasta que se vio en lugar seguro. Rendido, se dejó caer entre unos peñascos al borde del más pintoresco otero, uno de esos castos retiros lejos de todo poblado donde la lujuriante naturaleza extremeña triunfaba en todo su esplendor.

Pero lo que para cualquiera habría sido motivo de encanto y de contempladora alegría, era para el pobre fugitivo aliano terrible dardo de dolor, porque con razón se ha dicho que los paisajes son «estados de alma», tristes o alegres, según como se halle esta plástica mediadora entre el cuerpo y el espíritu.

Y el alma de Miguel Alía, manchada por el crimen, vibraba de espanto al verse a solas, frente a frente de sí misma, porque existe, en efecto, un infierno: el de la conciencia humana cuando está atenazada por el remordimiento cruel. Era pleno día, y sin embargo psíquicas tinieblas astrales la envolvían en los horripilantes pliegues de su manto; lucía rutilante el sol en las alturas, y, no obstante, la noche espiritual más cruel se cernía sobre la cabeza de aquel desgraciado, hombre lo bastante sensato, pese a su momentáneo arrebato de locura, para darse cuenta de su acción y aquilatarla en toda su espantosa desnudez.

Él, habitualmente no bebía, y sólo por complacer a los amigos, ¡fatales complacencias!, se había prestado a acompañarlos a la taberna, único sitio del pueblo donde asociarse quizá, merced a la pésima organización social española, que pone botellas del maldito alcohol allí donde debiera poner libros; juego para embrutecer los sentimientos humanos, en lugar de arte para enaltecerlos con la poesía y con !a música; zafias maneras, allí donde la cultura debería tener un templo de suprema idealidad. Si no se les estimula al bien, ¿cómo no van a propender al mal los pueblos, dado que el corazón y la mente del hombre son una tan fértil tierra, que forzosamente ha de producir, si no se la siembra el trigo de la cultura, la cizaña y la cicuta de la desolación y del crimen?

Por eso, bien mirado, la solidaridad del delito nos alcanza a todos, empezando por el que, incapaz de dominarse, lo comete, hasta el que pudo dar y no dio cultura, medios de emancipación socia! apartadores del vicio, ayuda moral, ejemplo y enseñanza en lugar de esa fría impasibilidad con la que vemos alzarse los centros de corrupción para luego, hipócritas, querer eliminar con la pena al que, falto de medios de resistencia, cae víctima de esa corrupción misma...

La ruda mente del aliano quizá no descendió a estos pormenores filosóficos; ni hacía falta alguna que descendiese; pero la innata facultad humana que distingue el bien del mal, lo justo de lo injusto, estando acaso menos anublada en el rústico que en el docto, sí le hizo comprender entonces en su desoladora desnudez, la infamia cometida privando de la vida, en un arrebato de pasión, a un semejante, a un camarada v a un amigo, amigo cuyo espectro parecía seguirle vengador y siniestro dondequiera que iba, produciéndole hacia la espalda ese frío hiperfísico tan familiar para los histéricos, ese soplo llamado «aura epiléptica» por los galenos de entonces, o bien cortándole dicho espectro el paso en el camino, con ojos vidriosos de agonía, pronto a abalanzarse contra su garganta para ahogarle entre sus astrales garras de precito.

Y si miraba una piedra cualquiera, era el espectro mismo del muerto el que allí mostraba su cara, y si miraba a las masas de nubes, la cara, y siempre la cara de la víctima, era lo que se veía, y si el viento agitaba las copas de los árboles, las sombras de ellos era el espectro del muerto, que se movía, y cualquier ruido le producía él con la pisada de sus impávidas plantas, y el canto de cualquier pájaro era una frase singular de reto o de burla, y hasta el zumbar del zángano, el susurro del follaje, el siseo de cien seres invisibles relatándose y comentando el crimen y el triste fin que al matador esperaba. Huir era vano, porque todo aquello iba doquiera con él porque estaba dentro, muy dentro, de él mismo. Débil, aterrado, toco ya Miguel, quiso gritar para que le oyesen y viniesen a prenderle la justicia, que el propio presidio con sus lóbregos horrores le parecía un paraíso en comparación de aquella soledad acusadora del hombre que está frente a frente de sí en el templo de la Naturaleza, donde no cabe la simulación, el fraude ni la mentira.

Si Miguel hubiese sido un efectivo malvado, la terminación de todo aquello habría sido el suicidio o el irse con los bandidos, suicidio moral equivalente o peor quizá que el privarse de la vida; pero era bueno, y para los buenos la piadosa Madre-Naturaleza ha creado un resorte salvador, el de las lágrimas. Miguel, pues, lloró, y lloró copiosamente. El correr de sus lágrimas de arrepentido, corno sucede en las tormentas naturales, descargó la nube pavorosa de su corazón, y poco a poco la calma, la serena paz solucionadora de las grandes crisis se fue adueñando de él como si mano piadosa le diera a beber una tisana salvadora, un trago del clásico Leteo del olvido.

Todo su afán fue entonces el de vivir para lavar su falta en la forma que pudiese, llegando a la santidad si era posible: la santidad de tantos eremitas que, en situación análoga a la suya, asombraron al mundo con sus virtudes.

IV

Hecha por Miguel Alía la resolución de vivir para el bien, que arriba se dijo, con una felicidad en su pecho como jamás había sentido, comenzó a trazarse su plan de solitario, a base de huir por igual de los llamados honrados que de los deputados como bandidos.

Lo primero acaso fuera más fácil que lo segundo.

En efecto, súbito cual bajado del cielo, Miguel sintió a sus espaldas el trotar de dos caballos que se le echaron encima sin darle tiempo a escapar como la otra vez. Eran dos caballejos de sierra, ágiles como cabras, en uno de cuyos jinetes Miguel reconoció al punto a Pepe el bandido, y en el otro al Peco, uno de los jefes de la partida, porque aquella cara blanca llena de pecas, que le valiese el apodo con que era conocido en veinte leguas a la redonda, resultaba inconfundible.

Miguel temió por su vida y se estuvo quieto. Los dos bandidos se llegaron a él, y en la actitud más pacíficamente protectora del mundo. El Peco, sin desmontar, descolgando del caballo su escopeta de dos cañones, casi desconocidas entonces, su canana y sus frascos de pólvora, amén de un bolso con monedas, se limitó a decirle con arrogancia:

-Témelo todo de los del pueblo y nada de nosotros, tus amigos. Aunque no hayas querido seguirnos, en uso de tu derecho, nosotros no te desampararemos. ¡Toma eso para que caces, vivas y te defiendas si fuere preciso!

Y picó el caballo, jaral arriba, trasponiendo en un momento la colina. Pepe, a su vez, antes de separarse corroboró, apeándose y soltando sobre el suelo una manta y un gran saco:

-Y toma también esta manta y estos panes, que te harán más falta que las balas y la pólvora. Nosotros ordenaremos a los pastores que te protejan cuanto sea preciso. ¡Ya ves lo fácil que nos ha sido dar con tu huella y seguirte! Pero, ¡ojo con los de los tricornios, que esos no obrarán así contigo!

Dijo, y volviendo a montar, picó tras su jefe, más ágil que un venado, perdiéndose también en la espesura.

Miguel se quedó como quien ve visiones ante el rasgo de los bandidos. -Esta visto-pensó--, para mí, en mi desgracia, los malos serán los buenos, y viceversa.¡Yo les recompensaré algún día, con mi sangre, si fuere preciso.

Y sereno ya, por la resolución tomada, cuanto por la generosa dádiva recibida, sacó del saco uno de los panes, dos o tres cebollas y pedazos de duro queso, comiendo con singular apetito, con hambre más bien ya que nada casi había comido en dos días. Bebió luego unos tragos de la cristalina agua del regato, y extenuado por la fatiga quedó profundísimamente dormido, con sueño reparador que le duró casi hasta el amanecer del otro día.

Reconfortado por el descanso, Miguel se sintió ágil y fuerte como nunca. Su primer cuidado, después de comer un poco de pan y cebolla, fue el recorrer el canchal bajo el que estaba, para ver si tenía una de esas covachas que nunca faltan en aquellos crestones cuarcíticos, utilizándola si fuera preciso dentro de la movilidad a que le obligaba su estado de perpetuo fugitivo.

Encontró bien pronto una mole de peñascos bajo cuyas grietas un hombre podía refugiarse contra el viento y la lluvia, o esconderse en caso preciso. Nuevo Robinsón, el infeliz aliano ya tenía casa, pero, a diferencia del héroe de Daniel Defoe, no podría seguramente gozarla con la tranquilidad de éste, sobre todo si, como era de temer, fuese perseguido.

Largo rato llevaba en las alturas de la peña, cuando, súbito, el corazón le dio terrible salto en el pecho. Por entre la maleza había divisado, en efecto, algo para él más alarmante que las chaquetas de los bandidos: ¡los uniformes grises y los tricornios charolados de una pareja de la Guardia Civil, institución flamante, apenas establecida para la persecución y extinción de aquéllos, como es sabido!

-Necio de mí-se dijo Miguel, sobresaltado-; he debido preverlo, porque las huellas de los dos caballos de ayer han delatado el sitio, y los guardias se van a estrenar en mí como primero de los bandidos.

Y vio, de nuevo, ante sí, el espectro pavoroso del presidio, y quiso correr en un primer movimiento de defensa; pero, reaccionando, se dijo: -Ellos siguen huellas de caballos y yo estoy a pie. Si salgo de mi escondite y me divisan, me veré perdido, mientras que si me estoy quieto, puede que no me vean y pasen de largo, y si me ven tanto peor para ellos, porque soy buen tirador y es de dos cañones mi escopeta-terminó, acariciando el inestimable regalo del Peco, con el que apuntó, para ganarles la acción en caso necesario, a la cabeza de los dos civiles.

Estos, al llegar abajo, a la plazoleta de la escena del día anterior, se quedaron un momento perplejos.

-Aquí han parado hace poco sin duda-dijo el más viejo al compañero-. Mira, aquí las huellas no van seguidas, sino que repiten varias en el mismo sitio como si los jinetes hubieran desmontado para comer. Ve aquí también yerbas aplastadas y cogollos de jara tronchados; ve también estas migajas de pan que llevan las hormigas. ¡Sin duda ninguna que aquí han comido!

-¡Listo eres, de verdad, Ambrosio!-replicó el más joven-. Lees en el suelo como en un libro. El juez de Logrosán, con su cara de vinagre, se sonreirá y te propondrá para el ascenso a cabo, así que, igual que encuentras hoy las huellas de los buenos mozos de los Guadarranques, encuentres la del asesino del otro día, cuya cabeza ha puesto a precio la rencorosa familia de la víctima.

Otro vuelco más fuerte en el corazón del angustiado Miguel. Los dos gatillos de la escopeta iban a caer uno tras otro, y al par que ellos los dos confiados guardias civiles, bien ajenos a pensar que les estaba oyendo el Miguel, a quien también perseguían. Pero, el asesino por fuerza, esta segunda vez se detuvo, sereno. ¡No, no quería agregar otras dos víctimas más a la lista, a menos de no tener otro arbitrio!

Y se estuvo quedo, oyendo que el más viejo respondía:

-El buen guardia civil, no sólo debe saber leer en el libro de las Ordenanzas, sino en el libro que escriben con sus pies los hombres cuando marchan sobre la tierra; porque has de saber, ¡oh, Antonio!, que todo deja huellas en este mundo, desde el pájaro al ponerse en la rama, sobre la que ensucia, hasta la res que huye del cazador o el criminal que en vano pretende escapar a la justicia.

-Tienes razón, Ambrosio, el caso es saber leer en el tal libro. —Como también te digo- añadió el Ambrosio-que hasta los menores detalles hay que tenerlos en cuenta para reconstituir las escenas cuya reconstrucción debernos hacer a toda costa. Ya lo ves, en el presente caso: la huella nos dice que aquí han parado los dos caballos, que aquí han des- montado los dos Jinetes, y han comido, bebiendo después en el arroyo, sin encender fuego; para no ser delatados por el humo.

-Han comido, como también debemos comer, creo, nosotros, pues bien lo necesitamos- repuso el joven— y hasta uno de ellos ha debido hacer lo contrario de comer, ahí más arriba; mira la huella de su zapato, que bien claro lo dice-agregó picarescamente el Antonio.

Nuevo salto de angustia para el corazón del fugitivo. Esta vez la cosa iba más de veras, porque iba derecha contra él, y de nuevo los dos cañones de la escopeta alzaron sus gatillos de sobre el seguro. Por lo visto el joven guardia, como el gorrión del cuento, daba tres y raya al futuro y viejo cabo, porque le propuso el seguir aquella nueva huella, en cuyo caso el cuerpo a cuerpo del fugitivo con los guardias era inevitable, y el acabarse la vida de éstos, también. Mas la Providencia, en forma de vanidad senil, intervino, sugiriendo al Ambrosio esta frase picaresca: -Sí, síguela, rico, y verás qué plato de gusto te encuentras, plato que yo no te disputaré por hambre que tenga...

-Pero los papeles, si los ha empleado...

-¡Vamos, que te caes de gracioso! Vas a preocuparte de esta minucia, mientras desatiendes lo principal, que es el que sigamos, barrera arriba, las huellas de los caballos hasta el otro lado, donde quizá sorprendamos durmiendo a los dos jinetes.

-Vamos, pues-contestó, sumiso, el guardia joven, bien ajeno a pensar que en aquel momento había segunda vez nacido.

-¡A botasillas!-exclamó enérgicamente el guardia viejo.

Y saltando de nuevo sobre los caballos, los dos beneméritos guardias siguieron hacia arriba la huella de los caballos de los dos bandidos, olvidando la del de Alía.

Y el buen Miguel, echando a un lado su escopeta, los siguió con la vista, vista que elevó luego hacia el cielo con emoción del más profundo reconocimiento.

¡Aquella vez no fue criminal porque no quiso!

VI

La reacción que se operó en el ánimo del pobre Miguel así que traspusieron los de los temibles tricornios fue tremenda. Tanto, que la noche le sorprendió a unas leguas de allí, en los despoblados y brañas que hay entre Castilblanco, Valdecahalleros y Pela, donde Miguel, a pesar de su apodo, era nacido. Tal fue lo que corrió en alas del terror por él sentido al verse así a dos dedos del presidio. -¡El presidio!, ¡los jueces! ¿Puede haber algo más espantoso?-se decía-. ¡Primero pierdo la vida!

La ruda complexión selvática del Miguel hecha carne con la no menos ruda condición del ambiente extremeño recordaba, a través de las edades, la de aquellos numantinos que anteponían la libertad a la vida, como aún vemos hoy entre los berberiscos, porque era la misma condición de ciertas aves que al verse aprisionadas se destrozan la cabeza contra el techo de la jaula en fiero espasmo suicida.

-¡No, mil veces no!-añadía-. Donde viven libres el jabalí y el ciervo, la liebre y la perdiz, siempre perseguidos, ¿por qué no ha de vivir el hombre que tiene previsión e inteligencia? Además, Dios no querrá que muera, sin haber purgado mi culpa, en estas soledades, mucho más crueles y moralizadoras que las cárceles inventadas por los hombres, donde los malos que en ellas entran suelen salir peores por el contagio colectivo. Como se ve, Miguel, con certero instinto nativo, se adelantaba así a las modernas escuelas penales, quienes, suprimiendo el cruel criterio jurídico de la expiación y del castigo, solo ven en el criminal un enfermo al que curar, un niño al que educar y un hermano caído que aún puede redimirse por si mismo. ¿Quién en el "mauvais quart d´heure" francés no se ha visto alguna vez a dos dedos del delito ......

Ya dijo sabiamente Jesús a los que le trajeran presa a la mujer adúltera"Quien esté libre de pecado, que tire la primera piedra". Ya lo dice también la ciencia médica: hay idiosincrasias morbosas que, exaltadas pueden arrastrar a la delincuencia y arrebatos causados por taras psicológicas en los que se anublan u obliteran la libertad y la voluntad, notas indispensables para el delito. ¿Acaso no fue una de estas la determinante del crimen de Miguel, excitado por el alcohol funesto, que habitualmente no bebía, por la provocación fanfarrona y hasta por los insultos de su víctima?

Y si el infeliz, en su ineducada aunque clara inteligencia, hubiese conocido las salvadoras verdades de la "Teosofía, habría podido ver efectivamente en el juego de «casualidades» que le siguieran desde el crimen -la posibilidad de ganar el monte y el providencial encuentro con los protectores bandidos y el no menos increíble escapar a las garras de los «tricornios» una señal notoria de que su karma o destino no era el de tantos otros criminales, pues que una secreta piedad de la Ley Natural le permitía, sin dejar de hacerle expiar su culpa, pagarla en otra forma más benigna que en el penal tras los barrotes de su celda.

¿Más benigna? Faltaba, además, saberlo, porque en el penal, mejor o peor, se come y se duerme a cubierto de las inclemencias del cielo; en el penal cabe el entretenimiento de un trabajo sedentario, y, don admirable nunca bastante estimado!, se goza de la compañía de la conversación de otros hombres, con los cuales, como están a un nivel delictivo más o menos bajo que el de fuera, se viene a constituir una sociedad sui-géneris, un mundo aparte con otras leyes, otras costumbres y otros sacrificios, mientras que el fugitivo de Alía, desde el encuentro con los civiles, estaba siempre inquieto, siempre sobresaltado, como la liebre al menor ruido, cambiando de dormida a cada noche, encendiendo fuego muy raras veces con precauciones inauditas, escondiéndose en los huecos de los árboles, en las quebrajas de las peñas, en el cóncavo de los inextricables oteros por donde no se aventuraban las mismas alimañas montunas, las más veces sin pan, muchas sin caza que comer cruda o mal asada, con la ropa cayéndose a pedazos, con las piernas destrozadas por los jarales y con el alma embrutecida al pasar sin hablar con nadie meses enteros.

Y menos mal los meses del verano, meses de la abundancia, y en los del otoño, durante los que no le fue difícil tropezar con gentes compasivas a las que pedir un pedazo de pan por amor de Dios. Lo terrible, lo inaguantable fue el invierno, que se echó encima con sus fríos, sus lluvias y sus ventiscas, dejando el campo desierto y al pobre Miguel entregado a todos los furores de los elementos. Los que dormían en camas, aunque fuesen las de los chozos, los que tenían el alimento seguro no podían sospechar que allí cerca de ellos, sin más comodidades que el hueco de algún peñasco o de algún alcornoque y empapado de humedad, dormitaba aburrido un semejante suyo, que entre nostalgias, tristezas y remordimientos yacía aletargado como un lagarto, selvático como un oso, solitario como un búho.

Porque, en efecto, Miguel siempre alerta, como las liebres, jamás pernoctaba en un mismo sitio dos noches seguidas, y es fama que los tímidos animales del jaral, lo mismo que los fieros, llegaron a habituarse a la compañía del pobre prófugo. Hasta se cuenta que durante dos años consecutivos siempre le acompañó a cenar una loba, comiendo, mansa como un perro, los huesos que Miguel la echaba, no viéndola este jamás de día, pero encontrándola invariablemente a su lado a la noche siguiente, aunque del sitio de una a otra dormida mediasen a veces dos o tres leguas (1).

(1)Este detalle de la loba que nos refiere nuestro corresponsal Canelada, bien pudo ser real, pero presenta ya el mismo sabor legendario que la loba de tantos anacoretas de las hagiologías cristianas y del mito mítico de los welsungos, hijos de la loba, o de los gemelos Remo y Rómulo en el mito romano.

Las crudezas del invierno pusieron, pues, a prueba al fugitivo aliano, con sus tenebrosidades y tristezas. Allí, durante las largas noches, fue el rememorar angustiado las placideces de su hogar, el santo calor de la familia, cuyo recuerdo le destrozaba el corazón, pues que seguramente habría sido ella víctima de la hostilidad de los parientes del muerto, en cabileños rencores pueblerinos. Allí fue también el aburrirse, falto de luz en las inacabables noches negras del invierno, cuando la niebla lo anegaba todo con su masa fría... Entonces, exponiéndose a ser descubierto, encendía allá dentro de las grietas modestas lumbrecitas, a cuya luz se ingeniaba en cuantas artes de solitario hicieran a Robinsón famoso, ora mal remendando su sayo con tiras de lentisco, ora haciendo algún artefacto de pesca para las truchas, ora tejiendo con cordeles de redes viejas del ganado una honda para matar la caza a pedradas, economizando la poca pólvora con la que contaba, y evitando además el atraer con el ruido de los disparos a guardas y pastores.

Pero estos últimos, zahoríes sempiternos, marinos de tierra a los que nada escapa, le conocían todos y todos le compadecían, porque la fama de su arrojo y de su desgracia se había extendido por la comarca entera. Así que, sin excitarle en sus naturales temores ni darle lugar a que huyese de ellos, más de una vez le dejaban en las sendas por donde esperaban que cruzase panes, aceite y demás elementos de su hato, con caridad bien de admirar en gentes que ni para ellos tenían. Uno hasta le dejó una cartilla de escuela, don inestimable sobre el que, a fuerza de machacar, recordó Miguel las mal aprendidas primeras letras hasta soltarse a leer de corrido.

Consuelo infinito fue para él al fin el saber por un pastor que su familia, abandonando a Alía, se había venido a vivir por allí cerca a un Doblado inmediato a Castilblanco, y atendiéndole desde el poblado lo mejor que podían.

Opulento creyóse Miguel entonces con semejante auxilio, y feliz cuando pudo obtener con aquélla, de noche y en despoblado, alguna que otra fugaz entrevista.

Las persecuciones de la Guardia Civil, estimuladas por las autoridades y la familia del muerto, forzaron al pobre Miguel a correrse, al Este del inacabable jaral por la comarca toledana, no lejos de los ricos pueblos de Ciudad Real denominados Consuegra, Villarrubia de los Ojos y Urda, campo por entonces de las hazañas de Castrola, otro no menos temible bandido (1).

(1) Las hazañas del bandido Castrola, aunque perfectamente históricas también, las creemos ya más vecinas a nuestros tiempos que las de Miguel Alía, pues que éste vivió por los años de 1830 a 1870. Lo que hay es que, como sucede siempre, la fantasía popular las ha soldado con las de este último para componer la leyenda, leyenda en la que la realidad confunde sus límites con el mito, como vamos viendo.

Vaya en dos líneas la silueta y la historia del, manchego temible:

De tipo fino, aseñoritado; de labios delgados, denotando perfidia, y de una energía verdaderamente de acero, empleada para el mal desde la juventud, el Castrola era, según malas lenguas, hijo adulterino de uno de los caciques del lugar, cacique a quien cierto célebre personaje de la corte -ministro, que respondía a las iniciales V. G.-había matado a disgustos por persecuciones políticas. El joven Castrola, fuese por vengar como los gitanos la muerte de su padre, fuese por eludir el servicio de las armas, es lo cierto que a los veinte años escapó para el monte, fiado en su corazón intrépido más que en su escopeta de dos cañones, que, como el moro, no desamparaba nunca.

Vivir perseguido en el monte y no caer en ladrón y en asesino era algo sobrehumanamente difícil para otro que no fuese el pobre Miguel Alía. La fatalidad fuéle, pues, empujando al Castrola por el plano inclinado de todas las caídas; primero el hurto en los chozos de pastores ausentes o en los chivos del aprisco; luego la violencia cara a cara con aquéllos, y, finalmente, la amenaza de muerte a cuatro ricachos de los pueblos circunvecinos, ya en pleno bandolerismo, pero siempre con la idea fija de matar tarde o temprano-decía---al bandido de Madrid que, amparado por la impunidad de la eterna corrupción política de España, había puesto precio a su cabeza en treinta mil reales, cantidad que hay equivalía a un buen millón de pesetas. El duelo, pues, entre el bandido de la corte y el bandido del cortijo era uno de esos duelos a muerte, que trae, dentro de la Ley de Justicia o del Karma que decimos los teósofos, serie concatenada de desastres como el de los atridas griegos o el de los españoles en el Imperio de los Incas.

El cortesano esgrimía contra el montaraz todas sus armas de perfidia: civiles, juzgados, sobornos y coacciones. El montaraz devolvía el golpe al cortesano atreviéndose hasta a venir disfrazado al propio Madrid, para matarle, sin lograr, es cierto, su objeto, pero sin ser detenido en su osadía inaudita, y no dejando descansar ni un momento a los ganados y a las personas de los partidarios de aquél en el país.

Más de una vez, en nuestras charlas de café, un ilustre jurista hijo de aquellas tierras manchegas me ha relatado con vivísimos colores, que yo no acertaré aquí a imitar, las peripecias de aquella lucha, en las que sucumbió al fin el Castrola, quizá por ser menos pecador a los ojos del Karma que el otro. Sólo sí relataré un caso entre mil de este desventurado mozo, por estar relacionado, se dice, con el de Miguel Alía.

El último de los viajes a Madrid sin lograr su objeto y dejando un verdadero río de dinero por el camino para no ser descubierto, había vaciado de doblas de oro el bolsillo del Castrola. ¿Qué cosa mejor-se dijo entonces a sí propio-que pedírselo a quien lo tenga?

Y el consabido anónimo amenazador estuvo al día siguiente en manos de la víctima, un honrado labrador pariente del jurisconsulto que me lo narrara.

Lo que eran tales «admoniciones» en aquellos tiempos, y más viniendo del Castrola, ya se sabía. No obedecerlas al punto equivalía al suicidio, y el pobre labrador tomó al otro día su mula, acompañándole por cierto su esposa, camino de la Cueva de las Yeseras, pero rodeando por Villarrubia y yendo a quejarse, de paso, a la familia del Castrola, cosa que labró su ruina,

El bandido, arrogante y fiero, con la naturalidad del empleado que va a cobrar un arbitrio municipal, cortóles el paso a los dos esposos a la mitad del camino, y encarándose con el marido le dijo fanfarronamente:

-Ya estás tardando, y además no pareces traer muy recto camino.

Y como el otro, todo azorado, tratase de justificarse, el bandido añadió: -Déjate de cuentos y vamos a lo que importa. ¡Los cuartos ante todo. Obediente el labriego se soltó sumisamente del cinto un bolso de seda de peluconas u onzas de oro de los Felipes III y IV, y no bien terminada la operación de incautarse de ellas, el Castrola continuó con tran- quilidad que daba frío:

--¡Ahora arrodíllate ahí y reza el credo! ¡Para los soplones como tú, tengo yo esta escopeta de dos cañones!

¡Y, sin más ni más, haciéndole arrodillarse por fuerza le descerrajó al pobre lugareño un tiro en la frente que le hizo rodar, muerto, por el suelo. --Porque eres mujer no hago contigo lo mismo, perra-dijo Castrota a la esposa del muerto, sin que ésta, desmayada de espanto, pudiese oírle.

El Castrota volvió la espalda a sus víctimas con la serenidad del mundo y fuese para la sierra pero no había andado cien pasos cuando Miguel Alía, que le visto desde el alto perpetrar el crimen y dado vanos gritos para contenerle, le cortó el camino diciéndole:

-Eres un criminal y un cobarde. ¡Dios te dará su castigo!

El Castrota no pudo soportar osadía tanta. Exacerbado como estaba, para justificar su acción no halló medio mejor que disparar sobre Miguel el otro cañón de su escopeta. La bala pasó silbando a dos dedos de la cabeza del Alía; pero éste, de un salto estuvo sobre él, y cogiéndole del cuello, le derribó como una pluma. Luego le puso la rodilla en el pecho increpándole con desprecio:

-¡Ya ves que no te temo! Ahora, no con mi escopeta cargada, sino con mis propias uñas, podría hacer contigo lo que tú con ese infeliz!

Y sin agregar palabra, como esos toreros que, después de ciertas suertes de capa que dejan quebrantado al toro, le vuelven la espalda impasibles y seguros, el extremeño le dejó al Castrola en el suelo, yéndose hacia la mujer que volvía de su desmayo. El bandido, fuese por cobardía, por vergüenza, por remordimiento o por una vaga consideración caballeresca, no se atrevió a seguirle, ni siquiera con la vista...

Así terminó la triste aventura, cuyas consecuencias eran de prever si Miguel Alía, temiendo el tener que arrancar tarde o temprano otra vida como antaño, no abandonase la Mancha internándose en la baja Extremadura.

Pero el Dedo del Karma, vulgo Providencia, había sellado ya con su estigma la frente del criminal, y ya se sabe lo inexorable y fatal que es el vengador Destino. De allí a pocos meses, el asesino del labriego y de otros dos compañeros más de quienes desconfiara, caía víctima de la traición de su mejor amigo (1).

(1) La historia recuerda, en efecto, que el Castrola, enriquecido por sus robos y fechorías, contaba, amén de gruesas sumas en metálico, con rica «punta» de cabras y ovejas, que le

custodiaba un compadre suyo: el Tuerto de... (Aquí omito un apellido llevado honradamente por gentes que aún viven). Suspicaz y desconfiado el Castrola, que tanta razón tenía para serlo, se veía constantemente bajo la amenaza, no ya de la Guardia Civil, sino del cobarde ministro que, desde Madrid, haciendo verdad una vez más el dicho de El tirón que da el presidio se siente en el Ministerio, había puesto a precio su cabeza. Merced a tales suspicacias, su manía persecutoria le llevó a matar uno tras otro a dos de los de su partida por estar en tratos, reales o supuestos, con su implacable perseguidor, proyectando hacer otro tanto con el Tuerto.

Pero el Tuerto de... fue más diestro o más pérfido. Nuestro amigo el jurisperito nos ha contado, lleno de emoción, la escena en la que el Castrola perdió la vida, a manos de aquel que debía cuanto era al bandido.

«La explanada del chozo estaba solitaria en la tarde serena -me narró mi amigo-. El Tuerto y su sobrino llegaron de recogida con el ganado y tras de ellos el bandido. En el acto desarrollóse entre protector y protegido una de tantas escenas de vagos reproches y mal disimuladas desconfianzas. La bota de vino del cabrero vino a tratar de pacificar los espíritus; pero el Castrola, por secreta inconsciencia, se negó a acercarse para beber, «guardando las distancias» con su escopeta de dos cañones, terciada siempre y pronta a llenar su triste cometido. El Tuerto le arrojó entonces al Castrola la bota de vino, y éste, tomándola, bebió con desconfianza. ¡Había creído advertir un mal contenido de agresión en su compadre! Nueva charla y nuevos tragos, tras los cuales, mientras Castrola bebía, el Tuerto de... dióle por la espalda un verdadero salto de tigre: le sujetó atrás los brazos, como yo ahora se los sujeto a usted añadía el agresor, repitiendo al vivo la escena conmigo_.Entonces, el sobrinito del Tuerto, y por orden de éste, con la navaja de rebanar el pan le rebano el vientre al bandido, quien sólo tuvo fuerzas para gritar: "Así no se mata a los valientes!"....

Inútil es añadir que la acción le valió al tuerto una fortuna, pues que a más de cobrar los 30.000 reales precio ministerial de la cabeza del muerto, quedó dueño y soberano de los ganados y dineros del bandido y por cierto que, como prueba como prueba de convicción o letra de cobro que presentar al ministro, cercenó al cadáver una de las orejas, ni más ni menos que se hace con las de los toros para premiar a los diestros. El teniente del puesto de la Urda hacia donde por la noche llevaron el cadáver tío y sobrino, ignorante de esto último, quiso atribuirse el mérito de la captura y muerte del bandido, pero «la oreja del muerto» le fue fatal, porque en manos de el Tuerto sirvió de testimonio de su impostura, que le costó el ir a un castillo.

«No gozó, sin embargo, mucho tiempo el Tuerto de su hazaña, muriendo de allí a poco también de muerte violenta y siendo desgraciadísima la familia,, -terminó diciéndome el abogado amigo-, porque el cadáver del bandido aún colgado por escarmiento en el rollo de Urda, ni escarmentó ni podrá escarmentar nunca a la trailla de bandidos hipócritas ocultos bajo las eternas marrullerías de nuestra desastrosa política...»

VIII

El Rincón de Valdepalacios, del término de Logrosán, era por aquel entonces un rico caserío de los frailes jerónimos de Guadalupe, situado en plena braña, en el paso forzado de Campanario al Monasterio. Por allí desfilaban todos los años hacia el 8 y el 30 de septiembre verdaderas caravanas de romeros que venían hasta de Sevilla a visitar devotos la egipcia y morena imagen de la Virgen de Guadalupe. Conocido lo que son estas romerías votivas, no hay que añadir si el paso de ellas despertaba constantemente la codicia de los bandidos del jaral, impotentes casi siempre para medir sus fuerzas con los hombres de las caravanas, bien armados y protegidos.

Pero el Peco a quien ya hemos conocido no era hombre que se dejase intimidar por tales minucias, pensando, como el estornino del cuento, que allí donde no puede llegar la fuerza, bien puede triunfar la astucia.

Y como los cómplices de los bandidos del Guadarranque eran en algunos pueblos más numerosos o, por lo menos, más influyentes que los bandidos mismos, la osadía increíble del cabecilla le incitó cierto mal día a preparar personalmente un golpe de mano sobre la romería próxima, que, según confidencia, iba a ser portadora de no pocas onzas y centenes de oro, con las que se acostumbraba a apedrear literalmente a la imagen a su paso procesional por los claustros en el día de la fiesta (1).

(1) No se crea que referimos algo debido a nuestra inventiva de escritor, pues que la mayor parte de los detalles de este nuestro relato son absolutamente históricos, según tradiciones recogidas en el país mismo, tradiciones todavía muy recientes en la época en que las oímos.

Por ejemplo, fue famoso, entre otros muchos, el golpe de audacia dado años después por la partida de los facinerosos en otra caravana de romeros en el propio caserío del Rincón de Valdepalacios. Su jefe, un empedernido criminal, si no un loco rematado, después de saquear con los suyos uno por uno a cuantos aquel día pernoctaron en el cortijo, decretó una orgía general, con su consiguiente cortejo de malos tratos, violaciones, llevando su grosera insensatez de embriagado hasta la brutalidad de atar «por gracia» a los hombres y a las mujeres pecho a pecho y por parejas, sin excluir de tamaña procacidad a dos o tres frailes de los que regentaban la alquería.

Prevenida, sin embargo la pareja de la flamante Guardia Civil de puesto hacia las Gargáligas y el alto Guadiana, sorprendió al bandido con las manos en la masa, no sin que éste, al recibir el soplo, se descolgase por una ventana y echase a correr a campo traviesa, perseguido de cerca por los dos de la benemérita

Más astuto que éstos el bandido, logró atraerlos, una legua más allá, hasta el sitio solitario donde guardara antes su escopeta, y ya que se vio con ella en las manos se creyó invencible, haciendo cara a los dos asombrados guardias, quienes parapetándose también como mejor pudieron, empezaron a cambiar un heroico tiroteo con el intrépido fugitivo.

Escondido, y con la emoción que es de suponer, Miguel Alía, a quien sus erraticidades le habían llevado dicho día, casualmente, por aquella parte, presenció tras una gruesa encina las inquietantes peripecias del tiroteo, sin atreverse a tomar partido por uno ni por otros, sin sentir odio ya a los guardias, pues cumplían con su deber pero viva en su pecho aún la gratitud guardada al bandido por su generosidad antaño. Y, en verdad, que la escena en aquel despoblado entre bandido y guardias revistió al punto caracteres de epopeya. Las balas silbaban; los estampidos y los fogonazos, casi a bocajarro, conmovían los dormidos ecos de aquellas laderas, y el duelo era a muerte, porque, dada la fiereza de los dos bandos y lo angosto del lugar, el que volviese la espalda para retirarse podía contar con una muerte segura.

Por fin, en uno de los disparos, exhalando un lastimero ¡ay!, uno de los guardias caía redondo como res herida en el testuz. El balazo del bandido le había dado en plena frente, causándole muerte instantánea, y la puntería de aquél era tan temible que otro nuevo balazo derribaba en tierra al otro guardia, dándole en un muslo. Ufano con su hazaña el Peco, viéndose así libre de sus dos perseguidores, huyó victorioso ladera arriba, pero, así que le viese huir el guardia herido, se irguió sacando fuerzas de flaqueza, y requiriendo su caído fusil, de un certero disparo en la nuca envió al otro mundo al bandido.

Miguel entonces, a la vista de tamaña catástrofe, se sintió invadir de infinita conmiseración hacia los tres caídos. Primero se llegó al Peco, a quien cerró piadosamente los ojos, besándole en la frente como inútil homenaje de gratitud. Luego se llegó, heroico, a los guardias, desafiando el riesgo de ser conocido por el herido, al que trató lleno de compasión fraternal lo mejor que pudo.

Y se llegó más que a tiempo Miguel al pobre guardia, pues que, herido como estaba en la arteria de la pierna derecha, se habría desangrado sin humano auxilio a no haberle despojado Miguel del cinto y con él, agujereándole sobre jirones muy apretados de la camisa, improvisado una ligadura que logró detenerle la hemorragia cortando la circulación de la sangre por la pierna.

Pero ¿cómo avisar a poblado para que recogiesen al guardia, ni cómo abandonarle allí a riesgo de cualquier accidente por la tardanza? ¿Cómo, en fin, presentarse él con el herido, a trueque de que se le muriese en el camino y se le creyese a él el matador en vez del salvador que era esta vez?

La perplejidad que le invadió duró bien poco. Apenas medio minuto, al cabo del cual, después de asegurarse bien de que el otro guardia estaba tan muerto como su matador, se echó a horcajadas sobre su cuello al herido y emprendiendo el trotecillo familiar suyo después de tres años de fugitivo por las sierras, trote más de lobo que de hombre, se plantó en el inmediato pueblo de Casas de Don Pedro, en una de cuyas primeras chozas depositó cuidadosamente al herido, despidiéndole con un cariñoso «¡Dios te asista!»

Agradecido el guardia, abrió los ojos en medio de su fiebre, diciéndole:

-¿Te vas, cabrero, y no me dices cómo te llamas, después de haberme salvado la vida? ¿No quieres que pronuncien tu nombre con veneración mis hijos?

-¿Qué te importa a ti de este cabrero que no es tal cabrero?-replicó Miguel con triste sonrisa, añadiendo: -¡Yo ya no tengo nombre, como no se tiene nombre en el presidio!

Y fue a tomar la puerta de la choza, pero el dueño de ella, reconociéndole por su espantable indumentaria, exclamó sin poderse contener: -¿Quién ha de ser tu salvador sino el propio Miguel Alía?...

-¡Que Dios te salve a ti y te bendiga!-es lo único que se oyó decir al pobre guardia en medio de su espanto, cuando ganaba la puerta para huir al monte, su único refugio.

Pero aún te quedaba al buen Miguel algo que hacer en el lugar del trágico suceso, al que volvió en dos zancadas, antes que otro nadie a él fuese, y era rescatar el cuerpo del Peco, por si querían poseerle y enterrarle en sus soledades los de su cuadrilla, que no andarían muy lejos, ya que del otro guardia, una vez avisados, no faltaría quien se preocupase en el pueblo también.

Lo hizo como lo pensó. Cargó con el bandido muerto y le traspuso a lugar seguro, silbando como quien sabia las señas convenidas entre los compañeros de aquél, quienes no tardaron en llegar por tres partes diferentes, asombrándose de su acción y queriendo nombrarle su capitán si esta vez accedía a seguirlos. Pero Miguel negóse a ello igual que en el primer día de marras, como también a recibir recompensa alguna de los bandidos.

-¡Básteme la recompensa de mi conciencia! Salvar una vida cuando quité otra es bien poco... ¡No volveré entre hombres sin antes salvar siquiera otra más, por el rédito!...

Dijo, y escapó a sus soledades, sin que ninguno de los bandidos, emocionados como niños ante aquel héroe, se atreviese a seguirle.

IX

La heroica y generosa acción de Miguel corrió de lengua en lengua por todos los pueblos del contorno revestida de inmensa celebridad. La fantasía lugareña la cantó en todos los tonos y hasta la misma Guardia Civil, agradecida, haciendo caso omiso de las órdenes judiciales en contrario, cesó, realmente, en sus persecuciones contra el pobre eremita, quien, de este modo, aunque discreto siempre, entraba ya a deshora en los pueblos y salía de ellos sin que le molestara nadie, manteniendo más frecuente contacto con su familia y sus amigos, pensándose ya por algunos de éstos hasta solicitar su indulto, después de los ocho años que llevaba errante y perseguido.

Los grandes poseedores de los latifundios del jaral empezaron entonces a utilizar los servicios de Miguel Alía para sus cazas de reses bravas, porque no había rincón ni despoblado que él palmo a palmo no conociese. Corzo y jabalí humano, el eterno fugitivo se sabía al dedillo las costumbres de las reses con las que había convivido; sus abrevaderos, sus sitios de dormida en verano y en invierno, y las reses le conocían a él, pues más de una vez los lobos famélicos habían pretendido atacarle o habían tenido las crías a su lado junto a sus covachas y madrigueras de refugio. Los aristócratas españoles, entonces y aun hoy con plenas costumbres medioevales, deliraban por la <caza mayor», a la que iban por allí periódicamente con gran acompañamiento de criados, pegujaleros, quinquilleros, corsarios y fieras jaurías, dando batidas a las reses, batidas aparatosas que tenían algo del carácter de las viejas algaradas guerrilleras contra los moros, y para aquéllos Miguel era un como perro más, inteligente, astuto e incansable cual ninguno. Bornos, Riscal, La Romana y otros omnipotentes próceres, cazadores de Madrid, Talavera y Trujillo, vieron, pues, en el eremita Miguel un auxiliar precioso que utilizar a porfía.

A cualquiera otro que no fuera él, tamaños agasajos le habrían ensoberbecido. Pero el Alía se había ya educado en la soledad, que para espíritus grandes es la gran educadora, y seguía humilde, silencioso, sus costumbres agrestes siempre que le era posible. Además, todavía no se sentía purificado de la mancha horrible que cayese sobre su conciencia en un momento de arrebatada locura, y había que cazarle con lazo si se le quería embarcar como guía en alguna de aquellas cacerías.

El aspecto exterior de Miguel había ganado también paralelamente a su evolución psíquica. De hombre vulgar que era el aislamiento, que deprime a tantos, a él le había enaltecido, dándole un aspecto de majestad serena, realzado por una apostólica barba que le llegaba a medio pecho, y unas finas arrugas en la cara y manos que se prestaban a los más quirománticos estudios. Se había acostumbrado a hablar poco, y este poco que hablaba tenía la densidad del oro, la diafanidad del cristal y la viveza del relámpago. Verle cualquiera y quererle era todo uno, y más de un penalista moderno le habría presentado como prueba de que la Madre-Naturaleza, bien aplicada, corrige y moraliza como ninguno de los arcaicos presidios. Los escritores que se ocuparon de «los climas moralizadores» seguramente habrían hecho mejor que nosotros la apología de este rústico autodidacto, de este hombre moralizado por sí mismo.

Pero faltaba el «golpe de gracia» coronador de semejante reforma psicológica, y este algo vino a darle de allí a varios meses un suceso deparado, como siempre, por el hada «Casualidad», que, lejos de ser ciega, más de una vez parece inteligente y justa.

Era la tarde del Jueves Santo, tarde en la que chozas y apriscos quedan casi sin pastores, porque cuantos pueden vienen a poblado a ponerse de limpio, visitar los Sagrarios y vivir unas horas entre sus convecinos.

En la angostura que forma el alto Guadiana antes de entrar por las tierras llanas de la provincia de Badajoz se alzaba un grupo de estas chozas. En una de ellas los confiados padres habían dejado, según costumbre, un niño en su cuna confiado a la custodia -¡donosa custodia de quien debiera ser custodiado!- de otro hermanito como de seis años, que se entretenía jugando por allí. Cerraba la noche y los padres, por haberse entretenido más de lo regular, no habían regresado todavía, y Miguel andaba por los altos de aguardo a las perdices.

Súbito advirtió el solitario que del cerrado chozo salía una desacostumbrada humareda.

-El muchacho-pensó -se habrá entretenido en hurgar las ascuas del rescoldo del hogar para entretenerse en hacer lumbre.

Pero un momento después una intensa llamarada lamiendo por el hueco de la puerta prendió sobre el empajado de la cobertura, infundiendo en Miguel la natural alarma, mientras que el mayorzuelo, lleno de terror, escapaba por la puerta con los vestidos de su hatillo encendidos. En su loca carrera el muchacho alimentaba el fuego de éstos más y más, con notorio riesgo de quedar abrasado vivo.

Miguel, fuera de sí, como fiera a quien arrebatan sus pequeñuelos, de dos saltos estuvo al lado del rapaz, y de otro más, cogiéndole por la entrepierna le zambulló en el río. Un segundo más que hubiera tardado, la cosa no tendría remedio.

Con esa lucidez extraordinaria propia del Inconsciente humano en los momentos de peligro, se percató Miguel de que sólo había hecho la mitad de su deber, porque el chozo, donde quedaba el niño con su cunita, ardía ya por tres sitios...

Tampoco vaciló el héroe, y, dejando desgañitarse de terror al zambullido, voló en auxilio del otro. Sin reparar en el peligro de verse envuelto entre las llamas, traspuso fiero la puerta de la choza, infranqueable por el humo; se apoderó de la cunita, que también ardía, y sacando de ella al medio asfixiado mamón, realizó con cuna y chico otra operación análoga, pero esta vez con polvo y tierra del camino, y con sus propias manos, pues ni tiempo daba para llegarse al río, hasta conseguir extinguir las llamas, sin que la criatura sufriese lo más mínimo.

No bien se había desarrollado esta escena, que duró segundos, cuando una bocanada de viento hizo prender el fuego por todas partes del chozo, que bien pronto era un ascua viva, y luego un montón de cenizas. Miguel no pudo preocuparse de ello, afanoso como estaba por atender al zagalejo, que presentaba quemaduras de alguna importancia en un lado, y tiritaba de frío por la zambullida.

Aún humeaba grandemente el chozo, cuando los confiados padres de las dos víctimas llegaron llenos de espanto y gritando como dos locos. La escena de ternura que se desarrolló entre unos y otros no es para descrita. La madre estrujaba contra su pecho al mamón, a quien acalló bien pronto en sus lloros, mientras que el padre abrazaba emocionadísimo al salvador devolviéndole las prendas de que se había despojado para abrigar al imprudente mocosuelo.

El mocosuelo curó de sus quemaduras, no graves por fortuna, y Miguel Alía, tras aquella heroica acción, fue el ídolo del jaral para los honrados como para los bandidos.

Con el último hecho de Miguel Alía, narrado anteriormente, la vindicta pública dejaba ya decretado su indulto.

La legalización de éste era, pues, cosa descontada, y corrió a cargo de la condesa de Bornos y de doña Valentina Carratalá, reciente compradora del Rincón, quienes, además, apadrinaron a las criaturas. El bueno de Miguel se vio así, al cabo de los años, restituido al gremio de los honrados vecinos, como guarda de El Rincón, adonde, en honor suyo o por temor a él quizá, jamás volvieron a acercarse los malhechores.

X

El comentario teosófico a las curiosas aventuras relatadas debería correr a cargo de un futuro penalista, el cual, a la luz de las doctrinas de Oriente, examinase el caso de semejantes anacoretas forzosos, quienes, siguiendo el natural instinto humano, huyen de una sociedad con la que, como diría Rousseau, han roto el pacto merced a culpas propias y ajenas.

Porque, a no dudarlo, la sociedad es para cada hombre un como torrente de la Luz Astral, que trata siempre de arrastrarle, a nada que se descuide, corriente de, la que todos tomamos nuestra vida y en la que tenemos que navegar las más de las veces contra la corriente misma, empujando nuestra barquilla. Ceder abúlicos a semejante corriente equivale a perder todo rumbo u orientación anulando nuestras libres iniciativas. Apartarse sistemáticamente de ella es, en cambio, segura prenda de embrutecimiento y fracaso, no tratándose de hombres realmente superiores que saben vivir por sí una vida propia a la manera de los gimnósofos de la alta India, quienes ni siquiera viven en comunidades como los de la Tebaida egipcia.

Y entre uno y otro extremo se debaten vacilantes nuestros vivires. El que padece la vorágine de las grandes urbes, ansía la soledad del campo, y el que sufre las inclemencias del campo añora el culto y cómodo vivir cortesano, tan opuesto al vegetar del cortijo...

Es más, con las recientes corrientes de la filosofía naturista el odio hacia las ciudades de los metropolitanos y los rascacielos crece, otro tanto que crecen también las ansias por una vida campestre sencilla, arma de dos filos que lo mismo puede salvar al cuerpo que sumir en triste embrutecimiento al espíritu.

Pero, no hay que olvidarlo; la soledad ejerce muy distinta influencia en las almas, según el grado de su evolución psíquica. Mejora ella a los buenos, pero pervierte a los perversos, como prácticamente se ve en los dos tan opuestos casos de Castrola y de Miguel Alía.

LOS ESPECTROS DE JUMILLA

Un buen amigo de Jumilla me dice: «En el término de este pueblo existe una cueva de bastante extensión y altura, donde crece una higuera que jamás pierde la hoja ni echa fruto (1), y es creencia general, apoyada por el testimonio de varios que dicen haberlo visto, que el día de San Juan, al despuntar el día, sale de esta cueva una gran cohorte militar de espectros con caballos de guerra ricamente enjaezados, guerreros que, precedidos de fantásticos estandartes, se dirigen hacia el Sur, desapareciendo en la lontananza, cual si evocasen algún lejano hecho histórico por allí acaecido...»

(1) Sobre esta «siempre verde higuera» podría escribirse un extraño epígrafe, porque uno de los detalles más típicos, concomitante con ciertas videncias astrales, es el de «la planta siempre verde y que gira vertiginosa.: pero hoy no es ocasión de abordar un problema psíquico tamaño que nos apartaría demasiado de los sencillos relatos objeto de este volumen.

La leyenda en cuestión que nuestro verídico corresponsal nos transmite no deja de ser interesante, por reproducir otras análogas que se han hecho célebres en los fastos de la literatura y de la Historia, tales como aquellos espectros que, en el aniversario de la batalla de Farsalia-donde perecieron, como es sabido, las libertades romanas al ser derrotados los pompeyanos por las huestes de César-, todavía seguían chocando entre si, al decir de los clarividentes, y reproduciendo los pormenores todos de la lucha cual en la más perfecta de las cintas cinematográficas. Otra leyenda semejante de los fastos de Soria nos pinta por la mano exquisita de Gustavo Adolfo Bécquer a dos pelotones de guerreros chocando fiera y astralmente en aquella deliciosa curva que hace el Duero, por bajo de los claustros románicos de San Juan, por cima de la ermita de San Saturio, y enfrente de las ruinas templarias del monasterio de Santo Polo, según las cuenta el malogrado vate en su admirable Noche de Ánimas.

Tales leyendas, y otras tantas de «almas en pena», vagando misteriosamente al cabo de años y siglos por los lugares de sus desdichas o de sus crímenes al modo del espectro del padre de Hamlet o de la Dama Blanca de los Hohenzollern, nos plantean este problema de ocultismo que no vamos sino a apuntar aquí: el de las llamadas «fotografías astrales» o memoria de la Naturaleza, archivo eterno, aunque invisible habitualmente para nosotros, en el que quedan registrados todos los hechos de la vida, así los más grandiosos como los más ínfimos.

Sabido es, en efecto, el poder químico de la luz, poder que, actuando sobre las sales de plata o de otros metales en determinadas circunstancias, permiten la fijación de las imágenes exteriores de un modo más o menos permanente. Pero, ¿es que hemos agotado todas las posibilidades de fijación?; ¿es que no queda siempre en el ambiente de cada lugar algo del aura, de la psiquis de las cosas pretéritas?

No pisamos una sola vez las ruinas venerandas del pasado, sea en Balbek o en Palmira, en Mérida, Roma o Itálica, sin que a la mente del menos sensible a las astrales sugestiones del pasado no les sea representada alguna escena, alguna emotividad, la palpitación, en fin, de un algo que ya no es apreciable ciertamente a los sentidos físicos, pero sí a ese sentido interno, trascendente o psíquico, que tan alto habla en el artista, en el intuitivo y en el místico. Ello es el alma de toda poesía, de toda evocación histórica y hasta de toda concepción científica, en disciplinas como la Geología y la Paleontología, en las que también se trata de reconstituir mágicamente, merced a la sublime facultad de nuestra imaginación creadora, algo que ya no existe materialmente, para los «dormidos>, pero que diríase palpita con mayor vigor y más sublime luminosidad, por lo mismo acaso que no es tangible.

Este es el principio del gran secreto de la llamada <Luz Astral» por teósofos y cabalistas, el Gran Archivo imposible de ser falsificado como los de los hombres, y en el que pueden leer como en un libro abierto los dotados de la facultad adecuada para buzar en lo suprasensible.

LA VENTA DEL ALMA

UNA PÁGINA DEL TOLEDO JUDIO

Al escultor y profesor de la Escuela de Bellas Artes en Toledo, mi amigo y paisano Aurelio Cabrera Gallardo, fraternalmente, el autor.

I

LOS LEGAJOS DE UN CANÓNIGO

Gregorio Pueyo, el librero singular que en sus tenduchos sórdidos de Romanos, con grimorios y talismanes, dio antaño el espaldarazo de la publicidad a tantos inquietos literatos noveles que hoy se ufanan en las cumbres de la fama, me dijo un buen día:

-Véngase conmigo mañana a Toledo. Pasará un excelente rato viendo la biblioteca que acabo de comprar allí por un buen puñado de pesetas a la sobrina del canónigo X..., recientemente fallecido. Creo puede haber entre sus papeles algo que le agrade y que de antemano le regalo. Conque anímese.

Un viaje a Toledo, en la para mí fraternal compañía del que me lanzase también a la publicidad, y con la perspectiva de algún legajo toledano por añadidura... ¡No necesitaba más para coger la ocasión por los cabellos y embarcarme en la aventura sin vacilar!

Y una dulce mañana del otoño de Castilla, que no tiene rival en el mundo, partimos juntos, en el clásico <tren de las ocho», camino de la ciudad imperial y primada; la ciudad ibérica, romana y de los visigodos; de los Concilios y de las Cortes; de los judíos, de los árabes, de los berberiscos, de los renegados y de los cristianos; la Corte eterna; la Roma española, de la que el propio Theophile Gautier ha dicho: «El gallardo emplazamiento que muestra Toledo, asentado sobre su trono de rocas, con su cinturón de torreones y su diadema de iglesias, es del perfil más severo que imaginarse puede, realzado como está por un riquísimo colorido histórico que conserva con la más absoluta fidelidad su medieval fisonomía>

Antes de las once, subiendo a pie, como es de rigor a todo buen turista, por San Servando, el puente de Alcántara y la Puerta del Sol, a Zocodover, pasando de allí hacia la Catedral, penetramos en la morada que acababa de dejar el canónigo: una casucha grande, húmeda y fea por fuera, cómoda y abacial por dentro, emplazada en la calle del Hombre-de-Palo, calle así llamada, como es sabido, a causa del «hombre-máquina que andaba solo», diablura habilidosa inventada por Juanelo Turriani, el italiano de Cremona, que lo mismo haría violines, violas y chellos con alma, que ideara, durante varios lustros del siglo XVI, artefactos maravillosos para elevar las aguas del Tajo hasta la vieja acrópolis del Alcázar imperial, hoy Academia de Infantería, corriendo riesgo de ser quemado por brujo.

Recibiónos en una salita con vidrieras de convento la inevitable sobrina del muerto, mujer no fea, pero ya muy ajamonada y un siesnoes bigotuda, preocupada, al parecer, más por el dinero para el futuro solitario e incierto, que por el recuerdo del tío, o por el amor que pasó ya, si es que llegó algún día,

Don Gregorio entró delante en una segunda estancia que fuera el despacho del beneficiado toledano, seguido de mí y de la sobrina: tendió su inquisitiva mirada de astuto comerciante por los polvorientos anaqueles atestados de viejos libros en rústica, pasta y pergamino; metió literalmente su nariz borbónica por entre los visillos de la librería principal encristalada; hizo rápida y mentalmente veintisiete multiplicaciones y media de a tantos anaqueles por librería, tantos tomos por anaquel y tantos céntimos por tomo, y, pues sin duda la sobrina y él tenían medio ultimado el negocio por cartas, puso solemne unos cuantos billetes de a cien pesetas en manos de la heredera índocta. El trato quedó así consumado, en menos tiempo del que yo tardé en prendarme de una apolillada y maltrecha pila de polvorientos manuscritos que vi atados con un orillo en el rincón más oscuro de la estancia. Conviene advertir que las bibliotecas de canónigos de catedral y párrocos de aldea me las sé de memoria, por tener la misma debilidad por ellas que por sus dueños, buenos gastrónomos, siempre simpaticones, aunque un poco suyos; instruidísimos muchos de ellos; grandes conversadores todos; mejores fumadores, y óptimos tresillistas...

-Eso es lo de usted, todo, todo-me dijo Pueyo cuando nos hubo dejado por dueños la sobrina.,-. Para eso se ha dignado acompañarme. En cuanto a mí--añadió hice mi negocio con los libros, y respecto a los papeles ya le haré también después, con los libros que sobre ellos usted me escriba.

-¡Aceptado, y gracias!-le repliqué distraídamente, mientras desataba con ansiedad el orillo, poniéndome a curiosear los papeles por encima.

-No; no más libros ni papeles. Afuera ahora, y a comer, no con el apetito sino con el hambre también clásica de los típicos turistas-ordenó mi amigo en forma que ni mi estómago ni yo podíamos contradecirle.

-Algo pesqué ya-exclamé en aquel momento-; ¡mirad!-y le tendí un legajo seductor, pepita de oro que acababa de descubrir entre la ganga inútil de dietarios, minutas para sermones y listas de cofradías que no podían faltar allí.

Pueyo volvió a calarse los lentes y tomó en las manos el legajo que le tendía, infolio escrito con esa primorosa letra del siglo XV que ya no se ha vuelto a ver en los manuscritos españoles. La portada, afiligranada con delicados perfiles caligráficos, decía simplemente: "Vida de don Illán Leví de Fez, escrita por él mismo, y comentada por..." (Aquí la traidora polilla había roído el nombre entero del comentarista, sin dejar de él ni huellas.)

-Ya tiene hueso que roer-terminó, devolviéndome el amarillento infolio, al que le faltaban algunas hojas del final, por lo menos.

Y nos fuimos a comer, regresando alegres en el tren último de la noche, para mejor aprovechar el día en ese templo-museo que constituye toda la ciudad; pero confieso que nunca nadie la viese con displicencia mayor que yo entonces, inquieto y ansioso, como estaba por verme en casa y a solas con mi tesoro, que por tal le deputaba ya.

No hay por qué añadir que no bien llegué a casa me encerré con llave en mi despacho, devorando con avidez el mamotreto; leyéndomele de una sentada, como vulgarmente se dice. Eran las memorias íntimas y sinceras de un hombre de indiscutible talento y de terrible vida de dolores, en las que hacía su confesión. Para consuelo de los pocos y recreo de los muchos, lo transcribo íntegro.

II

EL HUERFANITO HEBREO

Toledo fue mi cuna; hebrea mi religión-decía en primorosa letra y arcaico estilo el manuscrito-. Mis padres, infelices hojas secas que el torbellino de la expulsión de judíos y moriscos arrastró no sé bien si hacia las tristes landas del Burdeos francés, o a los lejanos glasis de Viena, o, en fin, a las sonrientes y azules aguas de Salónica, la perla del Egeo.

Yo no los conocí siquiera, porque nací en 1492, el mismo año de la expulsión de los míos, el año extraordinario en que se conquistaba Granada y se descubría el Nuevo Mundo.

¡Todos los menores de siete años fuimos arrancados de los brazos de nuestros padres porque se decía que, ángeles aún, sin otra tacha que la del original pecado de Adán, lavable con el bautismo, no habían sido contaminadas aún nuestras almas por las nefastas doctrinas hebreas, y aún nos podíamos salvar.

Fui dado a criar a una renegada de las Covachuelas, por bajo de la Cuesta de los Azabaches, y la cual cuidó luego de enseñarme en secreto la religión de mis padres mientras hacía mis correrías de chico travieso, de puente a puente, por todo el norte de la ciudad, desde el Mirador y San Juan Bautista hasta los Baños de la Cava y las Ruinas de San Bartolomé.

Pero mis mejores exploraciones las realizaba solo, porque el velo de tristeza que cayó sobre mí al nacer me acompañó siempre, y, sin conocer lo que era miedo, gustaba de la soledad de los subterráneos, esos subterráneos de todas las épocas de que tan rica se muestra la imperial ciudad porque la Madre-Tierra, la gran conservadora, lo oculta todo para preservarlo de las depredaciones de los hombres, quienes destruyen en un día lo que, durante concatenados siglos, los elementos no son capaces de destruir.

Así, a los doce años, no había antro, cobijo, galería, cripta, talud ni despoblado toledano que no conociera yo. La leyenda de Aladino se me había encajado en los cascos como si yo estuviese predestinado a ser el Aladino de mi raza, el develador del mundo subterráneo, único donde podía verme libre y a mis anchas de esos perros cristianos que a mis padres robasen el hispano sol.

En el circo romano visité los derruidos y medio enterrados vomitorios, los cubiles de las fieras y las catacumbas de los gladiadores; en los Baños de la Cava, los caldarios y tepidarios que aún no habían sido destruidos para la fábrica de San Juan de los Reyes y el refuerzo del Puente de San Martín; en el «palacio de Galiana», del otro lado del Tajo, en la Huerta del Rey, en fin, las complicadas galerías donde es fama yaciese—. aún los tesoros de Záfira, la amada de Carlo-Magno, mujer cantada en las gestas del pueblo en unión de Gálafre, o de Alfabari, rebelde contra Abderramán, como dotada de un anillo prodigioso que le dotara con su magia el amor eterno de aquel emperador........ y en las carreras del otro lado de la ciudad, en los alcázares del rey don Pedro del Seminario y de San Juan de la Penitencia, las gentes me vieron pasar mas de una vez cual una sombra perseguida, por los que temían pudiese hacer victimas a sus aves o a sus huertecillas de las travesuras de mi edad.

Cuando conté quince primaveras, mi espíritu, educado en el aislamiento y el dolor, era ya el de un hombre maduro. Mi tío Jacob, falso converso que por su respetable posición y sus conocimientos de magia gozaba de gran autoridad cerca del secretario de Cámara del arzobispo y a quien malas lenguas decían había prestado dinero a montones, amén de favores de otra secreta índole, viéndome así, me colocó de paje entre, los familiares del prelado. Pude conocer de este modo más de un detalle íntimo de aquella mi proscrita raza, a la que amaba en silencio y de la que tenía que renegar en público, sin embargo. Aquellos astutos enemigos de los míos no sólo se habían apoderado de su riqueza en oro y joyas, sino también en sus tesoros en libros, y en éstos, a ratos furtivos, me fui informando, cuando mis amos pensaban que ni leer sabía, acerca de mil cosas relativas a mis hermanos expatriados que eran laboriosos, sanos y buenos.

En esos tumultuosos años de la juventud en que los poros de la inteligencia se hallan abiertos de un modo singular, absorbiendo cuantas ideas ajenas cruzan por el campo de su percepción, mi felicidad única era la meditación sobre mis lecturas, cosa que más de una vez, creyéndome, por ensimismado, perezoso, me acarreó severos castigos que hubieran pasado a algo peor a no impedirlo-¿por qué no decirlo ya sin vanidades?-mi juventud, mi belleza y mis virtudes. Por muchas cesas, llegué ya a no saber a ciencia cierta si era cristiano o hebreo, porque todo lo religioso sincero me cautaba... ¡Yo era, cuando cumplí los veinte, todo un místico! A la edad en que mis camaradas sólo pensaban en amoríos, mi corazón estaba virgen de todo amor.

III

AGAR, LA DANZARINA

Pero es ley inexorable del Destino -continuaba el viejo infolio- la de que el amor, fruta divina del Árbol de la Vida, y acaso de aquel otro de la Ciencia del Bien y del Mal que el Señor plantó con sus propias Manos en el jardín del Edén, haya de florecer en todos los corazones, ora sea tan temprano como la flor del almendro de los cármenes andaluces en enero, ora sea tan tarde como la purpúrea peonía, la amada de Esculapio, el dios de la Medicina, en las alturas del Guadarrama, cuando los deshielos del mes llamado de María por los cristianos riegan sus raíces...

La vara de Jetsé de mi alma pasional y mística floreció al fin para el amor. Ella, mi Agar, era hermosísima, cual rosa de Jericó; robusta y gallarda como cedro del Líbano; astuta y peligrosa como Thamar; traviesa y flexible danzarina cual la Herodías macabea; habilidosa como Ruth y Noemí; valerosa como Judit, y perversa también como Dalila... Yo la seguí ciego cual la sombra sigue al cuerpo, del que sólo la oscuridad o la muerte le pueden separar.

¿Cómo la conocí?-Habitaba mi amiga en un zaquizamí rocoso en los taludes de Santa Maria de la Cabeza, al borde mismo del otro lado del río, donde es fama que la Vaca bermeja de ciertos cuentos orientales solía caminar de risco en risco a la luz encantada de la Luna.

Sus padres, o los que pasaban por tales, eran unos infelices «cómicos de la legua», medio gitanos y harapientos, que viniesen a Toledo hacía años, él representando primero solo lo que comúnmente se llama un bu lulú, o «buey Lulú», caminando a pie, de pueblo en pueblo -que el buey suelto, bien se lame-, caminando días como en remotos tiempos se cuenta que caminaban los errantes bardos; luego representando los dos-el padre y la madre, ésta vestida de hombre-los entremeses denominados ñaques, y, en fin, cuando la niña fue ya grandecita y mostró disposiciones, representando los tres la llamada gangarilla, cobrando a razón de un cuarto, un mendrugo de pan, huevo, sardina y alguna otra zurronesca zarandaja, por lo que, representando farsas y cantando loas, iban de pueblo en pueblo y de cortijo en cortijo más como mendigos que como cómicos.

Alguna vez, agregándose, mal que bien, los cuidados de otras gentes de su calaña, llegaban a constituir con ellos esas asociaciones de juglares y saltimbanquis llamadas cambaleo, Garnacha, boxiganga, farándula y hasta compañías dramáticas propia mente dichas, que, en pleno Zocodover y en la fiestas mayores en que la gran campana de la catedral repicaba gordo, actuaban brillantemente ante los altos dignatarios del clero y la nobleza, mezclados con los gremios, los embajadores, los forasteros y demás pueblo.

Los otros sirvientes del cardenal primado, al advertir, al fin, mi, pasión, me hicieron la vida imposible con sus murmuraciones, desprecios y envenenadas sátiras, diciendo que me había enamorado de una bruja de negros, ojos de abismo.

Y en verdad que si no estaba embrujado lo parecía, porque no había auto sacramental, pantomima de locos, farsa, entremés ni títeres a la que yo no asistiese, sin otro propósito que el de seguirla. Las luminarias, justas y torneos; las mascaradas de carneros y de osos; los toros y las cañas; los momos y atelanas, los juegos de escarnio, certámenes y academias y demás continuas diversiones de los doscientos mil habitantes de la Gran ciudad me tenían siempre en acecho y muerto de celos por ella, que no hay nada más triste que amar a una mujer cuya misión es la de divertir a los públicos, siempre sensuales, groseros casi siempre. En cambio, ¡qué placer tan inmenso no sentía cuando, burlando yo fa vigilancia de Palacio y ella la de quienes hacían de padres, nos avistábamos sigilosamente en las noches de (una por encima de la ermita de la Cabeza, en ese altozano misterioso vulgarmente conocido por La Venta del Alma!... Allí, bajo la protección augusta de la reina de la noche, diosa tutelar de los enamorados y de mi raza también, en el sonoro silencio de la tranquila soledad campestre, lejos del mundo y de sus asechanzas insidiosas, nos amábamos aún más que como hombre y mujer como querubes del cielo, o al menos yo tal me figuraba. ¿Cómo iba entonces a sospechar en efecto lo que después con ella me acaeciese? ; Éramos dos niños desheredados, que buscábamos bajo la égida extraña de la piedra oscilante de aquel viejo templo druídico, de ignorado, desaparecido culto, una bendición que nuestros semejantes nos negaron; un consuelo que en vano hubiéramos mendigado del impío mundo; un aliento para ir adelante sin desesperarnos en la espinosa senda de nuestros vivires!

Más de una vez, en nuestros mutuos transportes amorosos, creíamos ver, pasando a nuestro lado sin hacernos el menor daño, antes bien como protectoras y amigas, vanas sombras de un pasado perdido e incomprensible; otras, el negruzco peñón, testigo impasible de las mudanzas de los siglos que todo lo destruyeran en torno suyo dejándole a él enhiesto, parecía moverse sobre su sólido basamento, admirador de lo intenso de nuestro amor; otras, el espanto nos helaba cuando tomábamos los ruidos lejanos de la ciudad o las tácitas pisadas del lobo fugitivo como pasos cautelosos de gentes que venían a sorprendernos, interrumpiendo nuestro idilio. Entonces nos escondíamos como niños que se acurrucan ante el peligro y sentíamos cabrillear por nuestros nervios los presentimientos más funestos.

Paso por alto nuestros ensueños allí forjados respecto de un hogar remoto, lejos de un mundo que nos despreciaba, A mí por renegado; por cómica y bailarina, a ella, que es achaque harto frecuente en las, frívolas almas el despreciar aquello mismo que antes les ha divertido. Eran, en fin, aquellos momentos quizá felices de nuestras pobres vidas que bien pronto se habían de tronchar al soplo de una fatalidad infernal sin precedentes en la larga historia de Toledo!

IV

LA NOCHE DEL CORPUS

No habían llegado aún para Toledo los tristes; días que vinieron después, cuando, en 1521, tras la ruina de las Comunidades de Castilla en Villavar, el César ordenó destruir hasta sus cimientos el que fuera palacio de don Juan de Padilla y doña María Pacheco, haciéndole sembrar de sal, e iniciando con ello la rápida decadencia de Toledo.

La ciudad primitiva de hebreos y romanos, enlazada directamente con Roma y con Mérida par la Via-Lata, o «de la Plata>; la capital visigótica de Leovigildo y la musulmana de Yahía; la joya soberbia de los templarios y la predilecta de los reyes cristianos que hablaban en su nombre en Cortes antes de que hablase Burgos, llegaba por aquellos años al pináculo del esplendor, y por cualquier motivo, sagrado o profano, ardía en fiestas, dormida al borde del abismo que la marcha de los siglos iba ya a abrir a sus pies.

¡Lo recuerdo hoy, a mis setenta y cinco años, como si fuera ayer! Era el día del Corpus, uno de esas tres solemnes jueves cristianos que se dice «relumbran más que el sol», el día en que al Destino le plugo hacer un criminal de un inocente, un loco de un sensato, un desgraciado y perseguido judío errante de aquel a quien la Fortuna alentó.

Ya meses venía formándose la tormenta que estalló aquel día y forjándose en ella el rayo que me precipitase al abismo de mi perdición. Me había mordido en el corazón el monstruo de los celos, llevándome al triste extremo que voy a referir!

Agar era indudablemente que me amaba con toda la pasión de nuestra raza -¡me lo había jurado muchas veces as la luz de las estrellas; pero Agar por su temperamento, por acción o por fuerza, era cómica y representaba a diario con los galanes de la compañía vívidas escenas de amor, de un amor fingido que a mis delirios de enamorado se les antojaban la más dolorosa infidelidad. Para colmo, su estrepitosa hermosura, su donaire gentil, sus contorsiones de serpiente venenosa en las danzas y el fuego que brotaba de sus irresistibles ojazos despertaban pasiones avasalladoras en varios caballeros cortesanos, esos del derecho de pernada y para cuyos endiosamientos nada significa la virtud ni aún la vida de una pobre gitana cuyo trágico fin debe recorrer pareja siempre con su origen canallesco y oscuro.

Había llegado a la corte toledana el propio emperador, rodeado de su más gallardo éxito, y tanto por ello como por la fiesta del día, se daba en el mesón de la Fruta una gran representación alegórica; de Juan de la Encina; una danza de espadas llamada «de la muerte»unas coplas del provincial y de Mingo Revulgo, amén de algunas loas y danzas.

Agar, en una de estas últimas, había llegado al colmo de su gloria y seducción. Herodías bailando para obtener del exarca la cabeza del Bautista no lo hiciera antaño mejor. En el público, unos gritaban asombrados otros rugían pasionales y otros, los más calaveras, sonreían siniestros, madurando seguramente planos que sólo yo, en mi desgracia, podía adivinar.

Entre estos últimos se distinguía por sus insinuantes provocaciones un apuesto mancebo, hijo primogénito de los condes de Fuensalida, cuyo palacio, al borde mismo de las juderías, dominaba toda aquella parte, y cuyos ajimeces cien veces la viera pasar camino de su tugurio. Yo sorprendido en muchas ocasiones siguiéndola, y temía fundadamente que los mercenarios del futuro conde diesen un golpe de audacia sobre ella, de día o de noche, seguros de su nobiliaria impunidad.

¡Cuál no sería mi sorpresa, después de la danza, cuando entre los juglares que representaron Los tres mancebos en el horno y La Danza de la muerte vi disfrazados, pero no tanto, que mis celos rabiosos me impidiesen en el acto reconocerlos, al peligroso joven y a dos más de sus pajes familiares! Era indudable que para asegurar aquella misma noche un golpe de audacia sobre Agar se habían fingido cómicos; pero, ¿no revelaba también ello una evidente traición por parte de los padres de Agar y aun de ella misma la sola presencia de aquéllos entre la rufianesca compañía? ¿No era notorio asimismo que entre ella y el joven se habían cambiado sonrisas de inteligencia, quizá de amor?

Verdad o mentira, la ira me cegó; la nube roja impulsora de todos los crímenes pasionales cayó sobre mí, y habría saltado como un tigre desde el grupo de familiares del prelado, entre los que me encontraba, para ahogar al malvado entre mis garras, si una fuerza superior a mí no lo hubiese impedido. Al desaparecer los de la escena escapé como un loco, atropellando a la multitud, calle abajo, hacia el río, que crucé por las barcas de la Carrera de San Sebastián, hasta llegar, jadeante y aterrado, a los riscos de La Venta del Alma, único sitio donde el supersticioso terror de los toledanos podría permitirme la soledad que anhelaba para madurar un plan fatídico.

¿Cuán distinto me ví allí a la luz del torvo menguante de la luna que acababa de perfilar por sobre el ingente risco, de aquellas noches plácidas pasadas al lado de mi amada, a quien estaba, a riesgo de perder! Como el ángel Satán del profeta Isaías, había caído de un golpe del cielo a la tierra. Veía yo harto claro que mi amada no podía escapar a la seducción o a la violencia de un poderoso, acostumbrado a realizar sus menores caprichos, costara lo que costase. Era, pues, preciso obrar, no lamentarse, porque el peligro también existía para mí, y escapar los dos hacia otras tierras a favor de los renegados que pululaban por todo el reino. Mi resolución estaba tomada: a morir matando, o vivir con ella.

Tornéme hacia Toledo desandando lo andado. Por las barcas me dirigí a las Carreras de San Sebastián; pero no bien había llegado cauteloso a la encrucijada de San Cipriano cuando, calle abajo del Corredorcillo, sentí primero como ruido de gente que persigue o que huye, y en seguida un golpe sordo como el de un cuerpo que cae, seguido de una maldición y de dos ahogados gritos de angustia, en uno de los cuales conocí al punto la voz inconfundible de mi Agar. Un profundo estremecimiento de todo mi ser me decía que en aquel instante iba a decidirse por entero mi Destino.

No vacilé. Con salto de fiera herida doblé la esquina, cayendo sobre el grupo, que era tal como yo me le imaginé: un hombre y una mujer en el suelo y sin sentido, merced, él a un golpe en la cabeza, y ella a otro o a un desmayo.

Eran los padres de mi amada, caídos por querer defenderla del asalto de tres hombres, uno de ellos el rijoso príncipe, quienes sujetaban a mi Agar tapándola la boca para que no gritara durante el rapto..............antes de que pudiera ni ser visto ya tenía el de Fuensalida mi daga clavada en el corazón, mientras que con la otra mano arrastré por el talle a mi amada sin que sin que hiciesen los dos sicarios la menor resistencia, atentos, más que socorrer al amo midiendo su valor cuerpo a cuerpo conmigo, a escapar a todo correr,, mientras que los dos amantes, internándonos por el paseo del transito en plenas juderías, nos metíamos atropelladamente en la primera casa que halláramos entreabierta aún!.

Aquella casa donde nos metíamos era providencialmente la casona solariega de mi tío Jacob, el viejo palacio del celebre marques de Villena, y antes de Samuel Levy, tesorero del rey don Pedro I de Castilla, la casa toledana de la eterna magia, en cuyos subterráneos el sapientísimo hermano de rey don Enrique, astrólogo, alquimista y brujo, continuó la tradición cabalista, y donde, desde muchos siglos antes de Yahía el rey moro traicionado por Alfonso VI, se reunían secretamente los discípulos del arte real y de la tradición de 0riente! El señor Dios de Abraham, de Isaac y de Jacob así nos protegía...

(Es deber del cronista al llegar aquí, el consignar que el manuscrito del toledano, con letra garrapatosa del s.XIX, tenía al margen una nota, por la que con razón o sin ella, se decía: Esta es la llamada vulgarmente casa de Greco, por haberla habitado el gran Dominico Theotocópuli, el brujo que pintaba con tinta del otro mundo. Sus subterráneos, hoy cegados, deben continuar hasta el mismo río.

V
EN LA CASA DE LA MAGIA TOLEDANA

Ya dentro del portalón de la casa de mi tío Jacob – continuaba diciendo el manuscrito—y arrastrando a mi Agar, que me seguía inconsciente me detuve un instante pensando: ¿Cómo escapar a la persecución que de un momento a otro va a desencadenarse sobre nosotros, llevándonos hasta la inquisición quizá? ¿Cómo evitar también el comprometer con nuestra presencia a mi anciano tío, el renegado, el peligroso omnipotente, el brujo, que tantos enemigos secretos tenia en la corte toledana? Yo sabía lo caballero que era y que se dejaría matar antes que entregarnos a la justicia.

En un momento tomé mi partido con esa lucidez celeste que el Señor da al hombre en los instantes del peligro.

—No-me dije-. En vez de volver a la calle, donde seremos detenidos, me bastaré yo solo, pues que- conozco bien la casa, para salir con mi amada sin ser visto hasta lugar seguro.

En efecto, ya en mis indiscretas curiosidades de chico no había dejado de advertir que el dormitorio de mi tío tenía oculta bajo un tapiz Flamenco una puerta secreta. ¿Adónde conducía tal puerta? Lo ignoraba, desde luego; pero un hombre como rabí Jacob necesitaba, sin duda, estar a cubierto contra cualquier evento en aquellos inquisitoriales días. Un magnate enemigo, un prelado intransigente o necio un rey caprichoso o suspicaz, podría tratar de perderle en cuanto menos se pensase. Bien recientes estaban aún los decretos de proscripción para que acerca del particular pudiese caber confianza alguna.

Y sin más vacilaciones tomé a mi amada por la mano, le dije al oído que no pronunciase palabra, pasase lo que pasase y la llevé corredor adentro por varias habitaciones desabitadas que eran las más en aquel palacio de misterio hasta llegar a la antesala del dormitorio de mi tío, y que estaba igualmente, solitaria. La trémula lucecita de una lamparilla de aceite hacía más palpables aquellas tinieblas de la amplia estancia donde cada cortina parecía proyectar un espectro ultramundano, cada cornucopia de junto al techo un diablillo travieso y deforme como los que el arte bizantino ha esculpido en sus capiteles, y cada carcoma de las que roían día y noche los viejos muebles un esfumado y doliente. siseo subhumano de despreciables y afónicos seres precitos.

Lo demás de la empresa me parecía sencillo, dentro del aturdido plan que había forjado en mi ansiedad. Llegar yo solo hasta el lecho de mi tío. Si dormía, quitarle las llaves de la puerta Secreta y de otras tales que tendría, sin duda, en su escarcela. Si estaba despierto, echarme sencillamente a sus pies, contarle lo ocurrido y pedirle Perdón por mi audacia y amparo en el duro trance en que nos encontrábamos. ¡Era él tan caballeresco y tan bueno, que desde luego nos protegería aun a riesgo de su propia vida!

Penetré resuelto, pero cautelosamente, en el dormitorio del anciano. Una lenta y suave respiración del justo me reveló al punto que dormía ese Primer sueño de los viejos, que suele ser para ellos el único de la noche. Hábil en la faena, por haberle ayudado a desnudarse muchas veces en los días de Corte, fuíme derecho a la escarcela, donde nada encontré. Palpé, más que vi, por entre aquellas tinieblas y en distintos sitios con igual fracaso. Por último, me atreví a meter suavemente la mano por bajo de la almohada, y allí tenté como una llavecita. Nunca escamoteador alguno maniobró con más pericia que yo en aquellos momentos ansiosos. Dando unos pasos hacia la izquierda levanté el tapiz, probé la llave, que venía justa en la complicada cerradura, y comprobé que la puerta cedía. De pun- tillas volví hasta mi amada y la empujé cauteloso hacia adentro... La parte primera de nuestra fuga estaba conseguida. Lo demás sólo la Providencia, a cuya invisible protección nos entregábamos, podría resolverlo. Aun así y todo cualquier cosa era preferible a estar a merced de nuestros enemigos, en las calles, y de las garras de la inquisición, la en las que fatalmente caeríamos, porque el conde de Fuensalida tenía gran mano con los del Santo Oficio, y acusadores no habían de faltar tampoco tratándose de un renegado judío y una gitana bailarina, seductora en sí por su estrepitosa hermosura. De los corchetes y cárceles, pues, no saldríamos sino para la hoguera o el patíbulo.

Para medio orientarme en aquellas estancias, que se sucedían unas a otras a la luz de una vela de que en la antesala me había provisto, y caminar por entre las cosas extrañas y los cachivaches alquimistas allí dispersos que nunca había visto, era precisa toda mi habitual facilidad de chicuelo travieso de antaño, por despobladas y galerías. Entonces comprendí la sabiduría de mi tío, cuando cierto día me había dicho con esa sonrisa enigmática que se dice tienen los iniciados, reprendiéndome por mis travesuras:

-Debería castigarte por tus rarezas e imprudencias. Donde te metes puedes extraviarte y no salir, muriendo de hambre o de espanto; puedes, insensato, precipitarte en alguna sima, Pero...

Y en este pero quedaba siempre cortada la frase. Sólo una vez le oí terminarla entre dientes:

-Al perseguido por la luz, las tinieblas le son piadosas. Oh, raza sublíme la nuestra: ¡raza odiada por incomprendida! Este chiquillo.... ¿será su Destino?

Comprendí que rabí Jacob me ocultaba entonces algo muy grande que, con el progreso de la edad y de la virtud, acaso se aviniera a revelarme algún día. ¡Era tanto y tan secreto y grandioso lo que él sabia, que hasta los cardenales primados de la imperial Toledo le respetaban y aun le querían!

Todos estos recuerdos perfilaban raudos por mi abrasada mente con delirio de calentura, al par que sentía oprimido mi brazo por el miedo insuperable mi compañera. Nuestros ojos vidriosos por el espanto, nuestras pupilas dilatadas por la semioscuridad de aquellos antros brujescos, lo veían todo: las fosforescencias fugaces y espectrales de la tiniebla; los lívidos contactos astrales de larvas y gárgolas, y también, ¡ay de mí!, los perfiles amenazadores, el doble sangriento de aquel insensato a quien acababa de tender muerto a mis pies. ¡Yo, el asesino! ¡Yo, el esclavo de mi inconsciente culpa! ¡Mis manes, aún manchadas de sangre, harto lo decían!

Además, es sabido cuán contagioso es el miedo, en especial al huir de algún peligro. Mi Agar, mujer extra- nerviosa, histérica como casi todos los cómicos, que acababa de escapar de un peligro espantoso a costa de la muerte del perseguidor, para caer en otro, traída y llevada por un dédalo de habitaciones misteriosas, frías, empapadas de humedad y de magia, y completamente desconocidas, sólo se mantenía en pie por milagro. Pero llegó un momento en que ya no pudo más, y al penetrar en otra pieza más pequeña y húmeda que las otras, que acababa en una como galería abovedada, dio un grito desgarrador, que yo ahogué al punto.

-¡Mírale, mírale! El es!¡ el muerto que viene por ti y por mí también!...-Y como una loca se desprendió de mi brazo corriendo por la fosforescente galería. Yo corría también sin poder alcanzarla porque al mismo tiempo cuidaba de que no se me apagase la vela hasta el momento de salir por un lado o por otro. Y así seguimos, seguimos sin rumbo, recorriendo muchas varas, brasas, estadales, leguas quizá, en ansia infinita de más aire y más luz, frenéticos, como arrastrados por una vorágine de terror, de crimen, de aniquilamiento y de delirio...

Otro grito de angustia mayor que los anteriores, y Agar, tropezando con una cosa dura y larga como ataúd de un muerto, cayó al suelo desmayada. Al socorrerla, me di un fuerte golpe contra la pared y caí también sin sentido.

¿Qué pasó después? Nunca lo supe. Las largas horas de la noche cedieron al fin su puesto al día. Agar debió salir antes de su desmayo que yo de mi atontamiento, pues que al volver en mí me vi amorosamente acogido en sus brazos, como antaño en la peña de La Venta del Alma, bajo una mortecina luz de mazmorra filtrada allá lejos, según pude apreciar mirando aquí y allá por entre los amontonados sillares de un como derrumbe antiguo, desde un huertecillo abandonado en el sitio de la ciudad llamado vulgarmente La Cueva de Hércules, junto a las minas de San Ginés, sitio lleno de caóticos paredones y que reconocí por haberle visitado de chico, pelo al que no podíamos salir-ni era prudente hacerlo de día- merced a la ingente aglomeración de sillares, cascajos y pedruscos

VI

EL TESORO VISIGOTICO

Es preciso haber estado enterrado en vida una noche como nosotros en la angustia de aquel subterráneo laberíntico para saber lo que vale un solo y pobrísimo rayo de luz como el que penetraba en aquellas palpables tinieblas por el agujero dejado al azar por los viejos sillares en su secular derrumbamiento. Con ansia infinita absorbíamos aquella vaga luz como el convaleciente de penosa enfermedad absorbe el aire fresco de la montaña. Luego busqué los ojos de mi amada para que me diesen también vida y aliento, pues es sabido que en las ocasiones desesperadas las fuerzas morales de la mujer suelen ser más firmes y seguras que las del hombre.

Casi sin palabras quedó trazado nuestro plan. Ensanchar sigilosamente con nuestras manos el ratoneril agujero que teníamos ante nuestros ojos, hasta acercarnos al exterior todo lo necesario, para luego, a la noche, poder salir por él sin ser notados. El terror de repetir allí la noche anterior, y el hambre que ya empezaba a aquejarnos con fuerza, no nos permitían otro expediente. En cuanto a desandar lo andado la noche antes, sin luz, sin guías y sin más esperanza que otra salida poco más o menos que aquella, no había ni que pensarlo siquiera. Pero la empresa, sin herramientas no era fácil. Nuestras manos, con gran esfuerzo pudieron quitar algunas piedras y cascotes sueltos. Para remover los sillares hasta dejar paso al cuerpo de un hombre, nos era precisa una palanca al menos.

Una mirada en derredor bajo aquellas dos bóvedas con tres grandes arcos de sillería en que nos hallábamos no nos mostró otro objeto adecuado que el viejo arcón en el que tropezase Agar horas antes. Tan carcomído él estaba, que no nos fue difícil, golpeando con piedras, desprender dos listones de la tapa para usarlos a guisa de palanquetas improvisadas. La madera crujió polvorienta; saltaron las oxidadas bisagras y ya íbamos a arrancar toda la tapa, cuando ese ruido metálico, seductor e inconfundible del oro que cae sobre la piedra nos llenó de estupor. Un chorro de áureas monedas antiguas surgió de entre las ensambladuras violentadas por nuestro forcejeo, y en uno de los clavos del listón delantero salió enganchada una espléndida corona imperial de arcaica orfebrería, que luego se desprendió rebotando sobre el suelo. Tras de aquella gran corona sacamos otras, hasta más de doce, de reyes y de reinas.

Por miserable y repugnante que sea la depravada condición humana, yo nunca podía sospechar lo que en un momento fugaz sorprendí en los felinos ojos de mi amada. ¡Mujer, en fin, Agar, de fieras pasiones gitanas para el amor, lo eran todavía más fieras, por lo visto, para el oro y las joyas! Sus ojazos abismales se dilataron espantosamente; sus narices ventearon de ambición, en sus sienes se agolpó la sangre de un dormido orgullo ancestral váyase a saber si venido de un dudoso origen, acaso aristocrático; su boca adquirió una contracción indefinible de ansia insatisfecha, y tomando en sus manos una de aquellas coronas de reina, me echó los brazos al cuello exclamando:

-¿No es verdad que yo debiera ser reina?

-Reina,... ya lo eres de mi corazón y de todo el que te mire, para desgracia mía! le contesté, no sabiendo adónde quería ir con su pregunta-. ¿ Pero olvidas quiénes somos, dónde estamos y los peligros que nos esperan?

-Rica, muy rica y reina, ¡muy reina!-seguía diciendo maquinalmente, mientras se ponía la corona y se ceñía su cuello con un collar de aquellos y sus manos y dedos con otras alhajas, metiendo después ansiosamente éstos en la masa de las monedas.

-¡Perlas, zafiros, diamantes, oro, mucho oro!-seguía diciendo sin atenderme aquella nueva hetaira reencarnada-. Más hermosa con ellos, ¿verdad?, más hermosa...

Por toda respuesta, dila un profundo beso que equivalía a decir: -¡Para mí, más hermosa sin ellos que con ellos! ¡Pero no son nuestros!...

En efecto, la admirable factura de aquellas coronas, pese a mis escasos conocimientos, me pareció evidentemente visigótica, lo que me hizo recordar cierta tradición cortesana que antaño oyese comentar escépticamente a pajes y soldadesca episcopal respecto al perdido joyel de los reyes visigóticos toledanos, desde Leovigildo hasta Rodrigo, pues toda tradición o consejo, por increíble que parezca, tiene siempre un fondo real que conviene esclarecer.

La tentación era fuerte. Ante aquel doble tesoro de arte y de riqueza, el Destino quería probarme más aún, y, tras de homicida, que acababa de serlo, me brindaba la oportunidad de ser ladrón, cosa aún más despreciable ante mis vanidades juveniles. La lucha se entabló, pues, al punto entre el amor y el deber, y aunque en mi pecho el partido del bien, pese a mi amor, tenía felizmente más poder, el estado de exacerbación y de fiera locura que se había apoderado de Agar era una complicación más en mi situación tristísima.

-He aquí la salvación en lo que creíamos nuestra ruina. He aquí la dicha donde temíamos encontrar la desgracia. Esta misma noche escaparemos con todo nuestro tesoro camino de Morería, donde -una vez llegados ya no necesitaremos de nada ni de nadie para vivir sin zozobras el resto de nuestros días...

¡Ignorante! ¡Como si el oro no llevase en sí el torcedor de la zozobra y la angustia tan esencialmente adheridos a su densa masa como su color y su sonido inconfundibles. ¡Cómo si todo el crimen humano no tuviese el oro, la mujer, el juego o las tres cosas juntas como base esencial de su compleja psicología!

VII

LA GRAN REVELACION

Una vez más Adán iba a comer la manzana de Eva; una vez más el hombre débil iba quizá a sucumbir ante la mujer, fuerte en su malicia, cuando vino a sacarnos de nuestro estada un rugido de espanto, salido de la galería de marras, y por ella agigantado como por el tornavoz de formidable bocina.

-Insensatos, ¿qué hacéis?-continuó aquella voz, para mi inconfundible-. ¿Vais a robar el tesoro santo de nuestra raza?

Era mi tío Jacob, que, empuñando buida daga florentina en la diestra y una linterna sorda en la siniestra, se precipitaba cual una fiera sobre nosotros.

Al punto me hice cargo de la situación, y echándome a los pies del anciano sucesor de los templarios de Toledo, le dije suplicante: -¡Reportaos, tío, que somos inocentes!

-Pero ¿y la llave robada, y el estar aquí vosotros? ¿Y ese tesoro que por los suelos veo?...- preguntó vacilante el anciano.

-La persecución..., la muerte del primogénito de Fuensalida..., la casualidad fatal,.,- balbuceé sin levantarme.

Aquel patriarca de nívea barba y venerabilidad apostólica abrió desmesuradamente los ojos, sintiendo su mente iluminada por súbita revelación y dijo, al fin, sentándose sobre los restos del arca:

-Habla, pues, Yllán, hijo mío. Yo te sentí anoche recorrer como una sombra mi alcoba. Acostumbrado a la confianza en que siempre te tuve, no hice caso y fingí que dormía. «El chiquillo-pensé-precisa unas dublas, sin duda, para algún compromiso de esos propios de la juventud y no se atreve a pedírmelas.» La sabiduría del viejo está precisamente en ignorar lo mucho que por la edad ya sabe. Te dejé hacer, pues, durmiéndome entonces, sí, tranquilamente. Por la mañana despertóme bien temprano la gritería de la ciudad; el joven primogénito de los Fuensalida había sido recogido muerto la noche anterior, y se citaba tu nombre como su asesino. La asociación de ideas y la proximidad del sitio me hizo relacionar al punto, las nuevas del atentado con la escena de mi alcoba, y el corazón me dio un vuelco mortal.«Al andar en la escarcela o bajo mi almohada para coger oro y escapar, acaso ha tropezado con la llave del Gran Secreto de nuestra raza en Toledo, nuestras criptas de Magia, donde se iniciaran tantos sabios que ya no existen» me dije, y entonces mi resolución fue inquebrantable: el secreto mágico, como extrahumano, está por encima de la carne y de la sangre.< si el muchacho se ha metido, añadí, por la galería de la derecha, la que sube hasta la ciudad hasta las ruinas de

San Ginés y Cueva de Hércules, yo le tomaré por la mano y le pondré en salvo; pero si marchando por 'la izquierda hacia el lado del río ha violado nuestro secreto, ¡el Secreto de la Mercaba y de sus criptas, tendré que sepultarle con mi propia mano esta daga en el corazón...' Lo que nunca pude pensar, por lo distante, fue el que hubieras llegado hasta aquí, ni que vinieses en tan dudosa compañía-terminó el anciano, dirigiendo una mirada de odio a la joven, que me expliqué bien, porque Agar, distraídamente, seguía con la corona de reina puesta sobre sus sienes.

-Perdón, amado tío-repliqué al punto, desciñendo rápidamente de las sienes de Agar la áurea corona-. Esta es una criatura inconsciente, que está aquí también como víctima del intento de rapto que costara la vida al de Fuensalida...

-No, no es eso; no es eso...-masculló sombríamente el anciano. Y reaccionando al instante añadió:

-Deja a esa insensata en su locura. La corona fue antaño de otra cortesana como ella, de Sónnica... No más explicaciones. Las supongo ya dadas todas. Ahora lo importante es que salgáis de aquí pronto. El crimen que habéis cometido profanando como veo el tesoro visigótico del gran rey Recesvinto, que contemplo por los suelos, si no es crimen de muerte, sí lo es de destierro,... ¿Habrá querido el Señor que seáis para nuestra raza instrumento bendito de liberación?

Y llevándome un poco más allá, hacia el fondo de la galería, donde Agar no le oyese, me dijo amorosamente:

-Ven acá tú, sobrino mío queridísimo. Ven, que quiero, vecino ya el sepulcro y sin hijos ni casi amigos dignos de tamaña confidencia, revelarte un gran secreto del que te han hecho digno las cualidades superiores que en ti descubro y las circunstancias excepcionales a las que tu suerte o tu desventura te han traído.

No ignoras-continuó-las desgracias de nuestra raza, doquier perseguida y doquier potente. De la catástrofe que arrebató a tus padres y a mis deudos a poco de tú nacer sólo he sobrevivido yo aquí en este vetusto Toledo, ciudad que, según tradición constante, el Señor fundó cuando hizo al sol, porque cuando le encendió con su divina lumbre ya estaba en su Mente el hacerle a ella sol de la hispana tierra. El poder de la Inquisición misma contra los míos se hubo de doblegar al invencible de mi blanca Magia cabalística, heredera directa de la que Tubaal, Tu-it-it o Hércules enseñaron en estos lugares mismos después del gran Diluvio. Y yo quedé aquí rodeado de un puñado de elegidos poseedores del secreto de la Piedra filosofal, la Clavícula de Salomón y el Génesis de Henoch, base de la desdichadísima Apocalipsis, amén de las colecciones de Pistorius, de las teosofías de Porfirio y de otros secretos de nuestro pasado, tales como el de ese tesoro que la fatalidad os ha hecho descubrir.

La dinastía de nuestra prosapia ocultista no se ha interrumpido jamás y es más venerable que la misma dinastía de nuestros reyes. Los templarios de San Servando, en los siglos XIII al XIV, supieron mantenerla, y después de esa ruina la continuaron Samuel Levy, el tesorero de don Enrique Villena, algunos duques de Escalona y don Diego López de Pacheco, émulos de sus virtudes. Porque cuanto se ha dicho acerca de nuestros cuadros geománticos, redomas encantadas, yerbas mágicas, hornillos de alquimia, pergaminos con lenguajes criptográficos, con ser cierto, no era sino la parte menor de La Gran Sabiduría, del Oriente heredada, y que consiste en la reforma de uno mismo por el ascetismo y el estudio.

Todo esto te deberá ser esclarecido algún día cuando tu edad y la fidelidad a la gran Causa de ella te haga digno. Por ahora se trata de cosas excelsas, aunque de más premura, como es la de salvar de las depredaciones profanas, llevándole a Fez, ese tesoro de los reyes Leovigildo, Recesvinto y Sónnica, que las hablillas populares y las astucias de cien sabuesos cortesanos han hecho poner sobre la pista al propio Primado, por lo que un reconocimiento fatal de esta Cueva de Hércules ya se avecina... (Aun a riesgo de interrumpir en Firme este inquietante relato del anciano, debemos decir que al margen del manuscrito en que aquél se consignaba, la misma letra garrapatosa del siglo XIX había puesto esta nota: «Tan ciertos eran los presentimientos del mago, que en 1546, un año

después de la gran inundación que asoló a Toledo, se practicó un minucioso y ya estéril reconocimiento de la Cueva de Hércules por orden del Cardenal Primado Martínez Silíceo, como puede verse, aunque naturalmente desfiguradísimo, en cuantas historias tratan del Toledo de aquel siglo.»)

En esta cueva-continuó con visible emoción el rabí Jacob-se abre, como has visto, una como apariencia de cloaca romana que sigue hasta por bajo y al otro lado del río, galería practicada para asegurar evasiones peligrosas, como hoy lo es la vuestra, y cerrada en tiempos visigóticos hasta la caída de don Rodrigo, en Guadibeca, para volverse a abrir en tiempos de Ismal-Dzi-el-Nun, rival de !os Omniadas, para depósito de pergaminos arábigo- sufís y cerrarse definitivamente en los días de Yahía ante la proximidad de los cristianos de Alfonso VI, naciendo entonces la leyenda de las estatuas vivas de maragatos de bronce con terribles mazas dispuestas a aplastar al imprudente de pecho bastante esforzado para de- safiar-se decía-les ruidos de cadenas arrastradas a deshora por las losas graníticas y el pavoroso correr de aguas de las profundidades del río.

El tiempo apremiaba ya, según mis cálculos, si habíamos de evitar la profanación del imperial tesoro. Ya yo soñara tres noches consecutivas que sus riquezas salían a la luz del día para caer en manos indignas. E imán David había confirmado mis temores, juntamente con la profecía de que Toledo, por sus pecados, no seguiría siendo muchos años más la Corte de las Españas, y era llegada, por tanto, la hora de obrar, cuando una travesura de chicos enamoradizos viene a cambiar el rumbo de las cosas y a hacerte a ti instrumento de un gran designio. Pero antes de ponerle en práctica es preciso que os alimentéis para estar fuertes y dispuestos a desafiar todo evento peligroso que trate de terciarse en el camino. Espera un momento, que vuelvo al punto.

Y, con agilidad harto impropia de sus muchos años, el sabio Jacob escapó galería abajo, para volver de allí a poco trayéndonos provisiones varias y agua para apaciguar la sed y el hambre que empezaban a aquejarnos, y un sobrante y dos trajes de peregrinos compostelanos y mucho dinero, amén del tesoro, para lo que pudiera sobrevenir en la fuga, que quedó decretada para aquella misma noche, así que cayese el crepúsculo. -Dormid, entre tanto, tranquilos-terminó el anciano-. Yo os tornaría a mi palacio si no temiese cualquier incidente imprevisto; pero antes de darte, hijo mío, una bendición y un abrazo que serán los últimos, pues no tenéis sino que seguir galería adelante con esta lámpara hasta bajar y subir las dos escaleras de caracol de las dos márgenes del río, debo hacerte una última prevención, pese a tu amor: ¡No olvides la sentencia del Divino Libro que dice: «No hay malicia como la malicia de la mujer»porque esta Agar de tu pasión desventurada, que tú crees tu salvación puede también constituirse en tu ruina!.

El anciano no pudo seguir, las lágrimas le ahogaban. Cuantas prevenciones podría hacerme holgaban ya tras lo dicho, que llenó de dudas y de angustias mi asendereado corazón. Dióme él su bendición y su triple abrazo después de acompañarle por la galería y de recibir las instrucciones necesarias para la fuga hacia Fez, hasta la puerta célebre, que se cerró de nuevo con llave ante mí, no de otro modo que como habrían podido cerrarse en otro tiempo ante Adán las puertas del Paraíso.

VIII

LA FUGA

Ya las tinieblas más absolutas se habían adueñado del recinto cuando despertamos Agar y yo un tanto sobresaltados al sentirnos allí en aquel ambiente húmedo y frío y ver llegar el peligroso momento de la huida. Dos sacos que nos había traído el rabí, muy semejantes esos en los que agolpan sus zarandajas los peregrinos que vienen de Compostela, metimos como pudimos las coronas las demás joyas del tesoro y las monedas, aparte de las corrientes que aquel nos había traído. Se trataba solo de escapar de la mazmorra aquella, atravesando por bajo del río, y salir no lejos de la Fuente de los Jacintos por estrecha bocana de galería disimulada entre riscos, malezas y ruinas y enterrar el tesoro en sitio relativamente seguro, desde donde, en ocasión propicia, yo, u otros renegados de mi casta, lo iríamos sacando en tiempo oportuno. Abrumados Agar y yo por la enorme carga, descendimos en silencio, paso tras paso, hasta las rampas y escaleras de bajo el río. Más de una vez el cansancio nos obligaba a detenernos, ya que no el temor a dar un mal paso en aquel interminable escape que nos ahogaba de angustia. Por fin, arañándonos con las zarzas y destrozándonos los pies con las piedras y cascajos, nos vimos en campo abierto en la vecindad de la Fuente de los Jacintos. Allí era donde empezaba para nosotros el peligro si no queríamos ser vistos, aunque la noche nos protegía.

Por esa parte la fortuna nos auxiliaba sin duda, pero la negra fié entonces, porque Agar, viéndose libre y con el tesoro, volvió a mostrarme a las claras, pese a mi venda de ciego amante, todo lo selvático, codicioso y perverso de su gitana naturaleza.

-Por aquí, a nuestra covacha de la Virgen de la Cabeza-me dijo imperativa y sombría.

-No, por allá, hacia la Venta del Alma, lugar más seguro por su soledad que el de la dudosa compañía de los tuyos-la repliqué yo, haciendo un supremo esfuerzo de energía en el que sentí como romperse algo... ¡el lazo quizá de mi desdichado amor, que me enajenase la libertad desde el día mismo que lo conociese!

-¿Estás loco?-sonrió ella siniestra, aunque siempre dueña de sí misma.-¿Desconfías?......Si es así – acabó, cambiando el tono violento por otro de falsa sumisión que me alarmó más todavía- vamos donde tú quieras.....Eres tan terco y tan tuyo!

Y no hablamos más sino que esquivando todo lugar habitado, nos acercamos al risco de antaño, en medio de una mal disimulada desconfianza reciproca, harto distinta de la pasada confianza de mi ciego amor.

-¿Bendito sea el deber, que así me ilumina! me decía yo, sintiendo que un odio santo hacia la hermosa taimada iba sustituyendo a aquel en mi corazón.

Pero en aquel mismo momento sentí el frío de una acerada hoja, queriendo penetrar por mi costado izquierdo, y falto de fuerza, resbalando por él. La traidora, para adueñarse del tesoro, que la había cegado ya desde la cueva, me trataba de asesinar por la espalda con la daga que se le había caído al anciano al sorprendernos y que él olvidó recoger.

Un salto de fiera mío para huir; otro salto más que de fiera para caer sobre aquel cuello adorado de la harpía y estrangularla entre mis garras, como antes al de Fuensalida, estrangulando al par mi vida, es todo lo que recuerdo de aquel momento espantoso en que el Deber triunfó de la Pasión, salvando mi alma en aquel sitio fatídico donde mi Agar la vendía, más bien que por un falso tesoro, por una locura racial de mujer-serpiente, puesta por el Destino en mi sendero para perderme si podía...

IX

EL CASTILLO DE GUADAMUR

¿Lloraba? ¿Reía? ¿Soñaba?... No lo sé. Sólo sé, sí, que, cometido mi segundo y forzoso crimen en la mujer única a quien he amado en este mundo, adquirí una serenidad extraña, mágica, tal y como debe sentirla el justo que cambia los horrores de una enfermedad probatoria por las delicias extraterrestres del Paraíso que le aguarda allende la tumba en premio de sus torturas.

Dicha serenidad, digo, me dió luces bastantes para hacerme cargo de la situación y de la rapidez con que tenía que obrar si no quería verme perdido así que saliese el día.

Primero me arrodillé amoroso ante el inanimado cuerpo de la infame, más como perdón que por efectivo amor. Beséla piadosamente en la boca y no menos piadosamente la cerré los ojos. Arrastréla hacia una zanjilla inmediata, sepultándola bajo las piedras, que amontoné a usanza hebraica sobre su hermosísimo cuerpo. Sin tomar descanso, porque la noche iba muy avanzada, acordándome de las ruinas junto al castillo de Guadamur en los altos de Guarrazar, como de lugar más seguro de momento que aquel otro de La Venta del Alma, donde acabaría por ser descubierto quizá el cadáver de la gitana, allí me fui con uno de los sacos de las coronas, enterrándole como pude con el almocafre que me proporcionase mi tío, volviendo del mismo modo por el saco que llevase Agar y que acabé de enterrar igualmente, disimulando las dos excavaciones con piedras y maleza seca que prendí fuego momentos artes de clarear el día.

Luego, a toda prisa, cogí mi zurrón, ya _in las joyas y alhajas que tan pesado le hacían, y con mi traje de peregrino, tiré hacia Navahermosa, lavando mis manos sangrientas en una fuente del camino, y seguí desembarazadamente sin despertar la menor sospecha de los transeúntes, con los que empezaba a cruzarme ya de día, gracias a mi disfraz de peregrino, que tantas maldades encubriese en la Edad Media, entre latines, bendiciones y rezos que yo me sabía a maravilla...

Las coronas visigóticas se quedaron así en Guarrazar, en espera de mejores días para extraerlas, mientras yo, de pueblo en pueblo, y de cortijo en cortijo, harto de la farsa salvadora por mí representada durante meses, crucé el mar y me refugié en Fez entre los míos, quienes, tras una vida de buen ejemplo y de estudio de nuestros sabios Textos, y sin ocasión propicia para desenterrar el tesoro, han dado en venerarme como rabí de Israel, sin saber que mis manos están manchadas por dos bien tristes e inevitables crímenes, como las de aquellos israelitas del Desierto que no pudieran penetrar por causa de ellos en la tierra Prometida.

-¿Estará ella cerrada para mí también, después de tamaña vida de dolores y sacrificios? No lo sé-terminaba diciendo el precioso manuscrito-. Sólo sé, sí, que descargando mi conciencia y el peso abrumador de los recuerdos que me espantan al cabo de tantos años, al escribir estos folios lego quizá una ignorada página de la historia archisecular de Toledo a las generaciones futuras y un modo seguro para que las coronas de nuestros reyes vuelvan a ceñir sienes de ellos dignas...

....

Hasta aquí el manuscrito del canónigo. Unas simples notas, pero bien luminosas, había puesto garrapatosamente la mano de marras, la misma que añadiese los comentarios fragmentarios sobre los que volveré algún día, y estas notas decían con fidelidad histórica la más absoluta:

«A diez kilómetros de Toledo, hacia el S. O. y sobre la carretera de Navahermosa, se encuentra la ciudad y el castillo de Guadamur construído de 1414 a 1464 por Don Pedro Lopez de Ayala en las alturas de Guarrazar, lugar donde se acaban de descubrir en 1856 y 1860 las preciosas coronas votivas de tiempo de los visigodos, que se encuentran en el Museo de Cluny (Abadía de Saint-Germain) de París, y en la sala de la Real Armería del Palacio de Oriente en Madrid.»

-¡Las sin iguales coronas-me dije-que tantas veces he admirado en la Real Armería, y también en la vitrina del medio de la sala 11 de Cluny, la mayor de ellas cuajada de perlas, zafiros orientales y otras piedras admirables, y que según inscripción es la de Recesvinto

(649 a 672), y la número 4.980, atribuida a la cortesana Sónnica, una Sónnica como la cantada recientemente en una novela de Blasco Ibáñez!...

Lo que por desgracia no pude pensar entonces, y sí lo lloro hoy, es que ni Pueyo podría saber lo de Agar-Sónnica aunque yo fuese a París para averiguarlo, pues que él pasó a mejor vida de allí a un año, ni tampoco, ¡ay!, se volverían a admirar ya las coronas de la Real Armería, que una mano criminal robase hace apenas tres años, de bien diferente manera a como las arrancasen de su arcón, en la Cueva de Hércules, las manos inocentes de dos enamorados desdichadísimos...

LA DEMANDA DEL SANTO GRIAL
PRIMERA PARTE.-POR TIERRAS SEGOVIANAS I
EN AEROPLANO

Uno de los días más felices de mi vida lo fue aquel en que, gracias a la benevolencia de Emilio Herrera —el ingeniero-aviador célebre por sus estudios de hipergeometría, cuanto por su proyecto de navegación aérea regular entre España y Sudamérica—, hendí por primera vez los aires, apreciando, embobado, las sublimidades inenarrables de ese novísimo modo de viajar que nos da alas como las del águila o las del ángel...

Nada de polvo; nada de la lentitud arcaica de coches y caballos; nada de cruces peligrosos de autos y de motos; nada de curvas ni de duras pendientes de carretera; nada de lugareños curiosones saliendo a vernos como a bichos raros en las aldeas del tránsito; ni de perros que agresivos nos ladren; ni de accidentes del suelo que dificulten la velocidad. ¡El aire y sólo el aire; mundo del misterio abstracto de las nubes y las estrellas; mar de orillas infinitas que se alejan sin cesar en el raudo avance de ese cóndor de la industria humana, ante el que los decantados de los Andes son como simples golondrinas timoratas, vencidas en su rapidez como en su tamaño por esa nave sin velas y sin remos a la que nuestros mayores, supersticiosos, habrían creído monstruoso engendro del eterno Rebelde contra Dios!

*

Un vértigo de velocidad sin vértigo; una serenidad diáfana; una tranquilidad sin límites; una felicidad extática como la que experimenta el alma al romper los lazos con la materia y con el mundo, es todo lo que sentí en aquellos momentos inefables, pasado el primer instante emocional al arrancar del aeródromo militar de Cuatro Vientos, camino del de Grajera, ya en plena Castilla la Vieja.

Los encinares extremeños de la Casa de Campo, con su lago y sus blancas casitas; la frondosa depresión del Manzanares con sus granjas y puentes; los terrenos de la Moncloa; los secos rastrojos de Fuencarral, Alcobendas y San Sebastián de los Reyes; la vega del Jarama cuajada de ovejas y vacas que nos parecían hormigas; las pardas colinas del Molar; las alineaciones oscuras del Canal de Isabel II; la serrata del Pico de la Miel; los vetustos torreones medioevales de la fortaleza de Buitrago y el solitario y casto valle del Lozoya, con el plateado espejo de la presa de Manzanares a otro lado de la lontananza, desfilaron cinematográficamente bajo nuestra aeronave como fantasmas proyectados en cóncava pantalla de tierra, pantalla que terminaba, arriba y por la izquierda, en el grisáceo antemural de la sierra de Guadarrama, y abajo, por la derecha, en las amarillentas y ocráceas ondulaciones que separan al Jarama y al Henares del Tajo.

La subida de los casi mil metros de desnivel que hay entre Madrid y el clásico puerto de Somosierra fueron para nuestro Havilland cosa de juego. El motor trepidaba potente, arrullador, monótono, encontrando dilatados ecos en los ámbitos aéreos y despertando otros aún más profundos ecos de ensueño en nuestro inconsciente; la hélice se atornillaba vertiginosa a velocidad de cerca de doscientos kilómetros por hora en las aguas aéreas, serenas a la sazón como correspondía a la calma de aquella dulce tarde de verano, y las dos gigantescas alas del biplano se proyectaban inmóviles sobre un fondo de intensísimo azul turquesa, ese azul oscuro tan característico de las alturas y a la sazón matizado por blancos cúmulos, a cuya sombra y por cuyo fresco seno a veces cruzábamos veloces.

Salvado con pericia el puerto, otro panorama aún más vasto se extendió ante nuestros ojos. A la izquierda el territorio de Pradeñas, las colinas de Segovia, los llanos de Cuellar, el castillo de Turégano y el curso del alto Duratón hasta los pinares de Peñafiel; a la derecha la infinita llanura de más de cien kilómetros de perspectiva que sé dilata hasta la ciudad burgalesa de Aranda de Duero, las sierras de Almaya allende el Riaza y el Duero, y luego, más lejos aún, las sierras de Neila en el señorío de Salas de los Infantes, solapando a las de la Demanda, el pico de Urbión y las crestas déla Cebollera, fronteras a Numancia y Soria, con la nebulosa mole del Moncayo en último término, y las cresterías silúricas de la serranía de Ayllón en primero. La carretera de Francia, cual una cinta blanca y quebrada, festoneada por enhiestos chopos y salpicada de pueblos, cortaba en dos mitades simétricas aquel mar de tierra, dejando a un lado a Riaza y al otro a Sepúlveda.

El timón de profundidad dio un fuerte golpe iniciando el descenso, mientras que el lateral hacía enfilar el aparato en dirección de la motita blanca entre robles de la ermita de Hontanares, ermita veneranda que a media ladera de la sierra de Ayllón aparecía como la mole de un faro. ¡Era indudable que, en el colmo de sus bondades, el noble Herrera quería también ahorrarme el corto trayecto por tierra de Grajera a Riaza, aterrizando atrevidamente entre los árboles de El Rasero, paseo triangular amplio y llanísimo al oeste de esta última población!

En efecto; cinco minutos más de vuelo por sobre la mancha verdosa del talado robledal druídico llamado Comunidad de Riaza-Sepúlveda-Ayllón, y el biplano, con dulce languidez de ave que va a posarse en su nido, descendió en la meseta de Las Delicias, con no poca sorpresa de tres rezagados paseantes que, en su natural alarma, corrieron a cobijarse bajo los árboles de la carretera, cual avecillas que huyen al precipitarse sobre ellas el águila caudal...

—Ya estáis en vuestra casa veraniega, y os dejo antes de que la noche cierre —me dijo el sabio piloto dándome un abrazo de despedida—. Acaso otro día vuelva a visitaros desde Grajera, ya sin la impedimenta del aparato. Además, veo como que os esperaban — terminó, mostrándome a los tres fugitivos que, repuestos de su sorpresa, se dirigían presurosos hacia el aparato.

Y, sin aguardar más, saltó Herrera sobre su sillín, dio marcha de nuevo al motor, y el biplano, corriendo primero como un auto de cañas y volando en seguida como un pájaro gigantesco, en dirección a las luces del aeródromo, acabadas de encender entonces, me dejó solo en las playas riazanas como se deja en tierra solitaria a los malos marinos a quienes se conmuta por esa pena la insignificante de ser colgado de una antena como los piratas de la leyenda... Yo no tuve casi tiempo de verle perderse entre las brumas occidentales al aparato del amigo generoso, atraída mi atención por las frases de asombro y la ovación con que a mi llegada triunfal al pueblo de los alfileres y de la trucha me coreaban los tres recién hallados y tardíos paseantes, que no eran otros que tres de mis amigos: el teniente Arnau, de

la Guardia Civil, el juez de Instrucción y laureado paisajista Gómez de Alarcón y el impertérrito explorador segoviano César Luis de Montalbán, que ha visto los cielos y las tierras de Europa, África y América, en correrías arriesgadas bien propias de su espíritu aventurero y valiente, como los descubridores del Nuevo Mundo en el siglo XVI.

"¿Con Montalbán y en Riaza, su tierra? Aventura ocultista tenemos", me dije, al par que estrechaba a los tres entre mis brazos.

II

RIAZA

La villa de Riaza, cabeza de su partido judicial, fue hasta hace medio siglo una población industriosa, célebre por sus fábricas de paños y de alfileres, y con algunos pujos nobiliarios justificados por diez o doce escudos en el que los leones y los castillos, las conchas de los peregrinos santiagueses, las quinas portuguesas, las llaves episcopales, las flores de lis francesas, el oso y el madroño matritenses, las doblas de los préstamos reales, las lunas, estrellas, espadas, banderas, cabezas y soles mexicanos campan aún al lado de la trucha típica del país. Esta última simbolizaba a la trucha de Riofrío de Riaza, manjar predilecto de los gastrónomos romanos, pescada para ellos bajo la selva de los impenetrables robledales que ocuparan la comarca entera desdé Grado y Ayllón —la ciudad celtibérico- romana— hasta las sierras de los Buseros y de la Cebollera, selva absolutamente talada ya por sus mal aconsejados habitantes.[1]

Hoy, gracias precisamente a estas talas absurdas del bosque que crece espontáneo, sólo es Riaza un punto veraniego donde hiela a veces hasta en julio y agosto, y donde un segoviano ilustre, el laringólogo doctor Tapia, ha erigido una serie de lindos hoteles que pueden ser base para la regeneración del país, pues que sólo dista el pueblo un centenar de kilómetros de la corte, y con la que mantiene dos buenas líneas de automóviles diarios.

Más ¡qué distinta la Riaza de antaño!

1.   Acerca de esta suicida tala de más de veinte mil hectáreas de bosque que producirían más de dos millones de pesetas al año, pueden verse los artículos "Del Marruecos peninsular", publicados en El Liberal del 27 y 28 de julio de 1923.

Desde la ermita de Hontanares, atalaya prodigiosa con todo el panorama de tres provincias a los pies, sólo había entonces robles y más robles, como en aquella floresta encantada de Arimán, Arimantes o Armontes —la Venusberg del Pirineo—, a la que la leyenda caballeresca bretona hace llegar a don Galván, el sublime caballero de la casa del rey Arthús, y a sus otros compañeros de la Demanda del Santo Grial en busca del célebre don Lanzarote del Lago y "la Doncella del Gran-.Linaje", con todas aquellas increíbles aventuras de "la zarza ardiendo en la cueva", "el palacio encantado de la Silla Peligrosa", "la casita misteriosa de Heli-ascar", el vasco solar, hijo del atlante Rey-Pescador, de Las mil y una noches, que guardaba el Santo Sienal o Grial en su casa, y, en fin, "el castillo del Bosque Sagrado" de la Nemetobriga galaico-castellana de Tolomeo.

Río abajo se enlazaban los robles y chopos con las encinas de Santa María de Corrales y de Ayllón, con praderías deliciosas que, a la luz de la luna llena del solsticio, semejaban oscuros lagos de misterio en cuyas orillas una vez más se repitiese el rito celta del Sacrificio del Caballo[2] y la leyenda también céltica de "el nieto del rey, hijo de la hija de su marido", niño echado a los perros por envidias de su tío, amamantado por una fiera loba, guardado por dos fieles lebreles, y que, ya mayorcito, es guiado por una cierva hasta caer en los lazos que le han tendido por el monte, y ser llevado a la presencia del rey, su abuelo, quien, por cierto estigma hereditario, le reconoce como su nieto, nombrándole heredero, y en ella se compendian la leyenda nórdica de la juventud de Sigfredo el nibelungo; la romana de Remo y Rómulo, hijos de Marte y la Rea de la Selva, alimentados por una loba y perseguidos por su tío; la brabanzona del Conde Eustaquio, conocida también por "El Caballero del Cisne" y "Lohengrin"; la griega del niño Júpiter, perseguido por Saturno y custodiado en la isla de Creta por los coribantes o danzarines sagrados, y, en fin, la de la consabida "cierva" de Las mil y una noches y hasta la "cierva" de Sertorio, el desterrado romano que con sus sodales supo alzar por tierras castellanas un poder rival del de la propia Roma.

Como reza la Historia de Segovia, por Diego de Colmenares, cronista de San Juan (1637),3 una vez que el legendario conde de Castilla, Fernán-González, hubo tomado a Segovia el año 923, por los mismos días en que Ordoño II de León vencía a los moros de Zaragoza en la vecina San Esteban de Gormaz, o sea hace ahora exactamente un milenio, se fundaba Riaza, pues que, según consignan Morales (Cronicón, parte 3.a libro 16, capítulo 21) y Tragóte de Molina (libro 1, capítulo 51), Gonzalo Fernández, hijo del célebre conde, pobló la romana villa en 950, poniéndola bajo la protección de la mitra segoviana, hasta que luego la comprara el rey Juan II para cedérsela, como tantos otros territorios, a su favorito don Alvaro de Luna, el condestable por él decapitado en Valladolid pocos años después.

2.   Hemos creído recoger un último eco de este rito en el mote mismo de "caballotes" que los habitantes de Riofrío de Riaza asignan a los riazanos, y la burla con que éstos se vengan de aquéllos diciéndoles que todos los años inmolan una yegua en sus fiestas, con arreglo a aquel célebre dicho de los asturianos contra los vaqueaos que reza:

"Vaqueiro, chincheiro de mala nación: mataste la yegua dijiste que no."

Con otros tales que más al pormenor pueden verse en nuestro libro El tesoro de los lagos de Somiedo.

3.   Reimpresa en 1846 por Eduardo Baeza González, y luego con las notas de Tomás Baeza y Gabriel María Vergara, por La Tierra de Segovia en 1921.

Desde entonces acá la villa no ha hecho sino decaer, merced a las talas del arbolado, a los continuos pleitos comunales con Sepúlveda, pleitos que aún no han concluido — ¡y datan de 700 años!— y a la emigración, que ha formado verdaderas colonias de riazanos en Madrid y en la Argentina. Riaza, en fin, tiene purísimas aguas, extensas zonas regables, mata arbórea vigorosa e inmensísima, pero sus hospitalarios moradores, vueltos de espaldas al sol de su prosperidad tradicional, agonizan de pobreza, como tantos otros de España, hasta que alguien les abra los ojos por malas o por buenas.

Tal era el pueblo predilecto del explorador Montalbán, donde este "cazador de leones", como le llamaba festivamente su amigo el admirado escritor Emilio Carrere, había llegado, como yo, a descansar unos meses de sus exploraciones marroquíes en la Tamuda del Plinio, hoy Río Martín, al lado de Tetuán.

III

A LA LUZ DE LAS ESTRELLAS

Felizmente para nosotros, nadie se había enterado en Riaza de la llegada del aeroplano, merced a la hora y a la rapidez con que Herrera reanudase su vuelo. Entretenidas las gentes con la danza en la plaza pública al son de la gangosa dulzaina coreada por el acre redoblar del tamboril, pude así verme muy pronto al lado de mi familia, que no me aguardaba, y, luego de la cena, reunirme en veraniega intimidad con mis tres citados amigos, a los cuales se habían agregado otros tres más: el novel escritor Costa, el telegrafista Giráldez y Rafael, el administrador de Correos. Siete inseparables, en suma, que, sin intransigencia alguna por parte del culto párroco, don Salustiano, que también se agregaba a veces, departíamos todas las noches a la luz de las estrellas acerca de los más abstrusos temas ocultistas de este y del otro mundo.

Alarcón, el juez, nos hablaba inevitablemente de música y de pintura, artes en las que era indiscutible maestro; Arnau, el teniente, de sus andanzas militares en Cuba y la Península, y Montalbán de sus correrías por el mundo, en los ratos en que yo no abusaba de todos ellos con mis consabidas teosofías, discutidas luego siempre por Costa en pro, y por Giráldez en contra, hasta que nos ponía en sano acuerdo Rafael, el bueno.

Quien ha dicho que la altura en lo físico corre pareja con la altura en lo moral no ha hecho sino formular una gran ley ocultista. Nunca fueran más elevadas, en efecto, nuestras ideas respectivas que lo eran a la luz de las estrellas, o bien de la Luna, en aquel extenso triángulo del Rasero, pradera deliciosa a mil doscientos metros sobre el nivel del mar, bordada por la doble serie de los chopos de las tres carreteras, únicos árboles casi de todos aquellos contornos, y desde la que se contempla un horizonte de misterio, cerrado de lejos en su mitad sur por los picos de la Carpetovetónica, pero abierto hasta lo infinito por la mitad norte, donde la tierra parecía mar bajo la bóveda cerúlea.

Jamás tuvieran en sus paseos nocturnos horizonte más augusto los discípulos de Sais en el delta del Nilo, ni los que en las mesetas de Persia siguieran a Zaratustra, ni los contempladores de la torre de Belo en Babilonia. El purísimo titilar de las estrellas corría pareja con el titilar de las ideas de cada uno en aquella a modo de espontánea fraternidad pitagórica que formáramos los siete, y alguno de ellos, en noble artículo escrito al compás de su corazón, ha estereotipado en bíblico relato momentos tan inenarrables4 que, en una época tan triste como la actual, ni siquiera serán creídos.

4.   Antonio Costa, en efecto, aunque enfocando sobre mí sólo la luz que irradiaba sobre las personas de todos, nos ha dejado, respecto de aquellos días, la siguiente "perla" que publicara en La Democracia, de Zaragoza, y que para la fidelidad histórica nos creemos obligados a reproducir. Dice así el simpático escritor:

"Un día inesperado llegó a cierto lugar el propagador de una sabia doctrina.

Aquella noche de mi arribo el más inspirado era Montalbán, quien, ante las insistentes preguntas, un tanto escépticas, de Giráldez, acabó por decirnos:

Como no calzaba sandalias, ni vestía de túnica, ni peinaba las patriarcales guedejas, nadie le siguió.

Mas un hombre humilde e inquieto que le conocía porque había surcado como él distintos mares, recorrido lejanos países y bebía el agua ele diversas fuentes, pregonó sus bondades y su grandeza de espíritu para bien de la Humanidad.

Y agradeció él tanto esta sutileza de ingenio que le brindó su amistad. Y la sellaron con un abrazo de hermanos.

Y fueron amigos espirituales.

Desde entonces gente de todas las clases le rindieron admiración: ricos y pobres, mezclados en férvido montón, escucharon absortos su mágica y docta palabra.

Tenía la tribuna en el campo fecundo.

Igual que los estoicos, inculcaba la Virtud, única forma de la suprema felicidad. Y reprobaba la mentira.

Y, como Confucio, alentaba a los hombres a cumplir el deber de trabajar en su propia perfección.

Y recomendó también seguir las leyes de la Naturaleza. Y hasta observar las costumbres de ciertos animales.

En las fúlgidas mañanas de junio, bajo el dombo añil del cielo y mientras caía una lluvia de oro, su verbo era cálido y edificante; pero cuando su gentil figura pagana se hacía extraña, cuando adquiría caracteres sublimes de fantástica belleza, era a última hora de la tarde, en el tiempo que un sol carmín trasponía la línea intangible del infinito y sus rayos postreros inflamaban los sutiles velos de las nubes... ¡Ah!, entonces —bien lo recuerdo— guardaban silencio; respetaban emocionados el fascinante encanto de aquel eterno minuto, un poco medrosos, algo sugestionados por la idea de aparición despierta en sus espíritus mezquinos y ocultaban el temblor de sus pobres cuerpos recorridos por un frío ignorado.

Las pláticas despertaron ocultos sentimientos. Los discípulos acudían sin toques de campanas.

Y fue tal la fe creada, que hay quien asegura hubo persona que, para expiar sus pecados, quiso hincarse ante él de rodillas.

—Sí. La ciencia moderna ha llegado en su marcha triunfal a los límites ya del Ocultismo; pero, escéptica y desconfiada, se detiene en ellos cuando precisamente podía recoger más ricos frutos. Yo que en Nájera, en el apartado monasterio que sirviera de tumba a los primeros reyes de Navarra, he visto a la Vaca astral de las cinco patas esculpida en un capitel con los mismísimos rasgos que luego vi reproducidos en ella, a la luz del astro de las noches, junto a la laguna de Peñalara; yo que en la Tamuda de Plinio me vi literalmente envuelto en un bosque de espejismo allí donde sólo ve un árido arenal la mirada ordinaria; yo que sé muy bien a qué atenerme respecto de lo que hay en el monte de la Huelga de Cerezo de Arriba en la barrancada que da a Cerezo de Abajo y que no revelaré, les digo a ustedes que en mi patria, Sepúlveda, el ocultismo y la magia tradicional son tales, que se mascan en el ambiente.

-Pues yo le aseguro —oponía Giráldez—que conozco muy bien la ciudad reconquistada por Fernán González y que no he visto nada de eso. Lo que allí se masca es el caciquismo, la decadencia y la usura.

— ¿Ha visitado como yo, por ventura, las cuevas del Duratrón y del Caslilla, los sótanos del Ayuntamiento y las iglesias de Santiago y de San Juan? —seguía Montalbán, enardeciéndose—. ¿Ha estudiado los ritos secretos de ciertas viejas cofradías de la ciudad del primitivo Fuero Municipal? ¿Sabe lo que se cuenta de San Frutos o Fructuoso, y de los desiertos del río abajo? Seguramente que no. Para saberlo que hay en

Pero como su misión era andar — ¡oh sublime peregrino! —enseñando a las multitudes un humano ideal de perfección, una plácida noche estelar y perfumada abandonó el pueblo, siguiendo visionario los argentados rayos de la pálida luna y leyendo el lenguaje oculto de los astros...

Todos le lloraron.

Mas desde aquella memorable fecha —justo es decirlo— muchas almas contemplaban silenciosas las múltiples maravillas del mundo, y encuentran el Mal donde antes creían ver el Bien, merced a las inmortales máximas recibidas de aquel sembrador de ideas."

Aquella noche de mi arribo el más inspirado era Montalbán, quien, ante las insistentes preguntas, un tanto escépticas, de Giráldez, acabó por decirnos:

—Sí. La ciencia moderna ha llegado en su marcha triunfal a los límites ya del Ocultismo; pero, escéptica y desconfiada, se detiene en ellos cuando precisamente podía recoger más ricos frutos. Yo que en Nájera, en el apartado monasterio que sirviera de tumba a los primeros reyes de Navarra, he visto a la Vaca astral de las cinco patas esculpida en un capitel con los mismísimos rasgos que luego vi reproducidos en ella, a la luz del astro de las noches, junto a la laguna de Peñalara; yo que en la Tamuda de Plinio me vi literalmente envuelto en un bosque de espejismo allí donde sólo ve un árido arenal la mirada ordinaria; yo que sé muy bien a qué atenerme respecto de lo que hay en el monte de la Huelga de Cerezo de Arriba en la barrancada que da a Cerezo de Abajo y que no revelaré, les digo a ustedes que en mi patria, Sepúlveda, el ocultismo y la magia tradicional son tales, que se mascan en el ambiente.

-Pues yo le aseguro —oponía Giráldez— que conozco muy bien la ciudad reconquistada por Fernán González y que no he visto nada de eso. Lo que allí se masca es el caciquismo, la decadencia y la usura.

— ¿Ha visitado como yo, por ventura, las cuevas del Duratrón y del Caslilla, los sótanos del Ayuntamiento y las iglesias de Santiago y de San Juan? —seguía Montalbán, enardeciéndose—. ¿Ha estudiado los ritos secretos de ciertas viejas cofradías de la ciudad del primitivo Fuero Municipal? ¿Sabe lo que se cuenta de San Frutos o Fructuoso, y de los desiertos del río abajo? Seguramente que no. Para saber lo que hay en ello tenía que tener la clave explicadora del porqué, por ejemplo, la portada de una de aquellas iglesias, que sirviera de centro iniciático durante todo el medioevo, está formada por un gran cuadrado —el cuaternario inferior de los siete componentes del hombre—, por el que penetraba el profano o vulgar en tan augustos misterios, y por un gran triángulo sobrepuesto a guisa de coronamiento y en el que el hombre superior o ya iniciado aparece triunfal saliendo del recinto como un ser completamente regenerado y nuevo.

—Conozco —replicó Giráldez— una por una todas aquellas cuevas y los estudios arqueológicos que Vilanova, Cerralbo, los Pacheco y Hoyos llevan hechos en ellas descubriendo a los guanches o cromagnones, aborígenes del país.

—Sí, convengo en que conocerá cuanto la ciencia conoce, que en estas cosas es bien poco —insistió Montalbán—. Pero lo otro, lo desconocido...

—¡Hablad, hablad! —prorrumpieron a una Costa y el de Correos, presintiendo, en el tono con que habían sido pronunciadas las últimas palabras, que Montalbán sabía algo que no se atrevía a decir.

—¡Esta noche sublime es noche de altas confidencias! —añadió el juez, apoyando a los otros—. Vuestro silencio resultaría punible...

—Sea, pues que así lo queréis —contestó Montalbán, poniéndose en el centro del corro—. Pero conste que no puedo presentar pruebas... Aunque Gregorio del Castillo y Ciriaco de la Serna también lo vieron...

—Nos basta con su honrado dicho —exclamamos todos.

—Sabed —continuó con emoción el noble explorador, encendiendo su amplia pipa— que, siendo yo muchacho, desperté despavorido, como toda Sepúlveda, bajo el fiero tañir a media noche de la campana de la Queda —la de los tiempos del conde Fernán González— tocando a rebato o somatén, por haberse escapado de la cárcel un preso de cuidado, un reo de muerte. Una treintena de chicos, armados de las más abigarradas armas, nos las quisimos echar de hombres haciendo como que buscando también al preso, y explorábamos las cuevas del Caslilla, Tisuco, Mingomoro, Giriegas, Cueva Larga, Cueva Rubia, la Tenada, la de las Columnas, la del Horno, la del Toro, con su leyenda jiña que reza: "frente a la cueva del Toro está el tesoro", y otras en el valle severo y silencioso, en el estrecho valle meridional, que desde la carretera de Segovia llega hasta el Molino quemado, uno de los varios que aprovechaban las aguas del río. En compacto pelotón escalamos la pediente para llegar a la boca que aún se llama Cueva Maltrana o Mantrana —¿la Cueva de la Mantrana?— nombre clásico castellano este de Mantrana de la Fiera Corrupia, Leviatán apocalíptico o Bestia Bramadora de los libros de caballerías. La disposición de la cueva resulta bien curiosa. Es un rectángulo de dos metros con un poyito desde donde se atalaya perfectamente el valle, y si el vigía quiere ocultarse para los que suban no tiene sino remontarse un poco, y caminando como trescientos metros, introducirse en la Cueva Grande por una especie de respiradero.

"Cuando ya se había hecho de día —siguió Montalbán— nos dirigimos allí todos los mozalbetes en dos grupos: el uno por la puerta natural de esta última cueva y el otro, el mío, por aquel antedicho respiradero. Sin hacer ruido y sin encender luces, atravesamos así el departamento o pórtico llamado de los Pilares, verdadero vihara oriental lleno de celdas hipo-geas, como el de Karli que nos han descrito Olcott y Blavatsky. Arrastrándonos después por un angostísimo boquete, nuestra vista espantosa se extendió por otro recinto más amplio, en el que vimos claramente a unos venerables ancianos de longuísimas barbas conversando tranquilos en torno de una lámpara, lámpara que se apagó instantáneamente así que fue advertida nuestra presencia por aquellos jinas. Llenos de espanto nosotros, retrocedimos hasta el departamento de los Pilares, y al querer volver con los otros al sitio de la rara aparición, ninguno pudo dar con la angostura a pesar de lo sencillo que era.

"Esto era entonces —terminó solemne Montalbán—. Hoy, que ya sé a qué atenerme respecto de los jinas, gracias a los libros de nuestro recién llegado amigo, y a haber leído en su De Sevilla al Yucatán tres relatos análogos, relativos a seres vistos o encontrados en viejas galerías mineras o cuevas de misterio, y a verdaderos Maestros en ellas ocultos, he querido, pues, comprobar ya en forma mi visión de cuando chico y....

'—¿Y qué?, ¿y qué? —exclamamos todos apretujándonos en torno de Montalbán, que se había detenido en su relato, con el temor de no ser creído.

—Pues que, a mi regreso de América hace seis años, torné solo a la Cueva de los Pilares, encontré sin dificultad el pavoroso pasadizo y penetré resueltamente en el "departamento de los ancianos", donde estuve de chico, como he dicho, y, una vez allí, una voz interior, clara y decisiva, pareció decirme que no era ocasión de que siguiese, por no estar preparado aún para visitar lugares secretísimos, donde acaso, como es fama de las ruinas egipcias de Ismomia, en el Alto Nilo, todas las noches los beduinos, espantados, veían vagar por entre los muros vetustos las lucecitas fosforescentes de ancianos jiñas leyendo en libros de piedra los sucesos de las más remotas edades.

"En cambio —terminó Montalbán, con íntimo acento de ternura—, en todos mis ensueños de elevación espiritual sigo viendo en mi imaginación a uno de aquellos ancianos de marras; la última vez el doce de marzo pasado, en el mismo momento en que moría mi santa madre..."

Un silencio solemne acogió estas últimas palabras del sepulvedano explorador. Silencio que no nos atrevimos a romper en largo rato; silencio augusto, preñado de interrogaciones insolubles, como aquel otro con que arriba en los cielos titilaba la luz de los astros.

IV

DE RIAZA A SEPÚLVEDA

Al punto del alba, dos días después de las estupendas revelaciones de Montalbán en el Rasero a la luz de las estrellas, tres de los siete amigos que las oyésemos caminábamos a pie dispuestos a recorrer así los 25 kilómetros que separan a las dos poblaciones rivales. Eramos, el propio Mantalbán, Costa y el que esto escribe, pues que los otros cuatro quedaban retenidos en Riaza por sus cargos respectivos.

Era ello la natural consecuencia de las revelaciones del primero respecto de lo que viera de chico en Cuevas Lóbregas. La Asamblea del Rasero, en efecto, había decidido unánime que "una Comisión de su seno" compuesta por los tres amigos dichos pasase sin pérdida de tiempo a la ciudad del viejo fuero castellano para hacer una información ocultista.

Y se decidió también el marchar a pie. Los encantos del caminar a pie son sólo para los exquisitos. Es como mejor se ve todo, y además aquella comarca histórica tenía que ser visitada así para hacerle el honor debido. Sin calor alguno, entre la doble hilera de robles de la carretera baja de Segovia, únicos troncos enhiestos en el verde mar de la mata de reboña por sarcasmo cruel de la suicida Comunidad de aquellas dos eternas enemigas Riaza y Sepúlveda, llegamos al cruce de la carretera de Francia en Castillejo de Mesleón, y luego por entre rastrojos interminables, siempre los mismos por más que andábamos, pasamos frente a la iglesita de El Olmo, de factura claramente san-juanesca y templaría, como las ermitas que esta temida Orden, disuelta pero no extinguida en España a principios del siglo XIV, tuvo y siguió teniendo en cada pueblo, bajo la advocación de San Juan o del Santo Sepulcro, nombres bajo los que solapó durante más de dos siglos sus ritos iniciáticos.5

5.   Tan cierto es esto que doquiera en España hay reminiscencias, templarías después de las-luchas entre el Papado y Felipe el Hermoso, de Francia, de un lado, y la temida Orden templaría del otro. Así en el Bierzo pudimos ver hace años el simbolismo mágico y rosacruz de la Ermita de la Quinta Angustia {El tesoro de los lagos del Somiedo, capítulos primeros); en Ayllón, último pueblo segoviano en dirección a Soria, hemos visitado asimismo una espléndida iglesia bizantina, llamada, como siempre, de San Juan, y cuyos crismones, pentalfas y demás simbolismos hemos descrito en El Adelantado, de Segovia, siguiendo al cronista Artiga Coraminas. En otra insignificante de Riaza, en fin, ven-se, como siempre, el sol y la luna de ciertos ritos secretos posteriores con la cruz en el centro en lugar de la estrella flamígera. Los caballeros sanjuanistas y los llamados "del Santo Sepulcro" conservaron así, de un modo más o menos vergonzante y sin la hostilidad eclesiástica, los ritos iniciáticos antiguos.

Un agilísimo corzo cruzó rápidamente frente a nosotros la cinta de la carretera, cosa que fue tenida a buen presagio por Costa, gran entusiasta de Bécker y de su leyenda de La corza blanca. Y se entusiasmó tanto, que, a no sujetarle nosotros o a haber tenido caballo, habría corrido tras el ágil animal con el loco frenesí del "Príncipe Diamante", en la eterna leyenda.

Pero se desquitó relatándonos en un alto del camino, entre los chopos de por bajo de Barbolla, preciosas leyendas segovianas de las coleccionadas en La tierra de Segovia (1921) por Gabriel María de Vergara y Martín, que Montalbán y yo escuchamos con encanto.

—Una de estas leyendas, la de "La mujer muerta" —dijo Costa—, la considero de altísimo valor como confirmadora de la opinión reciente del geólogo Hernández Pacheco, relativa a que la cordillera carpetovetónica que tenemos a la izquierda se ha alzado en los últimos períodos del terciario, cuando no del cuaternario. En efecto, si así hubiese sido, la tradición de su catástrofe consiguiente podría haber sido conservada por los aborígenes del país, y haber llegado hoy hasta nosotros, como así parece. Ved, en esencia, la leyenda en cuestión: "En aquel tiempo —dice— no se habían alzado las cumbres del Guadarrama. En los campos donde hoy se alza Segovia vivía feliz y laboriosa una familia patriarcal compuesta por un matrimonio de agricultores y una bellísima hija, amada por un gallardo pastor. Cierto día en que la hermosa conversaba al acaso con otro joven de la localidad que en secreto también la amaba, llegó sigilosamente el pastorcillo, y, loco de celos, en el acto, dejó tendido a sus pies con certera puñalada a su rival. La muchacha, horrorizada, dio un espantoso grito, y tomando el pastorcillo tal grito como una prueba de falsía y de complicidad con el muerto, la mata también. Excitadas entonces por el odio las dos familias del pastor y de la pastora, acaban viniendo asimismo a las manos con saña inaudita; pero en lo más fiero de la pelea sobreviene la tempestad más espantosa que soñarse puede; los relámpagos son tan continuos como la lluvia; el trueno es un estallido inacabable, que despierta en el seno de la tierra un bramido poderoso que hace vacilar el suelo. De repente, una conmoción titánica, anonadadora, desgarra las entrañas del planeta, sepultando al viejo suelo y alzando al otro lado de él una gallarda serie de cresterías graníticas como muralla gigantesca, mientras que una voz apocalíptica los grita a los combatientes: " ¡Miserables, cesad en vuestros absurdos enconos! ¡Todos sois criminales, y, como tales, todos seréis sepultados! ¡En cuanto a ti, oh joven, la única inocente en esta tragedia, la tierra habrá de darte hoy una tumba eterna, digna de tu desgracia!..." Fue dicho y hecho al punto y, desde entonces, por los siglos de los siglos, entre las dos llanuras del Duero y del Tajo, frontera a Madrid y a Segovia, se alza al lado de Los siete picos la mole extraña llamada de La mujer muerta, tumba ciclópea de la inocente joven que así perdió la vida a manos del que amó."

—¡Esta es, en suma, la leyenda de la Atlántida! —exclamé, encantado.

—Yo así también la creo —añadió Montalbán—; tanto más cuanto que hay otra leyenda corroboradora de la anterior, y del mismísimo fondo mítico: la de El montón de paja y el de trigo, que se refiere a cierto avaro segoviano inmensamente rico, quien se vio acosado por un porfiado mendigo que vino a buscarle a su espléndida era. " ¡Me niegas un puñado de trigo para comer hoy pan y un poco de paja donde reclinarme, teniendo ahí esos dos montones tan enormes del uno y de la otra!" —le dijo el pordiosero.— "¡Pero si no es paja ni trigo, sino tierra lo que estás viendo!"— replicó el avaro. No bien había pronunciado éste, sin embargo, tan impías palabras, cuando la tierra tembló sobre sus cimientos, abriendo a los pies del rico cruel una sima que le tragó en el acto, mientras que alzándose más y más, hasta las nubes, el suelo de la era, acabó por formar una montaña enorme, cuyo pico mayor es El montón de paja de la era del malvado ricacho, y el menor El montón de trigo, cuya nieve purísima en invierno es la predilecta de los alpinistas que remontan por los pinares de sus faldas.

—Son dos leyendas del mayor interés —dijo—; pero no creo que sean las únicas ocultistas del país.

—¡Se han perdido tantas? —exclamó con honda pena Montalbán—. Las de origen claramente celta se han borrado casi todas por el fariseísmo religioso, que sólo ha dejado en pie las más insulsas, relativas a milagrerías a veces nada canónicas.

—Así es —añadió Costa—. Yo recuerdo de momento, con cargo a aquel antro, este puñado de ellas: la de El puente del Diablo —eco de otra de Bécker relativa al Moncayo—, en la que una joven sierva de un señor feudal del Azoguejo, cansada de acarrear agua con su cantarito durante las horas en que sus amigas estaban de fiesta, invoca al diablo, a quien vende su alma a cambio de que él se encargue de llevar el agua a palacio mientras que ella se divierte. Al amanecer, el vecindario, espantado, se encuentra con la imponente mole del acueducto, construido por el Maligno en las breves horas de la madrugada. Mas es fama que, ocupado con la tarea y echándosele el día encima, no tuvo tiempo de llevarse el alma de la cuitada. Hay también Las amazonas del Eresma, tradición justificadora del dicho popular de "Dama de Segovia y caballero de Ávila", por haber hecho aquéllas, disfrazadas de guerreros y en ausencia de sus maridos, que estaban peleando en Toledo, huir a todo el ejército agareno que sitiara la plaza, artificio semejante al de Teodomiro el bizantino en su reino de Murcia. Mari-Saltos es la leyenda de la judía conversa, denunciada por los suyos como adúltera y a quien su fe salva al ser precipitada por las Peñas grajeras; La Catorcena es la conocida del hebreo que roba una hostia para sus hechicerías, y El Cristo de los gascones, el vago recuerdo de la disputa entre los caballeros franceses y alemanes acerca de cierta imagen que hoy se admira en la iglesia de San Justo, cerca de la calle de los Gascos, y así otras muchas de menor interés, sin olvidar a la -de El crucifijo de Santiago, idéntica a la de El Cristo de la Vega, a la de Las casas de las Playas en la Huerta Perdida, y aquella otra en la que don Juan II de Castilla, lleno de remordimientos por haber hecho decapitar a su favorito don Alvaro de Luna, ve en el insomnio de cierta terrible noche tempestuosa la cabeza sangrienta de su valido, quien le emplaza para unirse a él en el otro mundo en el término de un año, como acaeciera ciertamente ya que si el cuatro de junio de mil cuatrocientos cincuenta y tres fue ajusticiado este último en Valladolid, el veintiuno de julio del año siguiente moría, inopinadamente se dice, el monarca castellano.

—Sí —dijo Montalbán—, todas esas leyendas y muchas mil veces mejores las tengo en cartera para en su día. Las fuentes del Molino y de la Salud, con sus peces ciegos nadando silenciosos en lagos subterráneos de ahí más abajo, tienen también su leyenda, que os diré algún día, por estar enlazada con la de Cuevas Lóbregas, dado que todas estas oquedades del cerro calizo cretáceo que separa al Casulla y al Duratón tienen aún muchos misterios ocultistas que esclarecer.

—Como que pasado el término de Aldeonte que ahora estamos cruzando —observó Costa— se nos presenta, como veis, una de las regiones más paradójicas de España entera. Las calizas terciarias irrumpen por la izquierda ocultándonos los llanos donde aún subsiste el pueblecito de Duratón con sus cuarenta vecinos, en lugar de los quince mil que es fama alcanzase en la época romana.

—Sí —añadió Montalbán—, ésa fue la Sexeda celtibérica6 de los bellos babilónicos y de los arévacos —los arios de la Vaca—,7 con sus muros de cuarenta estadios, según Apiano, el alejandrino, en su libro De bellis hispaniensis, la ciudad mártir que, después de pactar amistad con el pretor Sempronio.-"Graco, se vio humillada, y degollados sus habitantes por Quinto Fulvio Nobilior y Tito Anio Lusco en el año ciento cincuenta y dos antes de Cristo, y refugiándose los pocos que se salvaron de la matanza en las de Tera, Vescelia, Ayllón, Termencia, Colenda y Numancia, sus afines, dando con ello lugar al comienzo de esa epopeya numantina de tres lustros contra todo el poder de las águilas romanas.

6.   No hay que confundir, por supuesto, esta Sexeda con la Segida o Segisamunda de Lucio Floro, junto a Briviesca, ni con la Segeda angurina de Plinio (libro III, cap. I) en el río Betis, ni con otra de Florián de Ocampo cerca de Cáceres, que acaso fuera Trujillo, ciudad tan parecida a Sepúlveda en más de un concepto.

7.   Preferimos esta versión a la que nos dan Erro y Azjuroz (Alfabeto de la lengua primitiva de España, 1806, pág. 195) de "ar", ara o arca, y "ba" profunda. Mecástenes, Marco Varrón y Plinio, Estrabón y Josefo, por otra parte, están de acuerdo en admitir que, en épocas protohistóricas, vinieron a la Península gentes hindúes, persas, fenicias y africanas de muy diversas clases, dando lugar a las fábulas relativas a los diversos Hércules, a sus luchas con Cryasor-Gerión, rey de los primitivos iberos. Las estatuas de la época que por verdadero milagro se conservan, tales como los berracos de Avila y Guisando, los toros del Museo provincial segoviano y el "Hércules con el puerco" de Santo Domingo el Real, de Segovia, "Erimanteo, o Ariman", son más bien que recuerdos de estos "Hércules", como se cree, antiquísimos simbolismos de "la Bestia humana, sobre la que cabalga el hombre superior", que es, en suma, el significado mis genuino de Hércules y Erimateo.

V
EN LA CIUDAD DEL PRIMITIVO FUERO

No había terminado el buen Costa de pronunciar estas últimas palabras cuando al final de la pendiente, entre las moles calizas que aprisionan los verdes alfoces del Duratón y del Mareaceite, sobre una tercera altura que oculta la confluencia de entrambos ríos allí unidos, con el Casulla que corre detrás, se nos mostraron gallardas las dos torres de El Salvador y de Santa María de la Peña, como vigilantes aves cuyas alas cobijasen a una verdadera pollera de casitas blancas y grises, sembradas en su derredor, confirmándonos en la paradoja de que Sepúlveda, la antigua Confluentia o Intercautia romana, alzada ya desde época prehistórica en las laderas de "El Tormo", es una ciudad subterránea, una ciudad de llano y una ciudad de altura, según como se la mire o aborde: lo primero cuando se la ve desde los picachos que cierran al Norte su horizonte, o bien desde los descampados de Riaza o desde el puerto de Somosierra, porque el terreno cretáceo donde se asienta está como enterrado entre las formaciones graníticas de la Carpetovetónica y las miocenas de "páramos" y "cerros testigos" de hacia Cuéllar, Peñafiel y San Miguel de Bernuy, con sus médanos y arenas voladoras, ni más ni menos que en el Sahara o en el Thibet; lo segundo, porque el suelo de la ciudad forma una de tantas ondulaciones de aquella mancha cretácita, y lo tercero dado que el dicho asiento de la vieja plaza fuerte castellana aparece cortado a pico por los dos ríos referidos, vista desde los cuales parece un nido de águilas.

De este último modo, pues, la contemplábamos nosotros a la sazón mientras subíamos por la empinada carretera, dejando atrás a Santa Cruz, aldeíta que es para la historia de Sepúlveda lo que para la de la reconquista de Granada el campo cristiano de Santa Fe. La conversación quedó de hecho cortada para atender a un mayor esfuerzo de nuestras piernas; pero así que nos vimos frente a frente de la enhiesta muralla con sus torres y sus barbacanas, que aún parecían albergar cientos de héroes dispuestos a defenderla, ¡qué de asombro no sentimos ante el panorama y qué de recuerdos históricos no asaltaron vivaces nuestra imaginación!

Arriba la ciudadela del Tormo, castro celtibérico desde el que se atalayaba sobre los dos alfoces de derecha e izquierda del Duratón, el de Mariaceite y el del Casulla, fosos naturales de más de cincuenta metros y cortados a pico, como si ellos solos se bastasen para hacer inexpugnable a la ciudad de las siete puertas; la fortaleza, no obstante, siete veces destruida, siete veces reducida a polvo por las invasiones, ora de romanos, ora de árabes, ora de castellanos y de leoneses, como dicen que revela su viejo nombre de Septempública, Septempúlvera, Sepúlvega y Sepúlveda, se conserva, como la de Ávila, en buena parte de su perímetro. A la izquierda se desarrolla parte de las casas de la ciudad, casas tan airosamente colgadas sobre el abismo que por el lado en que las abordábamos tenían hasta cinco pisos, mientras que sólo contaban dos por el lado opuesto. A la derecha, en fin, en una explanada del terreno, avanzando frente al talud de la curva norte del Duratón, no lejos de la puerta llamada "de la Fuerza", gallardeaba la joya románica de Santa María, acerca de la cual el canónigo Horcajo y Monte, hijo de Sepúlveda, tiene escrito un discutido libro.

La palabra Tormos, con sus típicas variantes de Tormes, Termes y Termegista, nombres todos tan castellanos y tan griegos, es, por supuesto, según dicho autor, el primitivo nombre de la celtibérica fortaleza, y Termegista, a su vez, es la misma diosa Cibeles, o sea "la Madre Luna", aún recordada hoy por dos interesantísimas inscripciones.8

8. Son éstas dos inscripciones, la de "Matribus termegiste" de Ambrosio Morales (Disc. general, tomo IX de Las antigüedades de España), y la de Masdeu (tomo V de su Historia crítica), que reza "Fortunae reduci, C. Tacius, simni lib. mosc. as. ex voto", o sea el voto que Simno, de la raza de los moscos asiáticos, dedicara a Termegista, madre lunar, según Lucrecio, de los dioses, de los demonios y de los hombres. (Véase el capítulo Deus-Lumus de nuestra Simbología Arcaica.) Este pueblo de "los moscos" eran pueblos ibéricos de la Cólquide y del Cáucaso, con ramificaciones, según Plinio, no lejos de la Arabia. Una prueba más de las primitivas influencias de Iberia en Asia Menor, o viceversa, puesto que se presta a las más peregrinas investigaciones históricas futuras.

El mismo romano templo dicho de Cibeles-Termegista, en lo que es hoy iglesia de San Juan y de Santiago, en la plazuela de los Arcos, siguió siendo un lugar iniciático durante toda la Edad Media, y el bueno de Horcajo, en su fervor católico, arremete contra Cuadrado, que en el tomo II de su España pintoresca consigna que "esta preciosa iglesia, con su pórtico y torre bizantina, muestra sobre la puerta, no la efigie de su titular Santiago, sino la de San Juan, procedente acaso de la otra suprimida".

Todo esto y mucho más que no recuerdo nos iba diciendo nuestro guía Montalbán, lleno de un fervor sacro de amante hijo de la ciudad y en la que, sin embargo y por lo mismo, no era profeta. Así que, cuando ganamos la altura de la carretera, allí donde ella curva rápida para penetrar en el centro de la población cabe los enormes cubos de la muralla y cruzando por frente a la plaza principal y el Ayuntamiento, y nos hubo conducido del otro lado ante la extraña fachada del templo en cuestión, añadió, con lógica que no nos dejaba lugar a duda alguna:

—Ya lo veis: abajo, el cuadrado perfecto de la puerta de entrada, por donde el profano que había de iniciarse pasaba al templo románico y a sus criptas de espaldas a las vanidades del mundo que iba a dejar; arriba, el triángulo equilátero perfecto con la imagen simbólica del hombre regenerado y nuevo, que luego había de ser el candidato mediante el conocimiento ocultista de "la Tríada Superior humana" —el Atma-Buddhi-Manas sánscrito—, en el triángulo representada como coronando al "Cuaternario inferior", sobre el que parecía adosada según el conocido simbolismo de "la Piedra Cúbica con su Pirámide octaédrica", tal y como la habían visto seguramente no pocos de los que esto lean hoy en templos que no tengo por qué nombrar.9 Dentro, la nave rectangular con asientos o "columnas" a izquierda y derecha para aprendices y compañeros, mientras que los maestros se reunían en la cámara- interior, "camerino" o Sancta-Sanctorum, en torno de un sepulcro de mármol, como aquel sepulcro de Galaz cuya emplomada tapa rodeada de fuego alzase con una sola mano el esforzado paladín Don Lanzarote del Lago, en el poema caballeresco de este nombre, revelación la más clara que hoy tenemos en Occidente acerca de tamañas cosas del ocultismo eterno. Todavía se ve uno de estos sepulcros en otro templo bizantino análogo a éste: el celebérrimo de La Vera-Cruz, de Segovia, sobre el que tantas tonterías arqueológicas se han dicho. Por último, comunicando con el río Caslilla de más abajo, por secretas cámaras sucesivas análogas a las de la llamada "Casa del Greco" en Toledo, a través de las consabidas cuevas, que antes nombré, los maestros podían entrar y salir sin ser vistos, en el sacro recinto, utilizando ora las mismas cuevas, ora las cámaras de más arriba y cuyos restos de hacia los sótanos de las Escuelas públicas de hoy y de hacia "El callejón de los Moscos u orientales", objeto de tantas leyendas, aún no he podido visitar. Esos mismos "moscos" os repito son los de que os hablara hace poco como eternos mantenedores del culto primitivo al Dios sin Nombre, a través así de todos los tiempos de nuestra patria historia, ora en el Tormo y en la cueva primitiva, ora en el templo de Cibeles- Termegista (Fortuna), ora con el templario oriental aportador del extraño estilo bizantino, tan distinto del constantinopolitano ortodoxo, ora luego con los sanjuanistas como los de Ayllón, Riaza, Segovia y Sepúlveda, y, en fin, con los llamados de "El Santo Sepulcro" — el sepulcro misterioso de sus iglesias, no el clásico de Jerusalén, que sólo servía y sirve para despistar a los profanos profanadores...10

9.   Recuérdese el perdido tratado de La piedra cúbica, de Herrera, y cuanto sobre "la piedra bruta de nuestros elementos inferiores" se ha dicho en las modernas instituciones iniciáticas, pues que el cuadrado no es sino la proyección octogonal del cubo como el triángulo equilátero lo es del tetraedro regular.

Simpáticos por su sinceramente equivocado fondo como por lo infantiles, son estos párrafos del libro de Horcajo, párrafos que servirán para que el ocultista ya prevenido se confirme en los juicios que arriba se exponen. "Acogidas con unánime aplauso —dice— las ideas regeneradoras dictadas por el primer Concilio, los católicos sepulvedanos construyeron una modesta capilla allí donde actualmente existe la iglesia de Santiago..., y como era preciso desvanecer las arraigadas creencias idolátricas fue de conveniente oportunidad construirla próxima a la Pagoda de Fortuna, en la plazuela de los Arcos, para que, poniendo frente a frente las verdades salvadoras del Evangelio con las supersticiones gentílicas, cayesen por su base desacreditadas con su templo... Este primitivo templo de Santiago ha sufrido tan variadas transformaciones en el curso de los siglos, que poco o nada existe ya del sencillo que venimos reseñando. Sólo se conserva sobre la puerta de la hoy fachada principal una estatua de piedra, tamaño natural, representando al Santo Apóstol (sic) con traje de peregrino. Su escultura revela una antigüedad que se remonta por lo menos a los primeros tiempos de la escuela románica, la primera ante la que se postraron los cristianos de Confluentia... A su pie, cegada de escombros, está la capilla románica de Santa Lucía. La primitiva y más caracterizada puerta de aquel templo ha quedado colgada al demoler su pórtico para dar paso a la carretera de Segovia."

Todas las leyendas de las juderías del "Callejón del Mosco" (que no del Moco), se enlazan con este templo y cuevas, a pesar del estrago que el tiempo y la opinión hostil hayan podido hacer en ellas.

10.   Todas las iglesias románicas, en su dulce sencillez* y supremo arte, están enlazadas con los ritos iniciáticos de Oriente., como verían los arqueólogos si no estuviesen tan llenos de prejuicios mal tenidos por ortodoxos. Su primitiva forma es de nave como ciertos templos secretos actuales, sin sombra de crucero, con rotonda u ochava al lado del Oriente, y con el altar en medio, para que el oficiante celebrase las ceremonias de cara y no de espaldas al pueblo como ahora, según la disposición que ya estudiamos en El tesoro de los lagos de Somiedo respecto de Santa Cristina de Lena, Santa María de Naranco y San Miguel de Lillo. Los templarios, luego, como discípulos de los drusos y cristianos de San Juan, dejaron estos templos llenos de curiosos detalles ocultistas. Así, el Convento segoviano de la Vera-Cruz, o "del Santo Sepulcro" (1208), según nos refiere el cronista Diego de Colmenares, contiene aquella inscripción "por los hermanos extraviados" que se ha hecho célebre. "Haec sacra fundantes coelesti sede locentur. Atque suberrantes in eadem con.-socientur." Este mismo autor añade (cap. XIX de su Historia de Segovia): "En medio del coro aún se advierte un sepulcro sin labor ni abertura alguna cubierto por una losa cuadrilonga de una sola pieza. Todo alrededor de este coro reina un poyo para sentarse los que en él rezaban las horas, y por una ventana se mira frente a frente el altar mayor de la iglesia que ocupa el tercero de ella... Por esta inscripción (cap. XXIII), por la forma del sepulcro como también por unas cruces (taus) rojas que a trechos hay pintadas en las paredes de la iglesia por la parte interior se hace juicio de que perteneció a los templarios, como también la feligresía del barrio de Zamarramala, priorato de San Juan desde la extinción de aquella Orden en 1312", extinción por cierto acerca de la que no hay que olvidar este extraño párrafo de la Historia Universal de César Cantú: "Aquellos próceres, sin precedentes en la historia monástica, repugnaban a la Iglesia por sus costumbres, y al Estado por su arrogancia. La relación que se decían tener sus iniciaciones nocturnas con los Misterios eleusinos pudo dar motivo a sospechar que allí se revelaba la doctrina de otra Iglesia más amplia, de la que el templo material sólo era figura. El rey Felipe el Hermoso odiaba a aquella Sociedad que se sustraía a sus disposiciones y que, a más de los lujosos vestidos prohibidos por él, brillaba por lo precioso de sus armas y árabes caballos; la odiaba también porque se había negado a recibirlo en su seno y a suscribir la apelación real contra el papa Bonifacio VIH y la odiaba, en fin, porque codiciaba sus riquezas y, más que nada, por natural ingratitud, puesto que en cierta revuelta popular le había salvado. Determinó, pues, destruirla mediante un proceso, en el que le ayudaron acaso las nuevas Ordenes monásticas que le envidiaban, las viejas Ordenes que del Temple sentían celos y los sofistas leguleyos enemigos naturales de nobles y caballeros."

Otro detalle típico y que enlaza con ritos muy primitivos es el de las cruces de esta época en Miraflores, Riaza y otros pueblos de la provincia de Segovia, en Luarca de "Asturias, etc., y es el de ciertas cruces de piedra muy poco ortodoxas que muestran en el anverso al

Crucificado y en el reverso a la Virgen con el Niño (¿la Diosa Isis y el Hombre crucificado en las limitaciones de la carne o del Cuaternario Inferior?), al modo como se ven, espalda con espalda, ciertos personajes simbólicos mexicanos o ídolos de aquella época protohistórica del Nuevo Mundo. El Sol y la Luna, separados por la Cruz (o bien por la flamígera estrella Pentalfa, símbolo de Venus y de Mercurio, el Planeta de los iniciados, no falta nunca en las iglesias sanjuanistas, tales como la notabilísima de Ayllón y la de Riaza, y cuyas cruces, grabadas o pintadas, son más bien taus de forma de T con un sol encima, detalles todos que puede el lector esclarecer viendo en nuestra Simbologta Arcaica los capítulos correspondientes a los símbolos repetidos.

Acerca del altar mayor de la Vera-Cruz, añade Colmenares: "Es un retablo de muchas pinturas ya derrotadas y en estado de perecer. Su ejecución es de suma imbecilidad en el arte, con aquella mezquindad que caracteriza al tiempo tenebroso que precedió al renacimiento de las artes. Dicen que se conserva aún una pintura representando a un templario", detalle que nosotros concordamos con la escultura de la puerta de la iglesia de

San Juan y Santiago en Sepúlveda, a la que éstas notas se refieren. Una prueba de lo que apuntamos respecto al primitivo culto, del Dios sin Nombre de los tartesios, nunca desterrado de España, como se dice, sino simplemente oculto e iniciático a través de todos los siglos, la tenemos en las leyendas relativas a Hiero-theo (la Primitiva Divinidad), que desvirtuadísimas corren aún por las historias eclesiásticas. No es que Hiero-theo fuese discípulo de San Pablo (aunque no negamos que pudiese haber luego en Segovia un santo prelado iniciado de este nombre o seudónimo), como se dice, sino que este gran Iniciado y Maestro de las Gentes, siempre habló del Hieros-theos o primitivo Dios, como lo prueba el pasaje de su vida en que [Hechos de los Apóstoles, c. XVII, v. 16-34) así se lo dice a los griegos del Areópago, siendo la eumerización de aquel personaje-discípulo una de tantas infantilidades de Agasir o de Flavio Lucio Dextro. El mismo hace a Hiero-theo maestro de San Dionisio (otra alusión al culto iniciático dionisíaco) y obispo de Segovia en el año 71. El marqués de Mondéjar debió sospecharlo así cuando en 1666 escribió contra la pretendida cátedra de Hiero-theo en Segovia, y en las razones que le opone a aquél el canónigo señor Moya aún se ve el sospechoso detalle ocultista de atribuírsele precisamente la fundación de los templos de San Blas y de San Gil, dos santos cristianos cuyo íntimo enlace con los "secretos de los jinas" ya hemos hecho resaltar en varios lugares, sobre todo en El libro que mata a la Muerte y en De Sevilla al Yucatán, cosas a las que hoy no podemos descender.

-

Un profundo silencio lleno de las inefables emociones que siguen siempre al encuentro de una gran verdad que se creería para siempre perdida siguió a estas frases inspiradísimas del gran Montalbán, y los tres fraternales amigos, cogidos de las manos en extática contemplación ante la estatua bizantina del cerrado templo, seguimos así un largo rato, viviendo en lo pasado la vida de lo eterno.

VI

PANORAMAS DEL PASADO

Al salir embobados de la notable iglesia sanjuanista, Montalbán me dijo:

—Cumplida la primera parte de mis deberes para con ustedes, permítanme que ahora escape a ver a mi anciano padre, que- aún gallardea, con sus ochenta y pico de años, unas casas más allá. Usted, Costa, que conoce la ciudad casi como yo, se encargará entre tanto de hacer los honores de ella a nuestro cronista.

—Que me place —respondió Costa; y mientras que Montalbán nos dejaba alegre, nosotros dos remontamos por estrechas callejuelas de corte genuinamente toledano, cual son todas las tan características del medioevo, hasta la iglesia matriz del Salvador, delicia del siglo XIV y ulteriores, ante cuyo claustro románico del más puro estilo nos quedamos extasiados. La ciudad entera yacía a nuestros pies con su severa policromía y las viejas campanas, de sonora aleación argentina, tocaron alegres, quizá por última vez, pues que de allí a poco han sido desmontadas para cambiarlas por cualquier futesa,- so pretexto de estar algo rajadas...

¡Tal es en nuestros instintos suicidas lo que acostumbramos a hacer con todas nuestras glorias!

A la entrada del claustro, un rosal en flor, entrelazado con una vid, formaba delicioso dosel, del que hiciese una linda acuarela don Antonio Maura. Los zarcillos de la parra caían traviesos del otro lado por entre las ramas de un olivo, árbol meridional, acaso único en toda la Castilla segoviana. Los seis arcos románicos del frente, no obstante las mutilaciones

sufridas, aún nos mostraban en sus capiteles los pasajes paradisíacos de Adán, Eva y la serpiente, en esa talla cabezuda y pesadota tan típica de la imaginería bizantina, "suma imbecilidad en el arte —se atreve a decir Colmenares hablando de la Vera-Cruz de Segovia—, con aquella mezquindad que caracteriza al tiempo tenebroso que precedió al renacimiento de las artes", pero imbecilidad, añadimos nosotros, tan encantadora como la de los niños, mejor aún, sencillez y candor de las que son también pruebas la vieja imagen de Santa María de la Peña y la aún más vieja de las Nieves que, procedente de Sepúlveda, se conserva en las Descalzas Reales de Madrid (Jerónimo Quintana, 1629) y cuya cara, de igual tamaño que el pecho, es, sin embargo, de un realismo y propiedad como nunca se ha vuelto a ver en la estatuaria.

¡Y qué panorama tan excepcionalmente extraño se dominaba desde la torre! Tres enormes zanjas con taludes abiertos de cincuenta a cien metros en el gris blanquecino de los estratos calizos, verdegueaban ocultando con el follaje de las huertas y de los árboles frutales las aguas cristalinas del Mareaceite, el Duratón y el Caslilla, ríos que se reunían, los dos primeros al Este, frente a la carretera de Riaza-Bocequilla, y los dos últimos hacia el Noroeste, junto al puente de Traja-no o Confluencia, oculto a nuestras miradas por las alturas del Tormo. Las ruinas de San Cristóbal se destacaban sobre el cerro del Sur, en cuya falda, sobre el Caslilla, aún se adivinaban los restos de las Juderías, del hospital de San Lázaro, de San Esteban, y de tantas otras iglesias esparcidas por la población, pues es fama que, merced a su Fuero,11 llegó a reunir Sepúlveda en el siglo XIII, para sus quince mil habitantes de entonces, hasta veintitrés edificios de culto entre parroquias y ermitas. Por el Sur corrían las cresterías carpetanas, y por la parte occidental la cinta angulosa de la carretera de Segovia, mientras que por el Norte, allende el zanjón del río, frente a Santa María de la Peña, la meseta orlada de pinos llamada del Berrocal o Monte Oróspeda, romano, se prolongaba hacia Peñafiel y los páramos arenosos de junto a San .Miguel de Bermuy, desierto tebaico testigo de los prodigios ocultistas de San Frutos o San Fructuoso.

11. Este venerando documento de las libertades castellanas, base, como sus similares de Nájera, etc., de todo el Derecho municipal castellano, fue dado por el Conde don Sancho en 1013. Su original, en cuero curado, se conserva, con tantas otras preciosidades, en el Monasterio de Santo Domingo de Silos. Toda la región segoviana, que empezó a ser reconquistada a raíz casi de la invasión y que nunca se viese segura hasta Alfonso VI en 1085, con la toma de Guadalajara, Madrid y Toledo, era repoblada siempre, dice Sandoval, con gallegos, asturianos y montañeses, y de aquí la semejanza de costumbres que entre unos y otros se advierte aún hoy. Pedro Ioanes, "Merino mayor de Castilla y devoto de San Millán de la Cogulla", escribió un libro, hoy rarísimo, titulado La población de Sepúlveda. Al calor de la tolerancia del Fuero prosperaron las Juderías y con ellas las Instituciones iniciáticas, como ya se ha dicho, con Hermandades extrañas como la del Corpus-Christi, con su alcalde, abad, contador de cuentas nuevas y viejas, y demás que nos recuerdan a otra por el estilo que alcanzásemos de niño en nuestro pueblo (En el umbral del Misterio. "Los restos de una Fraternidad pitagórica"), porque lo viejo en España es la Libertad y lo nuevo la Servidumbre...

—Este extraño santo, de gran devoción en toda Segovia, es una especie de Roldan castellano, con su espada, que partía las rocas —me decía Costa—. El arcipreste Juliano, en sus Adversarios, dice que el padre de aquel fue Lucio Decio Fructo de Toledo, descendiente de Pompeyo. Desengañado de la vida en temprana edad, o bien huyendo de los sarracenos,

Fructuoso se retiró con sus hermanos Valentín y Engracia al desierto septentrional del Durantón, desierto celebrado por Marcial en el epígrafe a Lucio, y allí se dedicó a la Magia teúrgica, como parece probarlo el que sus dados, de madera de tejo, conservados en la catedral de León, han dado nombre allí a la célebre capilla de 'Nuestra Señora del Dado, o Virgen de la Fortuna. Este es el desierto curioso del que recientemente un geólogo español nos ha dado una monografía.12 — ¡Cuan hermoso es Sepúlveda! —interrumpí encantado con la perspectiva de tanta y tanta casita tendidas en desorden sobre la silla de caballo de su cerro del Tormo hasta las riberas de los dos ríos, erizadas de torres de iglesias y de bastiones de murallas, sin dejar más lugar vacío que la linda explanada de la iglesia, también románica, de Santa María de la Peña, tesoro artístico comenzado a construir por los tiempos de doña Urraca de Castilla, y cuyos ábside, arcos, capiteles y frontispicio constituyen preciado documento del estilo bizantino, como sus congéneres San Juan de Ayllón y la Vera-Cruz de Segovia.

—Sí, es un relicario abandonado, un sepulcro de vivos —me respondió Costa.

Por todas partes escudos, con leones rampantes, conchas de Compostela, moros degollados, flores de lis y truchas; doquiera palacios y casonas en ruinas, iglesias sin fieles y sin cultos, pobreza y más pobreza, pero señorial, orgullosa, como corresponde a esta Castilla de Castilla, a esta capitalidad yacente que hoy agoniza con la falsa paz que una mala política le deparara por haber vivido antes de la guerra al amparo de sus inexpugnables murallas abatidas por los siglos... ¿De qué le sirve ya su Fuero, preciado timbre de poder y de hidalguía? ¿De qué sus libro-becerro y sus pergaminos, sus cartas-reales y ejecutorias, si carece de industria, de ilusión y de iniciativas? ¡Desgraciados los hombres y los pueblos que no saben adaptarse a la corriente de los tiempos, ni al girar de esa rueda del Destino histórico o Karma, que enaltece a lo caído y deprime a lo que enalteció! ¡La Historia es un peso muerto, si no la acompaña ya la ilusión eterna de la Vida!

12. Francisco Hernández Pacheco: "Las arenas voladoras de la provincia de Segovia", Boletín de la Real Sociedad Española de Historia Natural, tomo XXIII, págs. 211 a 216. Madrid 1923. Ella hace de la comarca un desierto cual tantos de África y de Asia, aunque desierto minúsculo hoy, por supuesto.

Y con estas consideraciones, descendiendo de nuestra atalaya a la parte céntrica de la población por la hoy parroquia única de Santos Justo y Pastor, hasta la iglesia románica de San Bartolomé y luego por los arrabales, nos encaminamos hacia la casa del viejo Montalbán para ofrecerle nuestros más sinceros respetos, que bien lo merecía aquel virtuosísimo y casi nonagenario farmacéutico, titular durante setenta años, casado durante sesenta, todavía ágil y fuerte, casi tanto como su hijo.

Pero caminamos despacio y dando los mayores rodeos posibles, atraídos aquí y allá por los mil viejos encantos de aquélla notabilísima ciudad que, conquistada por Muza hacia el 713, reconquistada por Alfonso I de Asturias en sus correrías del 742 al 45; perdida de nuevo cuando Abderramán I en 771 a 774; vuelta probablemente a recobrar por Ordoño II de León hacia el 919, y a ser perdida en tiempos de Almudafar, tío de Abderramán III, el Miramamolín, el 920, y ganada, en fin, por el bravo conde de Castilla Fernán González en 923; aún sufrió después de esto las racias de Almanzor en 980 y 985; el saqueo por Almamún, en 1070 ó 1072, y todos los vaivenes de las discordias civiles de aragoneses, leoneses y castellanos, porque sus fuertes murallas, más que elementos de protección, parecieran siempre pararrayos de guerreras desdichas, como canta la inédita comedia de época La toma de Sepúlveda, por Acenvuch. Obra que nunca viéramos figurar en las antologías, aunque, si no estamos mal informados, pinta con vivo colorido el desafío cuerpo a cuerpo del Conde y Abubad, la traición de este último y el gran incendio de la ciudad, sin olvidar aquel pasaje en el cual, indignado el embajador agareno contra el tesón de Fernán González en sitiarla, le tira un tajo a traición, tajo que el ágil castellano esquiva sagaz, limitándose luego a despreciar al pasional emisario, diciendo que siempre, y a pesar de todo, fueran sagradas las personas de los embajadores... ¡Y no le hizo cortar la cabeza, como merecía!

VII

INEFABLES SORPRESAS

Montalbán, que hacía tiempo nos esperaba en la casa de su padre, después que hubimos saludado a éste último, nos llevó aparte para decirnos con gran misterio: ...

—¡Estamos, creo, de enhorabuena! Pero os vais quizás a reír de mí, pensando que deliro... En fin, de todos modos os diré sencillamente lo que me pasa y vosotros juzgaréis.

Un tanto alarmados con aquel raro exordio, nos miramos Costa y yo, no acertando a explicarnos qué quería decirnos nuestro amigo, y nos hicimos todo oídos, cuando el gran sepulvedano continuó:

—Pasados los primeros momentos de alegría con mi padre y hermana, cuando yo me había reclinado cómodamente en un diván del salón y encendido mi pipa pensando en llevaros esta tarde a Cuevas Lóbregas, entre las azuladas espirales de humo y hacia el rincón más oscuro, vi dibujarse en fosfóricos caracteres, análogos tal vez a los famosos del Mane- Thaecel- Phares del festín de Baltasar, estas sencillas palabras: "¡Esta tarde, al ponerse el Sol, venid los tres al Tormo!"

Creyéndolo al principio una mera ilusión de mis sentidos, adormecidos por ese dolce far niente del que descansa y fuma, esperé a que se desvaneciera el humo de la última bocanada de mi pipa, y volví a mirar. La inscripción seguía permanente y vibrante: " ¡Esta tarde, al ponerse el sol, venid los tres al Tormo!"

Entonces me levanté como movido por un resorte; fuime en derechura al rincón, palpé toda la pared, froté el liso empapelado y hasta abrí de par en par el balcón, sin por ello dejar de ver las misteriosas letras, como si ellas estuviesen más que escritas incrustadas y formando parte del mismo muro.

Bajo un pretexto cualquiera llamé a mi hermana, y, sin decirle nada de lo que veía, empecé a hablarle acerca del empapelado aquel, que me resultaba ya demasiado viejo y descolorido, como podía apreciarse viendo su mal estado —dije señalando al sitio—, sobre todo hacia los rincones.

- Yo os pagaré a los papelistas —añadí, sin que ella advirtiese en el sitio de marras nada de particular, como yo, a la sazón, tampoco.

—Consultemos al abuelito —observó mi hermana, saliendo y volviendo con él de allí a un momento.

— ¡Cosa, singular! —siguió Montalbán narrándonos—. No bien mi hermana abandonó la estancia, las letras fosfóricas volvieron a aparecer en distinto sitio y a desaparecer bajo mis mismos ojos así que entraron mi hermana y mi padre. Aquello, si es que era una ilusión de mis sentidos, era una ilusión muy rara, pues que cesaba tan luego como los profanos me acompañaban, y volvía así que tornaba a estar solo como al principio. Bien comprendí, desde luego, que sería inútil hablar a los míos del extraño fenómeno. Nada duchos ellos en cosas del ocultismo, me exponía a que se alarmasen creyéndome víctima de algún insano delirio, por lo que preferí callar y esperar tranquilamente los acontecimientos. Poco suponía, en efecto, el que esta tarde, obedeciendo al singular mandato, fuésemos los tres al Tormo. En el peor de los casos gozaríamos a la luz del crepúsculo del panorama hermoso de aquel presunto castro o citania celtibérica. Yo os supongo a ambos de la misma opinión, mis amigos queridos.

—Y suponéis bien —respondimos a una Costa y yo, llenos de ansiedad por que llegase el momento de la cita.

No hay que decir la inquieta curiosidad que nos agitó entre los obsequios de los Montalbán durante el resto de la tarde. Ya el sol se acercaba a los collados de allende la romana Confluentia cuando, gozosos e inquietos, nos dirigimos al Tormo. Por el camino, Montalbán exclamaba, lleno de ardiente fe:

—Sí; estoy seguro. Mi Maestro no me engañó jamás: ni cuando de chico le vi, entre otros personajes respetabilísimos, en el antro de Cuevas Lóbregas; ni cuando después su mano protectora me ha guiado a través de los mil escollos de la vida; ni, en fin, cuando se me apareciese solícito preparándome para el rudo golpe de la desencarnación de mi madre idolatrada. Por lo que veo, esta aparición no será la última.

Había tal firmeza de convicción en aquellas frases de nuestro colega, tal ternura filial en la manera de expresarlas, que Costa y yo nos miramos conmovidos. Montalbán, con su típica sequedad sincera castellana, era todo un místico, de los que hoy no quedan.

Y seguimos en silencio hasta arriba, llegando cuando ya se había retirado de los cielos, entre las nubes de un ocaso de oro y grana, el astro del día. Una pareja de los que llaman "esparavanes" en el país, espantada por nuestro arribo, voló hacia los taludes de la ermita de la Peña, piando con su típico "lurrú", "lurrú".

— ¡Es buen presagio el de estas nocturnas aves! —observó Montalbán—. Pronuncian, con su grito raro, la letra "lurrú" o "Irú" característica, la séptima de las vocales sánscritas, esa letra indefinible que no tiene la más remota equivalencia en ninguna otra de las lenguas indo-europeas, que del "devanagari" o "lengua de los dioses" son hijas.

Nos sentamos en unos como restos de paredones prehistóricos aguardando el momento augusto. El aire era tibio y perfumado, la calma del ambiente serena y deliciosa. Júpiter empezaba a brillar en el cielo, y nuestros nervios, antes sobreexcitados, experimentaron una tranquilidad celeste, diáfana, pocas veces sentida en la vida; un dulcísimo adormecimiento, como aquel que asaltase en el Tabor a los apóstoles Pedro, Santiago y Juan, momentos antes de la Transfiguración de su Maestro, cuando éste, según la inspirada frase del versículo 2.º, capítulo XVII del Evangelio de San Mateo, repetidas por San Marcos (cap.

IX) y por San Lucas (cap. IX), "se transfiguró delante de ellos y resplandeció como el sol, y sus vestiduras se tornaron blanquísimas, como el ampo de la nieve".

Con verdad ha dicho la inmortal Blavatsky que el misterio crepuscular es bien profundo. En él, el día y la noche se equilibran un instante en la más solemne de las ponderaciones de su perpetuo antagonismo que mantiene en nuestra tierra el equilibrio de los dos contrarios eternos de las Tinieblas y de la Luz. Durante él cuantos seres pululan por la superficie de nuestro planeta entran o salen en ese mágico cono de sombra que este último proyecta constantemente en los cielos, Monte Santo, Grial maravilloso que, prototipo del clásico cucurucho del astrólogo, se prolonga en los espacios hasta bien cerca de la órbita de la Luna, produciendo los eclipses lunares cuando el astro de las noches se sumerge en su negro seno, como el otro cono de sombra lunar produce a su vez los eclipses de sol. Desde

la cúspide de tamaño Monte Astral, seno profundo de todas las nocturnas astralidades de nuestro mundículo, quien a él ascendiese vería al Sol perpetuamente eclipsado, y negro, por consiguiente, su disco; pero con las fosforescentes alas de ilusión de la corona solar, tal y como nosotros las contemplamos en los raros y fugaces momentos de los eclipses del astro del día, y como figura en la simbólica Ave-Fénix, negra de cuerpo y blanca de alas, que luego dio estos dos colores al estandarte de los templarios...13

13. Para más detalles de esto véase el epígrafe "Parsifal" en nuestro Wagner mitólogo y ocultista y los primeros de El tesoro de los lagos de Somiedo.

Envueltos en este ambiente hiperfísico e inenarrable fuimos poco a poco cayendo en un estado de placidez espiritual tal, que no acertaría hoy a decir si estábamos dormidos o despiertos, cual si nosotros, a nuestra vez, entrásemos también como la Naturaleza entera en ese estado de transición entre el ensueño y la vigilia que, por constante ley teosófica de la Analogía, es para nuestro organismo un verdadero crepúsculo mediador entre el uno y la otra. Ninguno de nuestros músculos voluntarios se movía lo más mínimo, cual si, hartos del batallar de la vida física, hubiesen entrado en el sopor de la muerte, cosa anotada asimismo por los evangelistas fieles intérpretes del sublime fenómeno, cuando nos hablan del sopor inmenso que a los discípulos de Jesús les asaltase al ver llegar al lado de éste a los profetas Moisés y Elías en medio de la Luz Sideral que a los tres los envolviese en nimbo de gloria inmarcesible, ¡et lux perpetua luce ad eis!, que canta también a los difuntos la Iglesia católica.

Nuestras mentes, dormidas ya para todo lo externo, pero más que nunca despiertas en su éxtasis para la vida interna del espíritu, aguardaban sin duda el epóptico momento, que no podía tardar ya, y que no tardó, en efecto. Atraídas por divina sugestión, nuestras miradas se fijaron de pronto en unos pequeños arbustos de allí al lado, arbustos sobre los que vimos atónitos condensarse unos inopinados jirones de tenue neblina, que en la pobreza de la ya moribunda luz crepuscular nos pareció fosforescentes, con esa misma tonalidad violeta-plateada y vivaz de las pantallas de fluoruro de radio que hoy preparan nuestros radiólogos, luz idéntica, por otra parte, a la de ciertos ensueños panorámicos y felicísimos de que nos habla Brillat-Savarin en su Fisiologie du goût, y a la que suelen también ver los convalecientes de ciertas enfermedades nerviosas. La neblina se fue condensando rápida y avanzando hacia nosotros hasta que, ya cerca, dibujó los venerandos contornos de la figura del Maestro.

— ¡Maestro protector mío, Maestro inolvidable! ¡Yo te reconozco! —exclamó con indescriptibles acentos Montalbán, pugnando por arrojarse a sus pies, ni más ni menos que nosotros.

Pero la mano de la Aparición, hacia nosotros piadosamente extendida, nos contuvo en el acto, diciéndonos, con su voz dulcísima:

—Hijos míos, pues que por tales ya os tengo, deteneos en vuestras muestras de respeto. Por muy extraña que os parezca mi llamada y el modo de llegarme hasta vosotros, no olvidéis que nada hay sobrenatural en la Naturaleza, que yo no soy sino un hombre como vosotros, y que lo que hoy soy yo, mañana, si os esforzáis en la virtud, el estudio y la energía de carácter, igual podréis llegar a ser los tres. Ni os asombren mis astrales vestiduras níveas de ser ya desencarnado en cierto modo, aunque en otro aún ligado a esta tierra miserable por el santo vínculo del Amor a cuantos aquí luchan y sufren, sobre todo hacia vosotros.

¡Desechad, pues, todo temor, cesad en vuestras nobles manifestaciones de respeto y oídme lo que me es dable el comunicaros hoy a vosotros, héroes también del Ideal a vuestro modo terreno e imperfecto!

Y hablando así, con aquella sencillez con que el Maestro Jesús se sentara en la barquilla de sus pobres discípulos pescadores, la Aparición tomó asiento entre nosotros, y nimbada por el rayo de la luna que acababa de mostrarse por el Sudeste, continuó de esta manera:

—Como sospechara Montalbán, yo soy su Maestro de siempre; la astral aparición de Cuevas Lóbregas, cuando en su travesura de chico me sorprendió reunido con mis hermanos, los Seres de la Compasión, que velan secretamente por el pasado y el porvenir ocultista de esta región castellana que tiene su capitalidad mágica, o mejor, la de toda la Península en esas fronteras Sierras de la Demanda — ¡de la Demanda del Santo Grial! —, cuyos lejanos picos de tras la serranía de Neila habréis podido columbrar en dirección del Nordeste antes de ponerse el Sol. De acuerdo, sí, con aquellos Custodios de la tradición iniciática de este austero y sacrificado pueblo, vengo a completaros personalmente algunas de las enseñanzas ocultistas que empezáis a sospechar en vuestras excursiones arqueológicas por el país, pues ya sabéis la ley sagrada que rige siempre entre el Maestro y el Discípulo, o sea la de que aquél llega indefectiblemente así que éste ha recorrido por su esfuerzo la mitad del camino.

Las palabras del Sabio de la Compasión caían en nuestros corazones como bálsamo consolador. Más que pronunciadas por él parecían un eco hondo de aquella Voz inconfundible del propiciatorio o Sancta-Sanctorum del templo que era oída por el candidato en el supremo momento de la iniciación. A ciencia cierta no sabíamos si eran pronunciadas por el Maestro o evocadas simplemente por él en lo más interno de nuestro ser.

—Estas enseñanzas a que me refiero, son las de lo que pudiera llamarse Historia secreta de la comarca, y que, más o menos, vais sorprendiendo con vuestra intuición, auxiliada desde arriba por nosotros —continuó el Maestro—. Siguiendo la antiquísima costumbre de sobre los lagos sagrados, os la voy a mostrar a grandes rasgos panorámicos.

Y diciendo esto, el Sabio extendió su mano y toda la comarca quedó a nuestros ojos como flotando en un mar sin confines, espejo fiel del cielo. Primero vimos la opulenta flora y la inquieta y colosal fauna terciaria como saliendo del lago mágico hasta la superficie. Seguidamente contemplamos, en medio de una conmoción geológica, un verdadero cataclismo —el cataclismo atlante último—, surgir en los últimos tiempos del plioceno toda la cordillera de Somosierra, al tenor de como en la leyenda de "La Mujer muerta" Montalbán nos lo había narrado. Después vimos la nueva flora de pinos, robles y chopos invadir toda la región, y desarrollarse en medio de sus delicias una población activa, viril, fiera por los fueros de su independencia, que después de luengos siglos de pujanza empezó a decaer, cediendo el puesto de las dos razas de iberos y de celtas que la Protohistoria ya conoce. Vimos, asimismo, en verdadero panorama de cine, pero vivido, palpitante y emotivo, la segunda catástrofe que para estas felices tribus supuso la llegada del déspota romano, con todas las depredaciones de sus pretores y todas las falsificaciones de los sacerdotes del nuevo culto de Rómulo y de Numa, sucesores del jaino primitivo de "el dios de las cuatro o de las dos caras", cuyo templo sólo se abría en los días de la guerra como es sabido. Presenciamos después, embobados durante largo rato, los efectos de la caída del Imperio, de los desastres de los visigodos y los suevos y de la oleada africana más que arábiga de los hijos del Profeta con los vaivenes que por esta parte, donde nos hallábamos, tuvo la reconquista del territorio de la cuenca del Duero.

-Pero al llegar el panorama histórico-ocultista evocado por el Maestro al punto y hora de la

época de Laín Calvo, Ñuño Rasura y Fernán González, o sea del nacimiento de Castilla como condado y como reino, cambió de repente, dándonos el espectáculo de como si, al compás de los correspondientes cuadros, la voz de aquél, educadora de nuestras pobres mentes en el campo de lo oculto, nos fuese contado a la vez una historia fiel de ellos, historia que, por lo que colegimos, aunque nada se nos dijo en concreto, no era sino el fidedigno relato de la última encarnación del Maestro, cuando, bajo el sonoro nombre de Ginés de Lara y Montalbán, alcanzó la iniciación como uno de los últimos templarios del monasterio soriano de Santo Polo. Mis dos amigos han conservado con el mayor esmero en su memoria el relato en cuestión, y yo, indigno cronista de la tan increíble escena ocultista de El Tormo, creyendo cumplir un deber de conciencia páralos buenos estudiantes de estas cosas, la transcribo con la fidelidad posible en una segunda parte del presente trabajo, que dice cómo habrá de ver el bondadoso lector que a lo largo de estas páginas quiera continuar acompañándonos solícito.

SEGUNDA PARTE.-
POR TIERRAS DE BURGOS Y DE SORIA
I
EL SUBLIME Y MISTERIOSO DUERO

—No me preguntéis, hijos míos —nos dijo el extraño personaje del Tormo—, cómo he sabido lo que voy a contar acerca del caballero don Ginés de Lara, último Templario de Santo Polo, en Soria, hacia 1317, ni si ese caballero, desencarnado o reencarnado, soy yo. Podéis pensar, a vuestro arbitrio, que ello es historia pura o que es Pura ficción. Sólo sí os recordaré, a guisa de preámbulo, aquello que escribió el célebre iniciado hebreo Rabí Dom Sem-Tod de Carrión al comienzo de su poema Consejos et documentos al rey Don Pedro I de Castilla:

Señor-rey, noble y alto, oyd este sermón que vos dise Dom Santo, judío de Carrión:

Non val el azar menos por nascer en vil nido nin los exiemplos buenos por los desir judío...

Podría acudir, en efecto, para avalorar mi relato, a los consabidos manuscritos medioevales, encontrados aquí o allá según viejo expediente literario; podría referirme, con verdad o sin ella, a polvorientos cronicones, al estilo de los que son base de nuestra historia arábigo-cristiana, o recurrir al expediente de Platón, poniendo en boca de Sócrates lo que el

 sacerdote de Sais relatase antaño a Solón en el delta del Nilo; podría apelar, en fin, apelar a otros artilugios propios de los relatos más o menos históricos para daros, sin faltar a sagrados votos de sigilo iniciático, la vida y los portentosos hechos ocultistas de este viejo héroe castellano, oriundo de Nájera, nacido en Soria y desaparecido, sin dejar rastro tras sí, en esas Sierras de la Demanda — ¡de la Demanda del Santo Grial!—, que al Este de Burgos, en la zona más misteriosa y menos visitada de toda España, sirve de divisoria al Arlanza y al Arlanzón, " afluentes del Duero, al Oca y al Tirón, tributarios del Ebro, al Sur de los montes Idúbedos y al Norte de los de Neila, Cebollera y Urbión, en ese valle weáldico de Lara, viejo y seco curso de un río prehistórico de volcado cauce, que dirían los geólogos españoles señores Hernández-Pacheco, padre e hijo, que le acaban de visitar pasmándose ante el problema que entraña aquel alzamiento del cretáceo inferior continental por entre restos de todas las formaciones anteriores, probable clave científica del hundimiento de la Atlántida en los últimos tiempos pliocenos...

Es español a medias el que no haya visitado, con la devoción del morabito a la Meca, esa divina curva del Duero en Soria, que le hace dirigir sus aguas hasta el Oeste y el Atlántico, después de correr hacia el Este y el Mediterráneo, cual un afluente más del Ebro; el que no se haya extasiado ante el imafronte románico de Santo Domingo o los purísimos claustros, románicos también, de San Juan del Duero por bajo de la ciudad; el que no haya esparcido su vista desde la altura de los derruidos murallones del Monte Oria o Moría que domina a la "Soria pura, cabeza de Extremadura" de los viejos textos; el que, después de leer las iniciáticas leyendas de Bécker relativas al lejano Moncayo y al cercano Monte de las Animas, no haya recorrido a pie, por bajo de San Juan, la veguita entré, páramos que antaño fuese la opulenta huerta templaría de Santo Polo, junto a la cueva de San Saturio o San Saturno. No es español, en fin, el que, estando en Soria, no se ha alargado unos kilómetros más allá visitando las ruinas de Numancia —la ciudad de Numa, la mágica urbe celtíbera— o las romanas de Uxama y Termancia, no lejos de Burgo de Osma.

¿Y qué decir del Duero mismo, río que aquende los montes de Urbión corre a más de mil metros sobre el nivel del mar, al que ha de bajar luego en Oporto? El es un río digno por este solo hecho de ser parangonado con el Indo, que corre a más de tres mil metros entre el Thibet y el Indostán. El es, además, el río de mayor y más elevada cuenca de toda la Península, porque, incluyendo en ella la del Mondego, su afluente portugués, es de 113.000 kilómetros cuadrados, en cuya extensión, superior casi a la del Tajo y el Guadiana juntos, se arborizan a derecha e izquierda el Duratón, el Arlanzón y el Arlanza; el Eresma, el Adaja y el Pisuerga; el Esla y el Tormes, haciéndole deslizarse a veces dulce y melancólico, a veces estrepitoso, con esa misma tristeza del Tarín tibetano al norte de los Himalayas, haciendo resaltar el admirable dicho de Boris de Saint Vincent de que "en sus soledades esteparias, en sus páramos-mesetas de 700 a 1.400 metros de altura, donde sólo en julio y agosto deja de bajar por la noche el termómetro a los cero grados, para subir durante el día hasta los 60, podríamos, en plena Europa, creernos transportados a los vastos desiertos de la Tartaria.

Un río, sí, todo historia, e historia caballeresca es el "Río de Oro" o Duero, desde que nace en Urbión hasta que desagua en Portugal, o sea en el Portus-Kali, o "viejo puerto", que ha dado nombre a la nación vecina. Y los nombres de aquellos afluentes son del abolengo ario o parsi más puro: el Ar-lanza, el Arlanzón, junto a Burgos; el Pi-sarga o Pisuerga de Palencia y Valladolid; el Eresrna y el Ad-aja abulosegovíanos; el Esla leonés, y el Tormes o Tormenes salmantino, por bajo de la judaica Zamora, justificando el dicho que en sus labios pone el vulgo de "soy Duero, que todas las aguas bebo..."

II

GINESITO DE LARA

Si de tiempo en tiempo, según piadosa tradición oriental, baja un deva a la Tierra para encarnar entre los mortales, uno de estos "ángeles" lo fue, sin duda, el niño Ginés de Lara, hijo unigénito del caballero don Ñuño de Lara y de doña Mencía de Montalbán, del abolengo burgalés más puro, puesto que los ascendientes paternos y maternos de estas dos familias, en las que entraban todos los apellidos clásicos castellanos, remontaban, por notorias genealogías, hasta los mismos condes Laín Calvo, Ñuño Rasura y Fernán González, alma de la patria española, y que entre bandas y corazones, soles y lunas, flechas, hachas y lanzas altamente simbólicas, siempre hicieran verdad la leyenda que campea también en cierto escudo de la plaza de Riaza: "¡Primero morir que mancharse!", Potius morí quam foedare.

El cronista que, leyendo en los libros becerros del monasterio de Lara, conservados en el archivo de Simancas con cargo a Las Huelgas de Burgos, o en aquellos otros de Las guerras españolas que el mago Juan Láscaris llevó en 1450 a la biblioteca secreta de los Médicis de Florencia, haya buceado un poco en el pasado de aquellas familias, siente el estupor de lo sublime en presencia de esas verdaderas dinastías de santos y de próceres que, ignoradas no sólo del vulgo, sino de los propios historiadores, se han venido sucediendo en desprecio de los siglos no ya desde la época inicial de la primera reconquista de la comarca por Alfonso I de Asturias a mediados del siglo VIII, sino de los remotísimos tiempos en que los pelendones ibéricos de Burgos y Soria; los váceos, adoradores parsis de la sagrada Vaca oriental, en León, Valladolid y Palencia, y los arévacos o "ares-váceos" no menos orientales de Avila y Segovia desarrollaron, sin que la Historia lo sepa aún, una cultura prodigiosa y unas virtudes heroicas muchos siglos antes de la invasión romana que los destruyese como a verdaderos gigantes dignos de figurar en la discutida Gigantología española del padre Torrubia, o en los Antiquitarum variamm volumina del dominicano de Viterbo Juan Nanni en 1498 y que han causado la admiración de los escritores clásicos tales como Silio Itálico, Apiano, Ammiano Marcelino, Estrabón y Diodoro Sículo.

Todo esto podrá saberse muy al pormenor el día en que nuestros doctos, saltando por sobre la impía frase de Menéndez Pelayo relativa al "afán de poner historia donde no la hay", se decidan a admitir como históricos, dentro de sus exageraciones míticas, a esos veinticuatro reyes ibero-atlantes de los viejos cronicones (desde el legítimo Flavio Dextro —no del otro—, del Marco Máximo, etc., hasta los jesuítas Mariana y Román de la Higuera y el incomprendido doctor de la Huerta y Vega), reyes cuyos nombres son el alma de la toponimia de España: Tu-baal, Laabin u Orón de libio, Ibero, Brigo, Tago, los Geriones, Híspalo, Hispano Héspero, Hércules o Midácrito, Atlante, Jubalda, Beto, Sicoro, Sicano, Sicelo, Luso, Sículo, Testa, Romo, Palatino, Caco, Erithreo y Górgolis, en los cuales, si bien se estudia, están los elementos tradicionales de esas tres razas exhumadas en Sepúlveda y Segovia por Vilanova al excavar la Cueva de la Solana, por Cerralbo en la de los Siete Altares, por Llórente en la de la Angostura, por Antón, Hoyos, etc., en esotras cuevas que llevan los nombres de Cuevas Lóbregas, Tisuco, Mingomoro y Giriegas, razas aquéllas, decimos, que son: la atlética, ruda y dolicocéfala de Canstadt o de Gibraltar; la braquicéfala cromagnona o guanche de Guipúzcoa, Segovia, Carmona y Canarias, y la también braquicéfala de Furfooz o mediterránea, esas razas de los menhires o pelvanes, de los likibanes o trilitos, de los talayots y de los túmulos, de las murallas ciclópeas y de las pinturas rupestres de cien cuevas templos, algunos como el de la de Altamira, que con razón se llama "la capilla Sixtina del arte primitivo"...

.Porque hay que proclamarlo ya muy alto. En Castilla, o por mejor decir en toda España, se establecieron a raíz de la gran catástrofe de la Atlántida o "Diluvio universal", gentes calcídicas del remoto oriente, en plena edad del cobre, parte de las cuales eran parsis o ariohindúes, y otra buena parte egipcia o erithrea, en emigraciones capitaneadas por otros tantos "Hércules", inmortalizados por la tradición oral, por la leyenda y por monumentos como el "Hércules con el puerco Erimanteo" de Santo Domingo el Real, de Segovia, o el "Hércules argivo", también citado en Las mil y una noches, y que, según Moreno Espinosa, subsistió no lejos de Tarifa, hasta que en 1145 lo hiciese demoler el caudillo invasor Alí ben Maimun.[1]

Nombres de las raíces   Correspondencia

Ar y Ur, que significan   con las ciudades, villas, pueblos corrientes de agua y ríos actuales

Areva Areva río Araviana

Aregrada Agreda río Keiles

Arcobriga Arcos de Medinaceli   río Jalón

Turiassone Tarazona río Keiles

Uxama Osma río Ucero

Ures   Ures   ignorase nombre

Urrea Urrea Canal de Urrea

Arguijo Arguijo ignorase nombre

Arancón Arancón ignorase nombre

Arlanza (Burgos) Arlanza ignorase nombre

Ariza Ariza río Jalón

Aragón Aragón río Antiguo Arga

Aranda Aranda Río Duero

Arévalo (Avila) Arévalo Río Adaja

Aranjuez Aranjuez Río Tajo

Arnedillo Arnedillo Baños de

Urbión Urbión Fuentes del Duero

Cardejón Cardejón río Araviana

Pero no divaguemos sobre preciosidades merecedoras de cien volúmenes, y sigamos con nuestro Ginés de Lara y con su historia, que fue por cierto bien triste desde su nacimiento mismo, porque la madre murió a poco de darle a luz, y en cuanto a su padre sólo se supo que había desaparecido misteriosamente en la Concha de Pineda, junto a la Sierra Mencilla, cierto día en que desde Barbadillo del Pez, Tañabueyes y Tinieblas, se dirigía hacia la frontera y solitaria sierra de la Demanda con fines de estudio ocultista, porque conviene anotar que el buen Don Ñuño de Lara era uno de esos personajes amantes de las exploraciones naturales, que tan gran papel hiciesen luego en los descubrimientos del Nuevo Mundo, y había trocado las armas por las letras, convencido de que éstas crean lo que aquéllas destruyen.

El porqué y cómo de la tal desaparición no sólo fue un misterio impenetrable, sino que tampoqo se cuidó nadie de investigarlo en el país, como si ello rozase con viejas consejas pavorosas relativas a toda aquella región desde Beldorado a Salas de los Infantes, entre Eterna del río Tirón y la Laguna Negra de Urbión al Norte, por cima de donde nace el Duero, región constituida por la cuenca entera del alto Arlanzón, río tan prehistórico como los propios reyes atlantes ya citados, quiero decir, río que tiene una muy extraña prehistoria, pues que, según recientes investigaciones de los dos geólogos antes citados que acaban de visitarle detenidamente, ha podido correr hacia el Este, o sea hacia el Ebro, hasta los tiempos del cretáceo interior continental, y que, a consecuencia del alzamiento ulterior de la Sierra de la Demanda, Neila, Urbión y Cebollera se ha visto obligado a correr igual que el Duero, o sea hacia el Oeste y el Atlántico, como va dicho.

1 Don Andrés Serrano Almería, en interesantísimo artículo publicado en la revista Hesperia, acerca del emplazamiento efectivo del río Areva de Plinio, nos da valiosos detalles respecto de la radical "ar", que tanto juega en la toponimia castellana de estos lugares.

"Efectivamente —nos dice el señor Serrano—, la raíz ar de Areva y de los arévacos es puramente ario-celta y significa corriente de agua... y podemos establecer unas correspondencias harto curiosas, que podemos ver en la tabla de la pág. anterior, que podría hacerse interminable y ser muy útil para la continuación de la historia de España, pero nos limitamos a indicar los nombres de las ciudades y pueblos más antiguos que descubren las claves en nuestra provincia, así como el de algunas otras más lejanas. Otros más jóvenes, más literatos y con mejor dialéctica podrán continuarla, recomendándoles para ello las provincias vascongadas, por abundar en ellas las consabidas raíces, y después pasar al África, donde también son muy frecuentes, dándose algunos casos en que ambas fraternizan de tal modo que no han consentido separarse; tal acontece con el río y poblados de Uardana, recientemente sometido a España. Llama muchísimo la atención, en efecto, la existencia de estos nombres en el África, ignorándose si datan de los tiempos de los fenicios, griegos o cartagineses, aun cuando pudieran muy bien ser anteriores a los mismos. Iberistas, antüberistas y vascófilos tal vez puedan orientarnos en su día."

Y era tan grande el temor supersticioso de las gentes respecto del valle solitario, que nunca se viese poblado, a pesar de .sus aguas, pastos y demás riquezas naturales. Apenas si de día y en pleno verano algún atrevido pastor de los páramos de Castilla, de esos de las leyendas que descubren imágenes de la Virgen entre los enebros, había osado llegar por los bordes de la Concha de Pineda, Sierra Mencilla y Cerro de San Millán de Lara, hasta los lugares en que los "pinos de pinas" o pinus pinae empezaban a formar un bosque inextricable, que con su soledad, su silencio y su extrahumana grandeza les ponía en el animo aquel mismo pavor astral que es fama inspirasen a los soldados de Julio César, según Tácito, las seculares selvas de las Galias. Así que, cuando el niño, ya mayorcito, preguntaba, cual Sigfredo, por su padre2 las gentes hacían rápidas la señal de la cruz, añadiendo compasivas:

—No preguntes esas cosas, infante..., ¡esas cosas que sólo sabe Dios!

Y otros, un poco más explícitos, llegaron a decirle: —Jamás ningún celtíbero ni romano, moro, aragonés, castellano ni navarro intentó saber lo que hay por tales sitios si quiso estar a bien con su alma, ni el por qué a las Sierras de San Lorenzo, de la Demanda se les llama... Tu padre era un santo, pero quizá su misma santidad fue su perdición allí. ¡Acaso un oso, como a don Favila el asturiano!...

Y los que así se atrevían a hablar lo hacían temblando de miedo, y desconfiando de haber dicho demasiado.

2.   Para admiración de los lectores que hasta aquí nos han seguido, consignaremos que, según el doctor Bonilla y San Martín en su obra Las leyendas de Wagner en la literatura española, el nombre mismo de Sigfrido juega en escritos castellanos del medioevo. Así consta un Singifredo o Singifredus en un documento del siglo XI del Monasterio de San Clemente, en Ribagorza, y otro Sigfredus es electo obispo de Nájera en documento del año 1088 ("Colección Diplomática del obispado de Osma", 1788, pág. 7); Brungilda "la walkyria" es la mujer de Adelgastro, supuesto hijo del rey don Silo ("España Sagrada", XXXVII, 3, 6) y "Erda", la Tierra-Madre, es también el nombre de un pueblo de Ribagorza.

III
LAS MOCEDADES DEL SIGFREDO CASTELLANO

Con semejante misterio de cuna sobre sí, el angelical Ginesito se crió tristón, taciturno, bajo la tutela del viejo orive Gonzalo Fernández, gran amigo del desaparecido, desde que ambos fueran, bajo los estandartes de los infantes de Lara, contra los antecesores de los benimeruán de Badajoz.

Otro poema, como el de Las mocedades del Cid o el nórdico de Las mocedades de Sigfredo el nibelungo, aunque poema callado y humilde, fue, pues, el de aquel blanco y bellísimo niño de ojos azules y ricitos rubios a lo largo de sus andanzas por todos los pueblos del territorio, desde Reinosa hasta Segovia, y desde Lerma a las sorianas montañas de Grado, bajo la siempre paternal solicitud del platero de las barbas blancas y apostólica cabeza de estudio, quien le hablaba de todo con extraña cultura, pero que, nuevo Mentor, le había dicho, sólo una vez, movido a compasión hacia aquel Telémaco, hablando del desaparecido Ulises castellano:

—Sé un poco de historia de estas tierras, pero lo que es de eso... Sin embargo, quizá lo sepan y te lo puedan decir algún día" los freires de Las Huelgas o los de Santo Polo con sus pergaminos, si de ello te haces digno por tus virtudes.

Aquella sibilina frase decidió por entero el porvenir del chiquillo, cuyas dos ambiciones fueron desde tal día el saber Historia castellana y el llegar a formar en las huestes poderosas de los caballeros del Temple. Además, estaba seguro de que el protector Fernández lo sabía todo.

Padre e hijo adoptivos eran un modelo de alta moralidad y recíproco cariño en cuantos pueblos visitaban por razón de su oficio. No se veía en ellos, ni por asomo, a esos logreros anónimos que bajo capa de orfebres plateros recorren desde tiempo inmemorial los pueblecitos más ínfimos cambalacheando malas alhajas por finísimo oro, a veces de brazaletes y demás joyas celtíberas de los jefes de aquellas tribus, o viriatos, como se los llamaba por los romanos, tesoros encontrados, ora espontáneamente con los laboreos, ora en excavaciones subrepticias de las antedichas cuevas o de ciudades arruinadas por romanos y moros o, en fin, robados a templos, colegiatas y abadías. Como esos libreros orientales que se suelen negar a vender a los europeos sus libros, por fabulosas que sean las sumas que por ellos se les ofrezcan, regalándolos luego, en cambio, a otros cuando menos se piensa, siempre que en sus manos caían esas admirables joyas del pasado ibérico o del monacal, cuajadas a veces de preciosísimas piedras, lejos de fundirlas o de venderlas, las guardaban cuidadosamente, sin que el joven supiese nunca nada acerca de su destino definitivo. El viejo orive, tantas veces como remontaba por Beldorado hasta las fuentes mismas del río Tirón o por las interioridades solitarias de la Concha de Pineda, dejaba al chico al cuidado de gentes amigas de Fresneda de la Sierra o de Monterrubio, bajo cualquier especioso pretexto. Luego, entre las sonrisas de inteligencia de estas gentes amigas, con las que cuchicheaba, regresaba triunfal y transfigurado, con un brillo excepcional en sus ojos, y hasta rejuvenecido con ese humor excelente que nos queda siempre después que realizamos una buena obra.

No hay que añadir que, merced a tan continuos viajes, el joven aprendió palmo a palmo los abruptos y severísimos territorios aquellos de entre Vitoria, Logroño, Soria y Burgos que se llamaron Montes Idubescos, Indu-vascos o Idúbedos, de cuya mole central se desprenden dos altas cordilleras: una, la del Pirineo interno, continuando la línea de Este a Oeste, aquende el Cantábrico; y otra, la de los complicados Montes Ibéricos de la Peña de Occidente, divisoria de los valles de Mena y Tudela, Obarenes de Altable y Valluércanes, Demanda y San Lorenzo, Covarrubias, Neila, Urbión, Cebollera y Peñalabra, hasta el Moncayo.

¡Y qué de nombres genuinamente orientales, vascos e ibéricos no habría encontrado el joven Ginés si entonces hubiese tenido la rara instrucción que después tuvo! Aunque, a riesgo de difusos y con el natural desorden, no queremos dejar de someterlos a la investigación de los lectores eruditos, a saber: Ar-aya de Auca o de Oca, Orón, Aurón u Orion, Penches, La Bureba, Hontoria u Onto-oria, Bri-viesca o Brig-asca, Escaray, Bel o Baal-dorado, Carias, Juarros, Eterna, Villaescusa la Sombría, Espinosa, Monterrubio de la Demanda, Salas de los Infantes, Neila, Pinilla de Barruecos, Barbarillo del Pez, Palacios de la Sierra, Lara y Quintanalara, Lerma —"la de la hidra de Hércules"—, Tinieblas, Taña- bueyes, Puras, Viloria, etcétera.

Y sucedió lo que tenía que suceder, que un buen día Gonzalo Fernández partió y no volvió más. ¿Quedó sepultado inopinadamente bajo una de esas tempestades de nieve, tan frecuentes en la primavera de aquellas altitudes? ¿Fue arrastrado por algún glaciar moderno, aunque no tan intenso como los primitivos, estudiados en su Glaciarismo por Gómez de Llerena y Carandel? Jamás se supo ni habrá de saberse, pero había que convenir en que la extraña desaparición del buen tutor de Ginesito corría pareja con la de su padre Don Ñuño.

IV
LA CASTILLA OCULTA VISTA POR GINESITO

La célebre Historia rerum in partibus transmarinis gesta-rum o "Gran Conquista de Ultramar" —el ultra more vitae, más bien que el ultramar de las Cruzadas—, de Guillermo de Tiro, en 1184, o Román d'Eracle, es una obra ocultista vivida efectivamente por nuestro Ginesito de Lara así que se vio privado de la santa tutela del orive desaparecido, en cuya compañía había recorrido tantos lugares, llamándolos las gentes "el hombre bueno y su hijo", como en el romance de Lanza-rote. Lo que de ella le restase vivir viviólo bien pronto el joven Sigfredo castellano, anticipándose con sus hechos valerosos al protagonista de la gran Tetralogía de Wagner, y por tanto haciendo bueno el dicho de nuestro sabio doctor

Bonilla San Martín, cuando consigna que "los temas mismos de las óperas italianas distan más de nuestra tradición literaria que los de Wagner, el coloso de Baireuth".

A las dos grandes ilusiones de Ginesito: la de conocer a fondo la historia castellana y la de merecer ser admitido algún día como caballero del Temple, agregó otra, a saber: la de vivir en perpetua comunicación mental con los dos desaparecidos, por aquello de que el Pensamiento y el Amor son más grandes que la Muerte. El, héroe ya de lo Desconocido, no quería ser como aquel de quien dijeron Las mil y una noches: "insensato que duermes confiadamente cuando la desventura y el peligro se ciernen en el aire que respiras, ¿ignoras que hay ríos cuya corriente no se puede remontar y soledades donde jamás hollar pudo el humano pie?" ¡El, costase lo que costase, quería remontar ese río del Misterio que separa a los muertos de los vivos, torrente astral de la vida que sólo puede salvarse con la Iniciación!

¡El, en fin, quería ser, cual sin duda fueron, su padre y su maestro!

Y, como este último, siguió con su errante oficio de orive, pero ampliando sus búsquedas, no sólo al oro de las joyas antiguas, sino a esotro oro mil veces más valioso de las remotas tradiciones y de los libros viejos perdidos por el país. ¿Qué destino darles luego? El tiempo lo diría. A él le bastaba, como al Galaz, "Zagal" o Galeote de aquel libro caballeresco haber soñado "tres veces arreo", o sea en tres noches consecutivas, con su buen maestro, quien, envuelto en violácea y fosforescente luz de gloria, imperativo, le decía:

— ¡Visita la Castilla Sagrada, hijo mío! ¡En las pruebas que experimentes y en los peligros que desafíes, está todo el aprendizaje de la verdadera iniciación! Cuantos tesoros reúnas, depositalos de tiempo en tiempo al borde mismo del gran Pinar de La Demanda sin cuidarse de más, ¡nosotros, los omnipotentes dueños de aquel Misterio, haremos el resto!

Ginés no quiso saber más. Verdadero aspirante ya en la castellana Demanda del Santo Grial, nombre simbólico y profano de las luchas por la Iniciación, se consagró por entero a hacerse digno de sus predecesores, viviendo una doble vida: la vulgar de un anónimo orive, y la secreta de un verdadero candidato al conocimiento de las altas verdades, patrimonio oculto e inestimable de la Fraternidad eterna, la Fraternidad Blanca, cuya existencia, inadvertida para el mundo profano, late en el fondo de la Historia y de la Vida de la Humanidad. Seguía Ginés, en suma, como dice El libro de los gatos,2 "el exiemplo de aquel ombre que auía por nombre Galter, que puso de yr buscar vn logar do siempre oviese gozo e nunca pudiese su coracon entrestecer, e tanto andido fasta que falló en vna tierra vna mujer muy fermosa", la "Doncella del gran linaje", que aparece asimismo en el libro caballeresco del Don Lanzarote del Lago, otro héroe también de la Demanda del Santo Grial.

Este lugar "do siempre había gozo" y esta "Doncella" extraña, precisan una importantísima aclaración, aunque ello parezca que nos aparta de nuestro objeto.

El gozo no es patrimonio de la vida en este bajo mundo, sino el trabajo, la lucha y el dolor, que ya lo dijo el Evangelio al consignar aquello de "milicia es la vida del hombre sobre la Tierra"; pero en el trabajo y en la lucha misma hay un secreto modo de vencer al dolor, pues que toda cruz es a la postre prenda de glorificación. Por eso, con razón ha dicho Annie Besant que el objeto de la Filosofía, la hija predilecta del estudio, no es sino el desterrar de aquí abajo el reino del dolor. Cuando el hombre fuerte se consagra de lleno a aquélla, acaba por descubrir a "una mujer muy fermosa", que no es, por supuesto, mujer de carne y hueso alguno, sino la Dama simbólica de todo "caballero andante", la Sophía de los ofitas, la Musa de los paganos, el "Espíritu-Santo femenino" de los gnósticos, la "Helena", en fin, de los poemas homéricos, de Apolonio de Tyana y de otros adeptos; en suma: la divina Tríada Superior del Hombre, esa "Corona sephirotal" del humano "Cuaternario Inferior", el último de cuyos elementos es el cuerpo carnal y perecedero nuestro.4 El mito universal de "Flores y Blanca-Flor" con el terrible Ogro que les persigue, símbolo del mundo, es el compendio de todo esto.

3. De este famoso libro simbólico ha hecho en Chicago, 1908, una' edición inglesa T. Northup. (Véase Bonilla San Martín: "Las leyendas de Wagner en la literatura universal".)

4. Aquí está, como dice la maestra H.B.P., la diferencia esencial que separa a la Magia Blanca de la Negra [Doctrina Secreta, tomo III, epígrafe de "Hechos subyacentes en la vida de los Adeptos"). Para esta última y también para todas las interpretaciones de "el caballero y su Dama" en los libros de Occidente, se trata de una efectiva mujer de carne y hueso, mujer tras la cual viene inevitablemente el humano problema del sexo, mientras que el concepto de sexo queda trascendido por la Magia Blanca con la interpretación que arriba damos nosotros.

En nuestro libro El Velo de Isis o Las mil y una noches ocultistas, aplicamos también esta interpretación a cuantos cuentos de la famosa obra se han interpretado hasta, aquí literalmente como "amores más o menos elevados, entre hombres y mujeres". Por desgracia, dado el inextricable enlace que las dos ramas mágicas de la derecha y de la izquierda mantienen en el mundo, siempre que sobreviene en la Historia un renacimiento oriental o iniciático, se acaba cayendo sus mantenedores en la interpretación "sexual", como acaeció después de las Cruzadas con el renacimiento "caballeresco", que degeneró en el de albigenses y trovadores, hasta acabar ahogado en sangre por el Papado, cuando no en el ridículo y, si hemos de ser francos, cabe que sobrevenga a la carga este cruel peligro en la futura evolución de Sociedades tan admirables como la propia Sociedad Teosófica, si no se percatan a tiempo los más conspicuos de sus miembros. De ello tiene el que esto escribe alguna personal experiencia.

Y es tal la importancia de semejante clave iniciática, que sin ella se andará siempre a ciegas en todo lo relativo a esas dos arcaicas corrientes del pensamiento ocultista occidental: Las mil y una noches, derivadas, como hemos demostrado, de la Atlántida y la Literatura caballeresca, esa literatura que creemos medioeval, cuando sus raíces se pierden en la noche del pasado, aunque, con motivo de las Cruzadas, reviviesen y se remozasen en la forma cristiana en que han llegado hasta nosotros.

Volviendo, pues, a Ginesito, diremos que desde el Moncayo hasta la frontera portuguesa no dejó pueblo por visitar, resto del pasado por admirar ni detalle ocultista que atesorar de esa Castilla eterna cuyo nombre mismo alcanzó a comprender bien pronto que no provenía de los castillos alzados por los cristianos, como se dice, para asegurar la reconquista, sino de aquellos otros "castillos" o "acrópolis pelásgicas", por los cristianos reedificados, y que existieron desde edades primitivas en todos los países mediterráneos, aria herencia de los del Penjab o región indostánica de junto a la desembocadura del río Indo.

¡Cuánto no leyó aquí y allá el joven bibliófilo en los viejos palinsextos de los monasterios acerca de los heroicos condes de Castilla, que la historia aún no ha comprendido. El Anca u Oca burgalesa —el eterno "cisne" de la leyenda— le dio-la .clave de todo cuanto al místico rey Brigo IV del año 2066 antes de Cristo han dicho los cronicones y que hoy rechazan cretinamente los eruditos; la Brabum romana de los murgobos o murgravos entre cántabros, caristos, pelendones, arévacos y váceos quedó en su estudio identificada con la Burgos del conde Diego Rodríguez Porcelos, que el año 882 u 84 fuera núcleo del Condado de Castilla, y las de Hontorias u Ontorias de la comarca entre el Ar-lanzón y el Ar-lanza, fueron para él bien pronto mudos testigos seculares que le revelaran el ario abolengo de aquellas comarcas benditas donde la "Sagrada Lanza del Santo Grial" había dejado tantas y tan deslumbradoras toponimias.

Y siguiendo este prodigioso "hilo de Ariadna" del secreto castellano, enlazó todas estas arias o quintarías cosas de nuestros gloriosos antepasados asiáticos con las tradiciones germánicas, arias también, de los Cantos de los Nibelungos, donde cronistas menos discutibles que Turpín o que Mahmud han emplazado el Castillo Bendito del Santo Grial al sur de los Pirineos, "en los confines de la España cristiana con la España árabe".5

5. "Es circunstancia bien significativa, dice Bonilla en sus 'Leyendas de Wagner', la de que los árabes llamasen a los Pirineos 'Montes del Templo de Venus' (¿Venunsberg?), por alusión al Monte de Venus, de Portvendres." (Eduardo Saavedra: La Geografía de España del Edri-si, Madrid, 1881-89, pág. 87.) Aquel sabio autor cita además en su obra al "Castillo del bosque sagrado" de la Nemetóbriga galaica de Tolomeo, al Mons Sacer (Pico Sagro sobre el valle de Ulla), de Galicia; a la Cueva del monte sagrado o "Monsagro", de Oviedo; a las

"Salvatierras" de Orense, Pontevedra, Álava, Zaragoza, Badajoz, Cáceres y Granada, como afectadas todas por la leyenda del Sacro-Monte o Mons Veneris y por otras secundarias, tales como las visiones de San Valerio, abad del Bierzo; la Vida de San Amaro, variante de la de San Bandrán, o "Viaje de un viviente al otro mundo" (Publicado por Philippe de Felice en L'autre Monde, París, 1906), la leyenda de "Los siete infantes de Lara; la de "Doña Arbola"; "los Pórceles", de Murcia; el "Romance de la Infantina", la Crónica del rey Don Rodrigo, etc.

Dados estos antecedentes magistrales, la discutida figura del Cid, tenida por apócrifa por Dunan y por Masdeu, y de sus "Mocedades", análogas a las del Sigfredo nibelungo, quedó enlazada míticamente con la de los Hércules hispánicos, "alcides" o "cides", modelos heroicos del caudillo castellano Ruy Díaz de Vivar, el de la Jura de Santa Gadea, el de las luchas con el Papa, y el esposo de Jimena, el que ganara batallas después de muerto.

Del mismo modo la mente poderosa de Ginés de Lara se dio cuenta de la grandeza de aquellos otros cides castellanos precursores del de Vivar, que se llamaron conde don Rodrigo, y Diego Porcelos, su hijo; de los juegos al estilo antiguo, Laín Calvo y su yerno Ñuño Núñez Rasura, que en 924 crearon el Condado de Castilla, Condado agigantado pronto por su nieto Gonzalo Núñez y su biznieto Fernán González, señor de Lara y de Castilla. Luego aprendió Ginés cómo Castilla, siempre heroica y gloriosa, ya se hizo independiente de los reyes de León y Asturias, después del crimen de Ordoño II degollando a cuatro condes castellanos con Ñuño Fernández a la cabeza, en rencor por el desastre de Valdejunquera, hasta constituir un solo Estado ya, en 1023, con aquel reino y con el de Navarra, bajo el cetro de Santo el Mayor, quien, después de reedificar la antigua Palentia, persiguiendo a un fugitivo jabalí tropezó en una gruta con el "misterio de las Antas", conocido hoy como "Milagro de San Anto-olin".6 En una palabra, Ginés reconstituyó, como hoy no pueden ya hacerlo por falta de datos los historiadores, todos los orígenes semi-iniciáticos de aquellas Castilla y León bajo cuyos dominios no había de ponerse el sol en el siglo XVI, "los Santos lugares de la nacionalidad española", que ha dicho Sánchez Moguel.

6. "El Poema del Cid, dice un escritor segoviano, se supone escrito a mediados del siglo XII", o sea unos cincuenta años después de la muerte del héroe de Vivar, pero no fue publicado hasta que Tomás Antonio Sánchez lo hizo en 1772. Florencio Janer incluyó el Poema en la Colección de poetas castellanos anteriores al siglo XV (tomo 57 de la Biblioteca de autores españoles, de Rivadeneyra). Schelegel dice del Poema que "él por sí solo da a España sobre otras naciones, pues que el género de su poesía es el que influye más inmediata y poderosamente en los sentimientos nacionales y en el carácter de un pueblo", y el gran Ticknor añade que "en los diez siglos transcurridos desde la ruina de la civilización greco-romana hasta la aparición de La Divina Comedia, ningún país ha producido un trozo de poesía más original en sus formas, ni más lleno de novedad, colorido y energía". ¡Como que el tal Poema, añadimos nosotros, no es sino una refundición hecha con motivo de las hazañas del héroe Rui-Díaz de Vivar, en tiempos de Sancho I y Alfonso VI, de otras leyendas protohistóricas relativas a Alcide, uno de los sobrenombres de Hércules, y de aquí el perfume

iniciático y popular que trasciende de todo el poema, a la manera de las múltiples leyendas populares griegas primitivas refundidas por Hornero en sus epopeyas, o de las parsis e hindúes que sirvieran también para el Maha-bharata o el Ramayana de Valmiki.

Tan cierto es todo esto, que en el cuerpo del célebre Fuero municipal otorgado a Sepúlveda por Alfonso VI en 1076, después de fijarse los términos jurisdiccionales de aquel señorío, se cita a un "Rodericus Díaz" que no es el Cid, y un testigo, el "Cide Díaz", según la reproducción fotográfca de dicho Fuero hecha del pergamino original por la Real Academia de la Historia. También se cita a Alvar-Fáñez, otro personaje legendario, compañero o "primo", se dice, del Cid, y objeto de un especial estudio por Carlos de Lecea y García, para vindicarle de la imputación de Sandoval relativa a su muerte en Toledo. Alvar-Fáñez, en efecto, con sus victorias sobre los almorávides y en Cuenca, Toledo, Valencia y Lérida, es como una variante legendaria del Cid Rui-Díaz, hasta cuando se cuenta de él aquello de que pidió al conde Pedro Ansúrez la mano de sus hijas, fingiendo, para bien asegurarse del amor de la que se le diese, "que hacía muy mal vino". Por ello las dos hijas mayores del conde le rechazan horrorizadas, mientras que la menor, doña Vascuñana, le acepta, y jura, cual la consabida "Dama del gran linaje", acompañarle doquiera. Efectivamente, como tal "Dama" sigue Vascuñana a su esposo Alvar-Fáñez en aventuras puramente legendarias y simbólicas, en las que la tradición, como dice Lecea, "mezcla su nombre con el de Bramante, el rey Galafre y el infante Carlos de Francia", y perpetúa sus glorias en la Puerta de Guadalajara; en un cerro entre Romanones, Tendilla y Almunia, y en Veles, donde aún se enseñaba, en elsiglo XVI, el pretendido sepulcro del guerrero castellano, quien no se sabe si ciertamente fue asesinado o no en una revuelta de Toledo contra los segovianos dominadores, y hasta Menéndez Pelayo mismo la libertad de la acusación de traición con la que en el Poema del Cid aparece.

Este origen novelesco y protohistórico y "herculeo" del Poema se transparenta también en la llamada "parte novelesca" por. Florián de Ocampo, donde van la embajada de Fernando I al Papa y al Emperador ("Mocedades del Cid"), la Jura de Santa Gadea, la conquista de Valencia después de muerto, etc., etcétera.

7.   Tan cierto es esto, que en otro lugar análogo de los mismos Montes Ibéricos y más al Sur, los fugitivos saguntinos fundaron a Segontia, hoy Sigüenza.

Y esa historia de los orígenes de Castilla, "llena de tinieblas" para autores tales como el

arzobispo dan Rodrigo, Lucas de Tuy, Rodrigo Sancho, el Monje de Silos y demás cronicones en que se apoyaran éstos, resultaba ya para nuestro orive burgalés de una claridad meridiana, porque, lejos de ver en ella un determinado momento histórico relacionado con el comienzo de la reconquista, vio todo un país sometido a un régimen ocultista prehistórico, es decir, un país que en lo abrupto de sus montañas y en la inhospitalidad de su clima de nieve y de páramos estériles, halló —al modo de sus parientes orientales los grandes guerreros del Pengab hindú que detuviesen a Alejandro, y que en la edad moderna no fueron desarmados por la propia Inglaterra— un refugio seguro contra los fenicios, explotadores de nuestro suelo, contra los cartagineses, destructores de Sagunto; contra los romanos, verdugos de Numantia; contra Alhacán y Almanzor, invasores de la comarca del Duero, y hasta contra los propios asturianos, leoneses y galaicos, que acabaron siendo asimilados por Castilla, pues que no en vano se dijo luego, y aún se ve en el escudo de la Soria de hoy: "Soria y Puras, cabezas de Extremaduras".8

Alguien también muy sabio de los monasterios del país se encargó de enseñarle asimismo que, en efecto, la disposición de las montañas peninsulares podía simbolizarse con la T o Tau templaría que campeaba en el estandarte blanco y negro de la'"Orden y en las capas y vestidos de sus freires. El palo horizontal de esta T lo constituían, según él, los montes pirenaicos y cántabro-astúricos, de cuya mitad exacta hacia Reinosa, en las fuentes del río Ibero o Ebro, arrancaban hacia el Sur los montes Idúbedos, Indubescos o Induvascos, y a cuyo Poniente, o sea hacia el Atlántico, se demarca un gran cuadrado cuyos vértices respectivos eran los Arduiles de Pamplona y Navarra, los cabos de Finisterre, de San Vicente y de Gata, mientras que hacia el Oriente se demarca un gran triángulo complementario del septenario sagrado, a saber: entre los Arduiles, el Cabo de Creus y el de Palos, o sea la cuenca mediterránea de los cuatro ríos, el Ebro, el Guadalaviar o Turia, el Júcar y el Segura. Aquel gran cuadrado occidental, a su vez, está fragmentado casi exactamente en dos grandes rectángulos: el del Norte para la cuenta del Duero, y el del Sur, partido a su vez en tres rectángulos por otras tantas cordilleras, para los tres ríos atlánticos Tajo, Guadiana y Guadalquivir. Por eso Burgos, en la mitad exacta de Cervera a Viana o de Creus a Finisterre, tenía que albergar en su territorio, física y moralmente el más excelso de España, la principal de "las Cuatro o de las Siete Gotas de Sangre" del cáliz del Sacro Catino, o sea del Santo Grial. (Véase Ramón Cabanillas: "O Cabaleiro del Santo Graal").

8. La leyenda actual del escudo de Soria reza, en efecto: "Soria pura, cabeza de Extremadura". Nosotros nos permitimos introducir los dos plurales de "Puras" y de "Extremaduras" para atemperarnos al rigor histórico que los tiempos han corrompido, porque "Puras" en el alto Arlanzón, frente a la Sierra de la Demanda, y Soria, cabeza del alto Duero, son las dos cabeceras de la cuenca hidrográfica que por las Extremaduras o "extrema-Dauri" terminan sepultándose en el Atlántico.

Y llegado ya a este campo misteriosísimo de la historia y de la vida española, él descubrió, o alguien le dijo que por eso todas las leyendas relativas al sublime Vaso, Piedra, Escudilla o lo que fuese, coincidían en situar el Templo del Grial de su custodia en los montes Ibéricos, allí por bajo del entronque místico de los dos travesaños montañosos Norte-Sur y Este-Oeste de la gran Tau peninsular, "en los confines de la España cristiana o europea que acababa por bajo de la región pirenaica y de la España árabe" o africana, la cual empezaba exactamente en ellos. De aquí que la historia conocida de España resultase no ser sino simple faceta de la historia oculta del Divino Grial, a cuyo borde montañoso alcanzaran cartagineses y romanos, franceses de Carlo-Magno por el Ebro y mahometanos de Alhacán y de Almanzor por el Duero, sin percatarse quizás, a fuer de ciegos guerreros, del prodigio tradicional que tenían al alcance de sus manos y no lo veían, prodigio con el que las profecías vaticinaban un gran cantor nórdico o nibelungo, como con su Parsifal lo ha sido en nuestros días Ricardo Wagner.

—La Demanda del Santo Grial oculto en este Monsalvat místico —se dijo al fin Ginés— ha podido dar el nombre a esta prodigiosa y recatada cordillera [catus), junto a cuyos bordes han desaparecido mi padre don Ñuño, mi protector don Gonzalo, y ¡quién sabe si yo mismo algún día habré de desaparecer!

No hay que decir el interés mostrado por Ginesito en averiguar a ciencia cierta lo que de verdad hubiese en leyendas genuinas de Castilla, como aquella de Alfonso VII arrancando de manos de los moros de Almería la famosa escudilla o Grial tallado en enorme esmeralda, y que se decía fue usado por Jesús en su mística Cena y recogido por José de Arimatea. Semejante Vaso, antes fuera regalado por la reina de Saba a Solimán o Salomón (el Rey-Solar); y fue patrimonio, según otros, de los Tuatha de Danand, magos irlandeses del Gaedhil (la Galicia británica), el cual, sin que sepamos cómo, vino a parar a la ermita de San Juan de la Peña en el Pirineo y de allí pasara, ora a la Salvatierra galaica, ora a Valencia en tiempos de Jaime el Conquistador —el niño nacido, según Lafuente, poco menos que por dispensación celeste—, ora a Genova, por haberle recibido antaño los genoveses en premio del auxilio que ¿"Alfonso VII prestasen en el sitio de Almería.

En suma: Ginés de Lara no pudo aguardar ya más el momento supremo, y humilde e inspirado fuese a echar a los pies del Comendador del Templo en el convento de Santo Polo.

V

LA INICIACIÓN DE GINES

En el sublime retiro de los Templarios de Santo Polo, en el alto Duero, de junto a Soria, recibió paternal a Ginés de Lara el anciano comendador, nuevo Moisés de apostólicas barbas, que se llenó de júbilo al ver enriquecida la ya decadente Orden, terror de los infieles y protectora de peregrinos, con aquel vastago de los Infantes de Lara venido a engrandecerla sin duda con las promesas de una virtud ejemplar y una mentalidad poco común en aquellas gentes de entonces, que parecían haber nacido sólo para la caza y para la guerra. Como Simeón al recibir en sus brazos a Jesús para circuncidarle, levantó los ojos al cielo el buen freiré y exclamó en alta voz al bendecirle:

— ¡Magníficat animan mean...! ¡Tú destino, hijo mío, no será como el de los demás mortales, y siento no vivir quizá lo bastante para conocerle!

En efecto, no bien hizo el joven burgalés al año siguiente sus promesas solemnes y ternarias en manos del viejo patriarca la noche de San Juan, a puerta cerrada, en el romántico Monasterio donde veló las armas, cuando se le desarrolló una afición tal al estudio que pasó días y meses sin hacer otra cosa, previa licencia especial de aquél y sin que su salud se resintiese. Empezó por empaparse a fondo en los misterios del Temple, reflejo de los misterios báquicos, eleusinos y pitagóricos del Oriente, Iglesia simbólica de la cual como ha dicho César Cantú el templo material era sólo figura. Siguió aprendiendo cuanto sobre la Historia de la Tierra y la del alma, antes de su caída a este mundo y después de su tránsito mortuorio, se enseñase en aquéllos.

De fuentes perfectamente gnósticas en secreto conservadas en el monasterio y que diferían grandemente de las cristianas al uso del vulgo, supo también el alto valor iniciático que en sí mismo tienen los procedimientos crítico-analógicos y simbólicos que fueran el alma de

aquella escuela alejandrina de los filaleteos o "amantes de la verdad", escuela sintética del siglo IV, fundada por Amonio Sacas, el gran ecléctico autodidacto, y por Plotino, el continuador de Platón a través de los siglos, con doctrinas que aún son básicas en la moderna Teosofía, merced a lo cual bien pronto se puso en condiciones como nadie de recibir el grado de Maestro en aquella iniciación ocultista aportada del Líbano a Europa por los célebres caballeros cruzados Hugo de Payens y Godofredo Saint-Hilaire, iniciación que tenía ramificaciones poderosas en todo el mundo de Occidente.

Tres días del aislamiento y el ayuno más riguroso hubo de soportar Ginés de Lara entre los románicos muros del vecino San Juan del Duero para prepararse a recibir el inefable grado días antes del plenilunio de junio, la noche augusta de los celtas, cuyos cultos druídicos, abolidos en mala hora por un cristianismo infantil inapto para comprenderlos, recobraban en la noche del día tercero todo su mágico esplendor. El ojo escrutador del Freire- Hierófante le seguía doquiera, y su providente mano le guiaba solícito, sin que Ginés lo advirtiese, a lo largo de aquellos solemnísimos momentos que, descontado el éxito final, habían de hacer del joven candidato burgalés un "dvija", o "dos veces nacido", que dicen los brahmanes; un "nacido de nuevo", un "renacido por el Agua y por el Espíritu", que enseña el Evangelio de San Juan en su capítulo III, hablando de Jesús y de su discípulo Nicodemo.9

Pero, ¡qué de tempestades intelectuales y morales no experimentó Ginés en aquellas mortales horas! Realmente no hay resurrección sin muerte, ni amanecer alguno en la Naturaleza ni en el hombre sin que la precedan las tinieblas, tristezas y atonías nocturnas que hacen más adorable su luz. Todos los sentidos del vigoroso candidato fueron puestos a prueba, torturados en agonías mortales, que aquí ni siquiera intentaremos describir y que le hicieran exclamar como a Jesús en el Huerto de las Olivas: " ¡Aparta de mí ese cáliz si es posible, Padre mío!..." (Mateo, XXVI, 3342).

Y fue tal la excitación, el supremo grito de rebeldía de la terrenal naturaleza suya, como de todos los candidatos en tamaño trance, que al caer la tarde del día tercero, Ginés cayó también desmayado, exánime, sobre el pequeño lecho que se le había dispuesto y que más bien parecía un estrecho ataúd.

9.   El pasaje en cuestión merece ser recordado. Dice así: "Y había un hombre de los fariseos, llamado Nicodemo, príncipe de los judíos. Este vino a Jesús de noche y le dijo: —Rabbí, sabemos que eres Maestro venido de Dios, porque ninguno puede hacer estos milagros que tú haces, si Dios no estuviese con él. —Jesús le respondió: —En verdad, en verdad te digo que no puede ver el reino de Dios sino aquel que renaciere de nuevo. —Nicodemo le dijo: — ¿Cómo puede un hombre nacer siendo viejo? ¿Por ventura puede volver al vientre, de su madre y nacer otra vez? —Jesús respondió: —En verdad, en verdad te digo que no puede entrar en el reino de Dios sino aquel que fuere renacido del agua y del Santo Espíritu. Lo que es nacido de carne, carne es, y lo que es nacido de Espíritu, es Espíritu... —Nicodemo replicó: — ¿Cómo puede hacerse esto? —Y respondió Jesús: —Tú eres maestro en Israel y no lo sabes..."

Por supuesto, este renacimiento es el de la Iniciación. Nicodemo venía "de noche", es decir, en el augusto momento de los Misterios, cuyas escenas tenían lugar de noche siempre, como dice H.P.B. Las solemnidades de que el grado magistral se rodea en ciertas iniciaciones modernas, en recuerdo de las antiguas egipcias, no tienen otro significado.

Su conciencia física le abandonó al fin, mientras que su conciencia astral, cual crisálida que pasa a mariposa rompiendo su capullo, levantó el vuelo bajo el ala protectriz de su invisible Maestro.

El mundo de la cuarta dimensión, que diría un matemático moderno, abrió de par en par al neófito Ginés las puertas de su sideral misterio. Las paredes de la celda iniciática se alejaron y desvanecieron, e igualmente el recinto entero del monasterio sanjuanista, dejando su puesto a un como tupido bosque de robles. El bosque se abrió después un tanto en praderías deliciosas que a la luz de la luna llena del solsticio más parecían oscuro lago de misterio en cuyas orillas se desarrollara siglos antes la leyenda céltica de "el nieto del rey, hijo de la hija sin marido", de la que se habló al principio.

La tormenta del día anterior había dejado mojado el suelo, y por sobre el lago de verdura flotaban tenues jirones de niebla que el viento del Norte llevaba hacia la sierra, cual la barquilla del lago de las tres reinas de la isla de Avilion caballeresca, remedando personajes de misterio, reyes y reinas, monjes y caballeros escapados unas horas a sus tumbas para poner a prueba al temerario joven que se atrevía a franquear impávido aquellos parajes en la noche augusta aquella, precursora de las del solsticio.

El viento, agitando las hojas de la fronda, hacía centellear a la luz del plenilunio las gotas de lluvia como otras tantas lucecitas de superliminal y pavorosa fosforescencia, fuegos fatuos gemelos de los de los cementerios y de las luciérnagas de los matorrales, como aquellas que al Lirio de Astolat —la "Blanca Flor" bretona— alumbraban en su encantada barquilla, féretro llevado por las aguas astrales de aquel fantástico lago con rumbos desconocidos para los mortales desprovistos del don trascendente de la clarividencia.

Todos los crueles fantasmas de La noche de Animas, de la inmortal leyenda de Becker, se entremezclaban en la mente de Ginés a mil reminiscencias, ya que no realidades, de los libros caballerescos, con no pocos matices de cosas harto admirables que se leen en el Evangelio. ¿Eran delirios derivados del febril estado del joven, o cosas efectivas y ciertas del mundo hiperfísico, cosas que no puede ver la salud y sí la enfermedad o la muerte? Para nosotros la una y la otra hipótesis son igualmente ciertas, pues que los llamados delirios en lo físico no son sino verdades, seres, mundos de otra "dimensión", de otro orden, para cuya percepción es indispensable la llamada anormalidad orgánica, a la manera como para fotografiar los objetos que vemos a plena luz es precisa la cámara oscura y sus tinieblas. Ginés, al par que veía todo esto en panoramas de indescriptibles lejanías, se sentía llevado dulcemente en su lecho-féretro como en oscilante barquilla, hasta que la Voz del Maestro y su garra poderosa le alzaron de éste al fin. Pero cuando quiso seguir al Maestro caminando en ellas sobre aquellas aguas sin fondo, sintió que su planta vacilante se hundía en ellas y gritó como los pescadores discípulos de Jesús aquella vez en que, tras el célebre milagro de los panes y los peces, él les dejó aparentemente abandonados en el barco, en el mar de Tiberiades.10

10.   El lector nos agradecerá que, a propósito de esta escena, le recordemos el bellísimo pasaje evangélico al que en ella se alude, pasaje que dice textualmente (Mateo, cap. XIV, w. 22-34):

"Y Jesús hizo subir luego a sus discípulos en el barco, y que pasasen antes que él a la otra ribera del lago, mientras despedía a la gente. Y luego que la despidió, subió a orar al monte. Y cuando vino la noche estaba él allí solo. Y el barco en medio de la mar era combatido por las ondas, pues el viento le era contrario. Mas, a la cuarta vigilia de la noche, vino Jesús hacia ellos andando sobre la mar. Y cuando le vieron andar sobre la mar, se turbaron: —Es fantasma —decían. Y de miedo comenzaron a dar voces. Mas Jesús les habló al mismo tiempo; les dijo: —Tened buen ánimo; nada temáis; yo soy. Y respondió Pablo: —Señor, si eres ciertamente tú, mándame ir a ti sobre las aguas. —Y él le dijo: — Ven. —Y bajando Pedro del barco andaba sobre el agua para llegar a Jesús mas viendo el viento recio, tuvo miedo; y como empezaba a hundirse, dio voces, diciendo: —Valedme, señor. —Y luego, extendiendo Jesús la mano, trabó de él y le dijo: —¿Por qué dudaste, hombre de poca fe? — Y luego que entraron en el barco cesó el viento. Y los que estaban en el barco vinieron y le adoraron diciendo: —Verdaderamente Hijo de Dios eres. —Y habiendo pasado a la otra parte del lago fueron a la tierra de Genesar. Y después que le conocieron los hombres de aquel lugar enviaron por toda aquella tierra, y le presentaron todos cuantos padecían algún mal. Y le rogaban que les permitiese tocar siquiera la orla de su vestido. Y quedaron sanos cuantos la tocaron."

Análogo al anterior pasaje es este otro del mismo evangelista (Mateo VIII, 23-27; Marcos IV, 36-40):

"Y entrando Jesús en el barco le siguieron sus discípulos. Y sobrevino una gran tempestad de modo que las ondas cubrían el barco, mas él dormía. Y se llegaron a él los discípulos diciendo: — ¡Señor, sálvanos, que perecemos! —Y Jesús les dijo: —¿Qué teméis, hombres de poca fe? —Y levantándose al punto mandó a los vientos y a la mar y se siguió una gran bonanza. Y los hombres se maravillaron y decían: —¿Quién es éste que le obedecen los vientos y el mar?"

No hay que olvidar, en efecto (capítulos XV y XVI de nuestra obra El libro que mata a la Muerte), que todas las grandes representaciones de los Misterios orientales y paganos tenían lugar de noche siempre y sobre los lagos sagrados, esos sublimes lagos de los templos o "pistas" que aún se ven en muchos de ellos.

Y el Maestro, que nunca le había abandonado, se hizo visible al fin en toda su grandeza trascendente, tan admirablemente descrita por Bulwer Litton cuando nos presenta al mago Zanoni saliendo de los propios fuegos del Vesubio ante los ojos espantados de Glyndon, el inglés escéptico. Y el Guía —que no era otro sino su tío el orive desaparecido— le tendió la mano y le afirmó en sus pasos vacilantes sobre las ondas procelosas del lago aquél, llevándole hasta un templo espléndido, entre cuyas luces, aromas y música de seres invisibles, cual el palacio encantado de la Psiquis de Apuleyo, Ginés halló no sólo la anhelada y merecida calma, sino una lucidez mental tan grande que todas las cosas, el pasado, el presente y el futuro todo de la Tierra y del Hombre, era por él visto como quien lee en un libro abierto: ¡el libro del Karma o del Destino, registrado por la Luz Astral bajo la dirección de sapientísimas Entidades excelsas!...

Algo semejante, sin duda, debió ser aquel supremo momento descrito por el único manuscrito conocido de la versión castellana del Lancelot du Lac y que Bonilla San Martín nos reproduce en el apéndice de sus Leyendas españolas de Wagner, ya arriba citadas, pero descartando, por supuesto, el vulgar positivismo del relato con el que se oculta en aquella versión la enorme trascendencia de la escena iniciática acaecida al héroe don Lanzarote al descubrir, al fin, el sepulcro de Galaz y que se nos narra allí. No había, efectivamente, en aquel momento iniciático de Ginés de Lara doncella alguna del "Gran Linaje", hija del fundador del monasterio, acompañándole, ni más "orne bueno" que el propio Maestro-Guía, quien le condujo hasta la Sancta-Santorum o Adytia de aquel templo, donde el neófito halló, en el centro de una riquísima estancia de mármol, un sepulcro suntuoso, herméticamente cerrado, y cuya pesada tapa levantó fácilmente con sus manos Ginés obedeciendo al Maestro, y vio en el sepulcro, con gran sorpresa suya, a su propio cuerpo físico, del que su doble, astral y errático por el fantástico lago, se había separado.11 Cosa análoga vista por Cicerón en los Misterios de Eleusis, se dice, la hizo enseñar luego a sus conciudadanos, que "desde aquel día ya no temía a la muerte", por cuanto había adquirido, sin duda, la conciencia plena de la supervivencia del cuerpo astral, mientras que su contraparte física yacía en la tumba, es decir, en el sepulcro iniciático, como Ginesito...

11. Damos el pasaje en cuestión de "Lanzarote" para que el lector pueda percatarse mejor del paralelo entre lo que en él se dice y lo que al par se quiso ocultar, o sea escenas semejantes a las que le acaecieran a Ginés.

"...E tanto anduvo don Lanzarote —dice el citado "Fragmento inédito" de cuando el héroe descubre el sepulcro de Galaz— que llegó a una casa de religión y la doncella [del Gran Linaje] le dijo: —Señor, tiempo es ya de albergar [nos] y ved aquí una casa donde nos albergarán muy bien, pues sois caballero y por mi amor. —Mucho me place —dijo Lanzarote—, pues que vos queredes. Entonces... un fraile dijo a Lanza-rote: —Señor, a mí me han dicho que venía a librar a los que están en esta tierra por servidumbre. —Si Dios quisiere poner en ello su consejo —dijo Lanzarote—, de grado lo haré yo con todo mi poder. —Señor —dijo el orne bueno—, esto os digo yo porque aquí está la prueba de ello; pues aquel que la realice tendrá la honra de esta batalla e de esta aventura. —Muy de grado —dijo Lanzarote— la probaré. —Pues yo os la mostraré —dijo el orne bueno—. Entonces, armado como estaba, salvo las manos y la cabeza, se fue con el orne bueno, y llevóle éste a un cementerio do yacían enterrados muchos cuerpos de caballeros que mucho fueran ornes buenos a Dios y al siglo. Y cató por el cementerio y vio muchos monumentos de mármol, muy ricos y muy hermosos y eran bien catorce, y entre ellos había uno que era más rico y más hermoso que todos los otros y el orne bueno llevó a Lanzarote a aquel monumento y el monumento tenía de suso una gran piedra de grueso de más de un pie y estaba sujeta con plomo el cimiento, y el orne bueno dijo a Lanzarote: —Ved aquí la prueba. Sabed que el que alzase la piedra acabará la aventura. Entonces trabó Lanzarote de la piedra por el cabo más grueso y desjuntóla del plomo y del cimiento y alzóla en alto más que su cabeza, y cató en el monumento el cuerpo de un caballero que estaba armado de todas armas... Y Lanzarote vio en el monumento letras que decían: 'Aquí yace Galaz, fijo de Jusep de Abarimatía...' Muy gran pieza tuvo en sus manos Lanzarote alzada la piedra más alta que su cabeza y cuando la quiso tornar como estaba ella no se pudo más abajar. Y destos fueron maravillados cuantos allí estaban..."

Que en diversas iglesias románicas y templarías se practicó así la iniciación de "El Santo Sepulcro", al modo de como aún hoy se practica en ciertas corporaciones o fraternidades que no tenemos para qué nombrar, lo prueba el que, según los antes citados historiadores de Segovia, nos hablan del sepulcro de mármol que aún se ve en nuestros tiempos en medio del camarín de la iglesia templaría de Vera-Cruz. El candidato, ni más ni menos que en las iniciaciones egipcias y aun en lo que los evangelistas relatan de la muerte de Jesús, era depositado, una vez "muerto", en dicho sepulcro, del que resucitaba glorioso al amanecer del tercer día. De aquí, en fin, el nombre de "Caballeros del Santo Sepulcro" —el de Jerusalén y el otro— y las notables frases de aquellos "biógrafos" de Jesús cuando dicen (Mateo, XXVII, 57-60; Lucas, XV, 4247): "Y cuando fue tarde vino un hombre rico, Joseph de Arimatea, ilustre senador que también esperaba el reino de Dios y entró osadamente a Pilato y le pidió el cuerpo de Jesús. Pilato se lo dio y Joseph compró una sábana y, quitándole de la cruz, le envolvió en ella y le puso en un sepulcro suyo nuevo que había hecho abrir en una peña y revolvió una gran losa a la entrada del sepulcro y se fue".

No podemos descender al detalle de esta "losa", que nos recuerda la del "ábrete, sésamo" del cuento de Ali-Babá y los cuarenta ladrones libertados por una esclava; la roca removida por Juanillo el Oso; la removida por H.P.B. en la gruta de Karli (véase este epígrafe en Por las grutas y selvas del Indostán); la removida también por "eljiña de Benarés" (véase Hist. de la S.T. por Olcott), y en general "La piedra cúbica", del capítulo correspondiente al De gentes del otro mundo.

VI

HACIA LA SIERRA DE LA DEMANDA

Como uno de esos dulces ensueños, todo felicidad, de los adolescentes, la mágica visión del lago, del palacio y de sus sepulcros se desvaneció de la mente de Ginés de Lara, quien despertó en su camastro al recibir en pleno rostro el primer rayo de sol del nuevo día.

Pero no estaba solo, sino que la adorada figura de su tío el orive se alzaba a su lado gallarda y juvenil como nunca y que, imperativa, le decía:

—Ha llegado el momento. Vamonos, pues, los dos hacia la sierra bendita —y tomándole por la mano le llevó fuera del monasterio, donde le aguardaban, piafando, dos magníficos caballos blancos como aquel que es fama montase Santiago en sus apariciones, y en memoria del cual ningún caballo blanco pagaba en toda Castilla portazgos ni pontazgos. "Tío y sobrino, o sea "el ome bueno y su hijo", de aquella "Queste" o "Demanda" inverosímil para los profanos, remontaron Duero arriba desde Villaciervos, doblando por el Este y por el Norte la sierra de Cabrejas, hasta la altura de mil metros en Vinuesa, descendiendo luego por Covaleda y Duruelo hasta las propias fuentes del sacro río, no lejos de la célebre Laguna Negra de Urbión, sobre lo que se han escrito tantas y tan hermosas leyendas más o menos parientas de la de Doña Arbola, la Infantina, los Siete Infantes de Lara, y otras conocidísimas ya por nuestros folkloristas e historiadores, pero cuyo sentido oculto nada serio aún se ha hecho. Después, dejando a la espalda las nevadas cresterías de las sierras Cebollera, Urbión y Neila, a unos dos mil doscientos metros sobre el nivel del mar, se adentraron por la cuenca del Arlanza, otro río que, como el alto Duero, debió correr, antes de los tiempos del weáldico, hacia el Ebro y el Mediterráneo, hasta que, en épocas muy posteriores, les captasen en su curso otros riachuelos menos importantes y los llevasen hacia el Atlántico, que es hacia donde ahora corren por entre un verdadero laberinto de sierras y de valles, los cuales aún muestran ejemplos de todas las formaciones geológicas conocidas, cual si se tratase, en efecto, del verdadero núcleo central de todo el gran peñón peninsular después del hundimiento de la Atlántida en los últimos días eocenos.

Descansando o pernoctando donde les era preciso (casi siempre en misteriosos monasterios hoy desconocidos de nuestros geógrafos), tío y sobrino abandonaron en Hontoria del Pinar el camino natural de Soria a Burgos, que va por Salas de los Infantes, Covarrubias y Los Ausines (en el más hermoso y raro de los valles de España, al que acertadamente ha llamado "El valle de Lara" el geólogo Hernández-Pacheco en sus recientes estudios), y se metieron por la abrupta hoz del río Cavado apara ganar la comarca extraña de Neila, Navas del Pinar, Pinilla de los Moros, Jaramillo de la Fuente, Eterna, Tañabueyes, Tiniebla y Barbarillo del Pez, de la Sierra y del Ulereado, en un verdadero anfiteatro formado por el Cerro de la Trigaza al Este; el de San Millán de Lara con sus casi dos mil doscientos metros

de altura sobre el mar y la Sierra Mencilla al Norte, el monte Tras-homo y el triángulo de Salas, Laray Covarrubias al Oeste, y las crestas de Neila al Sur, región bendita de Lara que fuera antaño, cuando la influencia protohistórica de parsis e hindúes, "la región de Lhas arios" o "Espíritus" de nuestros antepasados post-atlantes, y que culmina al pie ya de la Sierra de la Demanda, en la dulce Concha de Pineda, aguas arriba del río Arlanzón, antes que las sagradas linfas de este río bajen hasta los 800 metros y besen los muros de la Burgos del Conde Parcelos, la émula de Toledo, la Benarés de la Vieja Castilla de nuestros mayores.

Por camino que envidiarían los turistas, el "hombre bueno" iba explicando a su sobrino, sin velos ni reservas, cuanto en el retiro de la Concha de Pineda y su sierra de la Demanda se atesora acerca del Santo Grial en su más pura y primitiva significación, no adulterada siglos después por los llamados por Fray J. de Sigüenza en su Historia de la Orden de S. Jerónimo, vanidad de los escritores ociosos que hicieron los "Libros de Caballería", libros que de intento la velaron, si es que por acaso la comprendieron. El que esto escribe no lo sabe todo, y quizás, aunque lo supiese, no lo podría decir. Por eso aquí consigna sólo, fiado a la memoria, lo que oyese del Maestro en las alturas del Tormo de Sepúlveda, relato con cuyos recuerdos ha pergeñado esta pesada narración, que no es sino "para los pocos", los que "tienen oídos para oír" el lenguaje raro del Ocultismo.

—La historia verdadera del Santo Grial, hijo mío —vino a decir en resumen el tío al sobrino—, está escrita en las estrellas y tiene aquí su fundamento, no en Toledo, como dice Wolfram de Eschembach,12 porque es el misterio de los astros oscuros o planetas frente a frente de los astros luminosos o soles, de los que dependen como el hijo de la madre, o el árbol de la tierra que le sustenta y el misterio también de lo que es limitado, pobre y oscuro frente a lo augusto y luminoso.

12. Según el citado estudio sobre "Las leyendas de Wagner en la literatura española", de Bonilla y San Martín, los principales orígenes conocidos de todas estas leyendas caballerescas más o menos relacionadas con la del Santo Grial son:

1.º La Historia rerum in partibus transmarinis gestarum, de Guillermo de Tiro (m. en 1184), obra latina traducida al francés con el título de Román d'Eracle, y libro que sirve de base al de la Gran Conquista de Ultramar, traducida del francés al castellano a últimos de siglo XIII o principios del XIV. En esta "Conquista" se resumen las cinco principales ramas referentes al ciclo de la Primera Cruzada: La "Chansó d'Antiocha", la "Chanson de Jerusalem", "Les Chetifs" (o Cautivos), "Helias" (el Caballero de Cisne) y "Les enfances de Godefroi".

2.º El Dolophatos, de Juan de Haute-Seille, escrito hacia 1190.

3º Lo del poema que París llama "Elioxa" o "Heli-oxa" -la ternera solar, como si dijéramos—, nombre primitivo de la Isomberta o Isis-Bertha del Caballero del Cisne, obra esta última de grandes analogías, según Gayangos con el Amadís de Gaula.

4.º El Parzival y el Titurel, de Wolfram d'Eschembach, de quien llevamos hecha tanta mención.

5.º El Conté de Graal, de Chrétien de Troyes (1175). El Lohen-grin o Swan-Ritter (el Caballero del Cisne), obra bávara anónima del siglo XIII, publicada por Goerres en 1813 y base principal del Lohen-grin, de Wagner.

6.º El Tristón und Isolde, de Godofredo de Estrasburgo (1200-1220), y cuantos "Tristanes" análogos andan por la literatura.

7.º La Demanda del Santo Grial con los maravillosos hechos de Lanzante y de Galaz, su hijo (siglo XIV), con todas sus obras concordantes.

El fragmento del "Lanzarote del lago" relativo a "La espada quebrada" que trae el citado libro del doctor Bonilla San Martín, dice así: "Estando ansí fablando don Galván y sus compañeros oyeron un gran grito muy alto y dolorido... e no anduvieron mucho... e fallaron un caballero que se combatía con otros doce de a pie y de acaballo... e don Galván firió a aquel que primero encontró, tan duramente que le metió la lanza por la espalda e don loan e Estor derribaron a dos de los otros, e los demás metiéronse por lo más espeso de la floresta, e cuando don Galván vio que no los podían más seguir, tornóse al caballero... e vio que traía dos espadas, e maravillóse ende mucho..., e le dijo: —¿Por qué traéis dos espadas en uno?... —El caballero desciñó las dos espadas e colgó la una de ellas de un árbol e la otra la puso sobre la yerba verde e fineó. de hinojos e omillóse ante ella e besó muy devotamente la empuñadura; e después sacóla de la vaina, mas non sacó sino la mitad ca ella era quebrada por medio... E luego volvió la vaina de suyo a yuso e cayó la otra mitad sobre la yerba, mas mucho se maravillaron cuantos vieron caer de la punta de la espada gotas de sangre, unas tras otras, muy espesamente... —Nunca vi tal maravilla —dijo don Galván—, mas por Dios, decidme ende la verdad. —De grado os la diré —dijo el caballero—; mas antes convendrá el probaros a vos y a vuestros compañeros si pudiéredes estos dos pedazos juntar en uno e que tinque sana. —Entonces descendieron de los caballos don Galván y sus compañeros e tendió una doncella un paño de jamete sobre la yerba verde. —Señor —dijo el caballero—, os conviene envolver las manos en este jamete e tomar ansí los pedazos de la espada casi de otra guisa los tomásedes podría vos ende venir alguna mala ventura. —Entonces envolviólas manos en el jamete e dijo don Galván: —Señor, ¿pueden estos dos pedazos desta espada ayuntarse e soldar de primero por mí?— El caballero dijo: —Sí, si vos sodes aquel que habedes de dar cabo a las aventuras del Sancto Grial. —Entonces comenzó a pensar don Galván, así que el corazón le temblaba en el cuerpo e las lágrimas le salían de los ojos, e el caballero le dijo: — Probadlo, en nombre de Dios.— E don Galván tomó los dos pedazos e ayuntólos en uno, mas nunca la espada se soldó como antes..., e después probaron don loan, e Estor, e Garriet, e Gueres, e Mor-deret e todos los otros compañeros sin lograrlo... E el caballero dijo: —Buenos señores, agora podedes bien ver que no hay en vos tanto bien como dicen

—e comenzó a llorar muy reciamente, e Estor le dijo: —Señor, agora podedes bien ver que son engañados cuantos nos tienen por buenos... —Bien habedes oído fablar muchas veces por las escrituras antiguas —dijo el caballero— que Joseph Abarimatia, el buen caballero que descendió a nuestro Señor Jesu-Christo de la cruz, vino a esta tierra que llaman de la Gran Bretaña por mandado del criador del mundo e desque hobo una pieza aquí morado... vino un día por medio de la floresta que llaman Verceleanda o Peocelianda, e aquel día era viernes, antes de mediodía, e anduvo tanto por un sendero que alcanzó a un pagano... con el que siguió. ¿Qué menester as tú? —le preguntó el pagano. —Yo —dijo Joseph —soy físico, e puedo llagas guerir. —Pues ven conmigo —dijo el pagano— a un mi castillo adonde está muy llagado mi hermano de una ferida en la cabeza, que no se falla maestro que lo pueda guarescer. —En el nombre de Dios —dijo Joseph— yo lo guariré muy bien si me quisiere creer... —Por mi cabeza —dijo el pagano —si vos me mentides, non podedes por cosa escapar ende vivo... —E ansí fablando anduvieron hasta nona, que llegaron al castillo de la Peña, que estaba en una montaña... E cuando Joseph y el pagano entraron, un león saltó en él, derribólo e matólo, e todos sus vasallos comenzaron a fazer gran duelo e prendieron a Joseph en la torre, e uno que era mayordomo del castillo tiró de espada e firió a joseph de la punta por la pierna, ansí que quebró la espada por medio e ficó la mitad de la espada en la pierna de Joseph... —Buenos señores —dijo Joseph—, antes que me matedes traed aquí a todos los dolientes del castillo, e yo los guariré si me quisieren creer. ·E luego primeramente trujeron al hermano del señor del castillo, que había una llaga en la cabeza tal, que ninguno se la podía guarescer. ·Si tú creyeres en Dios —dijo Joseph·, yo te guariré en nombre de Dios... —E fueron luego al templo e fizo llevar allá el cuerpo del hermano muerto, a quien... resucitó en nombre de Dios e de nuestro buen padre Jesu-Christo. E dijo: —Señores, agoré veredes el poder de vuestros falsos dioses. —E luego esto dicho, vino un trueno muy grande e grandes relámpagos, e la tierra comenzó a tremer e el aire a escurecer-se, ansí que todos cuidaron de morir. Entonces vino un curisto (rayo) e dio en las imágenes de los dioses e quemólas todas... E cuando el hermano vio resucitado al muerto comenzó a llorar de piedad... E luego fizo Joseph traer la otra parte de la espada e hizo la señal de la vera cruz con ella sobre la llaga de Matagrant e quedó éste guarido, e después tiró la pieza de la espada de su pierna, e la espada salió tan clara como si nunca hubiese estado en carne, pero de su punta caían gotas de sangre, de lo que maravillóse mucho todo aquel pueblo... E cuando Joseph vido las dos piezas de la espada dijo: ·¡Ay, espada buena e fermosa! ¡Ya mas non serás juntada, fasta que te tenga en sus manos aquel que las grandes aventuras del Sancto Grial llevará a cabo, mas luego que te tendrá te juntarás a fina fuerza, a esta pieza que en mi carne entró, no será jamas vista que no eche gotas de sangre fasta que la ciña aquí! ·E el caballero que tal narraba a don Calvan e a sus compañeros acabó diciendo: —Sabed, en fin, señores, que yo e de nombre Eliascar, el fijo del rico rey Pescador que tiene en su casa al rico Grial, e ando en la demanda de juntar esta espada."

La Demanda del Santo Grial castellana es una versión muy pobre de una Queste antigua y perdida; ha sufrido, como dice su autor, la cristianizadora influencia de las abadías del medioevo, y a más de ser fuente común quizá del Conté del Graal, de Chrétien de Troyes y del Parsival de Wolfram d'Eschembach, se relacionó grandemente así con los cinco troncos legendarios relativos al ciclo de la Primera Cruzada, a saber (Bonilla): la "Chansó d'Antiocha"; la "Chanson de Jerusa-lem"; "Les Chetifs", o Cautivos; "Helias", el Caballero del Cisne, y "Les enfances de Godobroi", ya citados.

En cuanto a las etimologías ocultistas de sus personajes, diremos, con perdón de nuestros terribles filólogos occidentales, que Lancelot del Lago es "el hombre de la lanza o solar", "el hombre-héroe iniciado en el lago sagrado"; Galar, es "el caballero de la Altura", o sea el de los altos ideales; la floresta de Armantes o Arimantes "do era el paso peligroso" es la inextricable selva astral de este triste mundo, la selva oscura de donde le salen al Dante las fieras que le quieren cortar el paso al empezar sus cantos de La Divina Comedia, y el hombre mismo de "Ari-man" ("el hombre ario") revela la filiación parsi de tal leyenda. El Moisés que también figura en ella es el "Muysca", el "Orfeo", el "Pan" o "dios de la Música", de los pueblos mejicanos; "Arthus" es el "Suthra" o "hilo" de la tradición eterna; su "Camcloc" es el "Kama-loka" indostánico; "Enid" o "Anid" es la Dina o Dinarzada de Las mil y una noches; el "Lirio de Astolat" o "Elaine" es la eterna Helena; "Oscelia"es el territorio de los óseos o vascos-ario-atlantes, y así sucesivamente, como ya hemos hecho notar en nuestro Wagner mitólogo y ocultista, no sin protesta de algunos'doctos al uso.

¡Hasta la célebre "Silla peligrosa" tiene con la "Silla gestatoria papal" una relación estrecha que no podemos consignar aquí por referirse a un delicado problema explorador de la sexualidad del candidato!

La luz Sideral de cabalistas y rosacruces, continuó diciendo el Guía, la Luz Eterna del

Padre-Madre-Espacio, emite vibraciones de orden trascendente que no pueden ser percibidas por los ojos físicos, aunque sí por los astrales y es reflejada en los millones de soles que brillan en el firmamento; "reflejada" decimos, aunque a nosotros nos parezca "luz propia" de cada uno de ellos. El rayo luminoso del respectivo sol incide vital sobre las verdaderas cohortes de planetas oscuros que pululan en torno de él, y éste, por supuesto, es el caso de nuestro propio astro del día con todos y cada uno de los planetas de su sistema. Un planeta es así una "casa de devoción", una de las infinitas "moradas del Padre- Celestial", como reza el Evangelio de San Mateo; pero ¡ay! que semejantes casas, por culpa de esa misma opacidad y falta de propia luz vital, tienen eternamente, en un plano ya inferior al de los soles, una parte iluminada (la del hemisferio que mira hacia su respectivo sol) y otra parte tenebrosa (la del opuesto hemisferio). Claro es que con las rotaciones que tienen en sí los astros sobre su eje como una consecuencia mecánica de su propia traslación en torno de su sol, los respectivos países de sus superficies alternan cada día en eso de pertenecer al hemisferio de luz o al de tinieblas. Pero siempre, detrás del planeta se proyecta eternamente en el espacio un cono fijo de sombra, fijo, se entiende, para la rotación ya que no para la traslación, un verdadero cucurucho de eternas negruras, remedado aquí abajo por el clásico cucurucho negro y largo de los astrólogos, un efectivo "cáliz de dolor" cuya copa de oscuridad o noche tiene un contorno, un cono trunchado e inverso de penumbras, formado, como saben los matemáticos, por el haz de rayos solares tangentes interiormente a los dos astros, mientras que los rayos que sean tangentes comunes exteriores a entrambos demarcan el antedicho cono de la sombra perpetua y absoluta que produce los eclipses.

Los seres de lo etéreo o de lo astral que permanecer puedan en dicho cono tienen una noche constante, sin llegar a ver jamás al astro del día; yacen, por decirlo así, en un abismo "inferior", al tenor de la pura etimología latina y al modo como yacerían en su noche de seis meses los habitantes de los polos, si los hubiese. Si la luz es la alegría, su dolor es eterno; si la luz es vida, la muerte o la atonía en su lote inevitable, y las regiones vulgares que pusiesen su mentido infierno de torturas hacia el centro del planeta, bien pudieron considerar como un purgatorio al menos a semejante cono o "cáliz"!, que es a la vez "monte santo" si se le mira por fuera, pues que en su falda o superficie toda reina constantemente un como crepúsculo o aurora, y en su cúspide el astro luminoso deja ya de ser eclipsado totalmente por el planeta oscuro, según al pormenor puede verse en los Tratados de Astronomía. El cono dicho es, en fin, una región abismal en la que el éter planetario no vibra con las vibraciones de la luz sino con las de las tinieblas, y que está literalmente tapada con una efectiva "piedra", o sea la masa opaca hestia u "hostia" del planeta, cosa, dicho sea de paso, que justifica al par cuantas versiones se han dado en el mito acerca de la verdadera naturaleza de semejante Emblema.

Los paganos iniciados, como los diversos sacerdotes de las viejas religiones de Oriente, sabían tordo esto, y cada uno, según su peculiar manera de traducir el gran Emblema a la respectiva religión vulgar que profesara, hizo, digámoslo así, un cáliz terrestre o humano con arreglo a otras claves y en simbólico recuerdo de aquel magno Cáliz celeste. Así vemos figurar en las iniciaciones y sacrificios la copa Manti y la copa Suktra (el Grial lunar y el Grial terrestre hindúes); la copa del Maná, y, en general, la de todos los sacrificios. Por ello el Grial hubo de tomar también forma cristiana, a base de la Hostia de Pan y del vino del Cáliz consagrados por Jesús en la última Cena, y en esta nueva acepción simbólica es como ha llegado hasta nosotros, merced tanto a los Libros de Caballería cuanto a esa constante influencia cristianizadora ejercida por las Abadías medioevales sobre todos cuantos mitos nos legase la sabia antigüedad.13

13.   Y esta especie de "Evangelio apócrifo del Grial" que ha corrido por el mundo revela por doquiera su primitivo origen hindú, parsi o caldeo, así en el clásico*ParzívaZ*, de Wolfram d'Eschembach (1200-1216), se habla de Perillo —o más bien de un peris o perisco parsi, un sucesor de los devs o devas—, "príncipe asiático que, convertido al cristianismo, se estableció durante el reinado de Vespasiano en el Noroeste de España, y guerreó con los paganos de Azaguz (Zaragoza), Salvaterre (Salvatierra), al intento de convertirlos. Su nieto, Titurel, venció a estos pueblos y ganó a Granada y otros reinos, auxiliado por los provenzales, arlesia-nos y karlingos, y fundó el culto del Graal, custodiándole en suntuoso templo construido a imitación del de Salomón y situado en Montsalvat o Montsalvatge, montaña, dice, que se encuentra camino de Galicia y que circunda un gran bosque llamado de Salvaterre, e instituyendo para la guarda del santo Vaso la caballería del Temple". (Véase Bonilla, obra citada, y el capítulo "Parsifal" de nuestro Wagner, mitólogo y ocultista, donde

se da también la lámina relativa a los dos "griales" de la Tierra y de la Luna). Dicho señor Bonilla añade: "Probablemente en la segunda mitad del siglo XIV se refundió al castellano una Queste francesa que, después de varias transformaciones, llevó el título de La Demanda del Santo Grial con los maravillosos hechos de Lanzante y de Galaz, su hijo, y cuyo libro primero comienza con el "Balandro del sabio Merlín". La "Demanda" citada por el cancionero de Baena se imprimió en Toledo en 1515 y en Sevilla en 1500 y 1535. En ella interviene Perceval "de Galaz", hijo del caballero de la Bestia ladradora, o sea de Palomades el Pagano. Perceval visita con Galaz y Boores el palacio del rey Pelles —más bien Peris, decimos nosotros—, donde se custodia el Grial, y se hace monje después de la muerte de su amigo Galaz, cuyos últimos instantes presencia. Es personaje secundario en la "Demanda". El Parsifal de la traducción castellana es Galaz, hijo de Lanzarote y nieto del rey Pelles. Galaz —"Zagal" o "Discípulo", leído el nombre en bustréfodo, decimos nosotros— es "el caballero divino del linaje de David yjoseph de Arimatea o Abarimatea" —¡siempre la aria sabiduría matemática primitiva o de lo!, insistimos—, el único que logra contemplar cara a cara al Santo Grial.

Véase, en fin, que las toponimias de Wolfram acerca de Zaragoza, Galicia, etc., van como contorneando a la Sierra de la Demanda, pues no hay que olvidar que los autores son alemanes o franceses, quienes penetraran naturalmente en sus viajes por los Arduiles navarros (vía natural de las invasiones), y de allí por el puerto de Nájera al camino de Galicia, y en tal supuesto la dicha "Salvaterre" acaso no sea la Salvatierra gallega, sino "una tierra solitaria y 'exenta', lejos del acceso de los hombres", como lo viene a ser la región que hoy describimos.

El Parcival de Wolfram y el Conté del Graal de Chrétien de Tro-yes, dice. Bonilla, proceden de una fuente común, y en opinión de miss Weston (The Legend of Sir Perceval, Londres, 1906) el Grial fue pagano y estuvo relacionado con los cultos de Adonis o Tammuz, siendo cristianizado luego en su última evolución.

VII
EN EL TEMPLO ETERNO DE LA MADRE-NATURALEZA

Con estas y otras sabias conversaciones, maestro y discípulo llegaron junto a la Concha de Pineda, a los pies mismos de la bendita sierra de la Demanda, al tiempo que declinaba

la tarde de un hermoso día entre picos inmaculados y azur-cos, y pinos venerables sobre los que no había jamás caído el hacha destructora del leñador, esos pinus pinae de sabrosa fruta característicos de aquel retiro santo del que parece haber dicho la incomparable H.P.B. que solapan a los ojos profanos un gran misterio atlante: el de un Centro ocultista, de todos ignorado, segundo Thibet ibérico del que irradia para-toda España y América una influencia bienhechora, apta para contrarrestar victoriosamente las eternas influencias necromantes occidentales, tan características también de nuestro país en todos los tiempos. Un ambiente diáfano, una luz crepuscular sui generis, una serenidad augusta, ultraterrestre y una calma infinita empapaba aquellos lugares con algo extrahumano e indefinible, y, merced a ello, los dos viajeros que allí arribaban por la Mano poderosa del Destino se sentían otros seres, tocados de la sublime majestad de lo que no puede explicarse el hombre. El trono de nubes de oro en el que acababa de hundirse el Sol iba tomando sucesivamente todas las coloraciones del iris con paleta mística que en vano podría ser imitada por artista alguno. Venus, el planeta misterioso hermano mayor de la Tierra, brillaba ya con excepcional esplendor en el borde mismo del trono soberano de las nubes, y por el opuesto lado de la Luna en su plenilunio alzaba ya su redonda e inexpresiva faz por las alturas de la enhiesta sierra en otro trono de plateadas y cloróticas nubes que hacía gran contraste con el anterior del Sol. El céfiro era vagamente musical en su insonoro silencio por entre las copas de los pinos, arrancando a ellas aromas de vida que en una paz perfecta resucitaban en los pechos de los viajeros la felicidad de la juventud. Las aves se recogían cantando en la espesura de la selva y los arroyos transparentes reforzaban con el ruido de sus cascadas el fa mágico de la Naturaleza primitiva, aún no profanada por las desarmonías físicas intelectuales y morales de los hombres pecadores. Era, en fin aquel increíble lugar uno de esos raros sitios de los que H P.B. dijese: "La Naturaleza tiene lugares extraños para sus escogidos, y lejos, muy lejos de la Humanidad vulgar, aún hay sitios donde el hombre puro puede adorar a la Divinidad tal como sus primeros padres lo hacían", esto es, comunicándose filialmente con la Deidad Desconocida y Abstracta, sin Nombre y sin culto, y a través de los astros.

Avanzando por una pradería florida, con la solemnidad y respeto de quienes penetran en un Templo de templos, el Guía y el guiado llegaron a una explanada verdaderamente indescriptible, en la que parecían haberse dado cita todas las bellezas terrestres, o más bien las paganas de los Campos Elíseos —campos de Helios o de la gente solar— que los clásicos romanos nos describen. Allí las tintas postrimeras del crepúsculo, fundidas ya en las argentadas de la luna, parecían ceder el paso a otra luz más excelsa, la fosforescente Luz Astral de los cabalistas, transformando de modo indecible las apariencias de las cosas y como dándoles a todas una vida superior en la que aguas, tierra, árboles y cielo adquirían unos tintes desconocidos para nuestros ojos, bien fuese porque los paisajes son los propios estados de alma dé quienes los contemplan, bien porque bajo aquellos efluvios de mágica iluminación las realidades físicas conocidas tomasen caracteres hiperfísicos jamás soñados por la inspiración del artista.

En el centro de la explanada se extendía un lago diáfano, apenas rizado por la tenue brisa, y allende del lago un templo de mármol luminoso, que más bien pareciera de cristal por sus raras transparencias. Ginés hubo de notar, no sin asombro, que de la mano de m Guía podía caminar sobre las aguas como hubiese caminado por sobre grueso hielo hasta llegar al pie de la regia escalinata por la que los viajeros, extáticos y asombrados, consiguieron subir prontamente al templo, mejor dicho, a la dilatada terraza donde un numeroso grupo de caballeros —todos en plena edad viril, vestidos de hermosas túnicas y revestidos de blanquísimas capas templarías con la paloma del Grial bordada en rojo y oro en ellas —que fraternales les recibieron en sus brazos.

La terraza del templo dominaba como una acrópolis al ámbito del sacro pinar y las iríseas cuarcitas, dilatado anfiteatro montañoso o "concha" que del mundo ignaro los separase. Desde ella el consteldo firmamento podía ser contemplado como antaño en los templos atlantes, aquellos hoy sepultados templos añorados por la poesía de Maeterlink, desde los que Asura-maya, el astrónomo primitivo discípulo de Narada, hiciese las observaciones previas para descubrir sus ciclos cronológicos de millares de años, enseñándoselas luego a sus discípulos a la luz de la luna, cual hoy la practican sus sucesores.

Porque conviene no olvidar que arios y caldeos primitivos no adoraban a la Madre-Naturaleza o Diosa Isis en otro templo que en su propio templo natural, templo cuyo pavimento eran las praderas floridas, sus paredes los taludes de las montañas y su bóveda la inmensa bóveda de los cielos, donde alternaban en solemnes turnos y cual inextinguibles lámparas el Sol, la Luna, los planetas y las estrellas. Si ellos, por acaso, alzaban un templo, más bien que para en él hacer estrechos cultos, lo destinaban a vivienda o biblioteca, si es que no tenían a mano alguna de esas criptas naturales, análogas a las secretas que aún hoy se conservan en Asia central y en otras partes, agujereadas por los "viharas" o celdas, y por vastísimos salones-bibliotecas en los que se conservan los tesoros todos del viejo saber en espera de días mejores que los actuales, en que puedan ellos ser dados a una Humanidad capaz de avalorarlos y de comprenderlos.

Por una de esas coincidencias poco explicables, a las que llaman "casualidades" los profanos, el incorporarse los recién-llegados al maravilloso grupo de aquellos inmortales freires de otros días en el mundo, coincidía con uno de los fenómenos más hermosos de cuantos presentan los cielos; es a saber: un eclipse de luna, que en aquellos instantes iba a comenzar. Diríase que el neófito Ginés de Lara iba a recibir así, a su llegada misma, una lección práctica acerca de los Griales de los cielos, prototipo de los Griales de la tierra, y que la fecha de su entrada en la Orden Eterna iba a ser registrada como tantas otras grandes fechas, por un eclipse total del astro de las noches.

Absortos en la mística contemplación del fenómeno nadie decía una palabra, porque los momentos más hondos de la vida suelen ser también los más silenciosos. Todos parecían tener una sola emoción y un solo pensamiento: el de compenetrarse de tal modo con la sublimidad del fenómeno como si astros y no hombres fuesen. Nada de secos cálculos matemáticos, por las sabias intuiciones de los freires superados ya; nada de lo que llamamos aquí abajo, en nuestro pudridero, "ciencia pura", acaso precisamente porque no lo es si no está previamente purificada por la emoción del amor, que hace una cosa misma del observador y de lo observado.

A medida, pues, que el dentellado cono de sombra, mejor dicho el Grial de terrestres penumbras, iba mordiendo en el argentado disco del satélite, la poderosa imaginación creadora de aquellos astrónomos-teósofos, ya documentada por estudios anteriores, les iba señalando qué montañas eran aquellas que unas tras otras producían tales sombras por hallarse a la sazón con el Sol en el borde de su horizonte. Así el más calificado de los observadores le fue diciendo a Ginés los nombres de dichas montañas, cuyas sombras se recortaban sobre el disco, dentellándole. La mayor parte parece ser eran de las Montañas Rocosas y los picos Andinos.

Otro de los freires hizo saber, lleno de científica unción, al neófito que los eclipses de sol y de luna tienen un alcance místico, insospechado aún por nuestra ciencia, por ser los momentos predilectos para lo que pudiera ser llamado "cambio de influencias entre la Luna y la Tierra".

— ¡Las aguas primievales; los núcleos astrales de las semillas de plantas y árboles, y hasta el germen mismo de animales y hombres primeros, los "pitris lunares" de las teogonías, vinieron así desde la Luna a la Tierra en los últimos días de la vitalidad de aquel astro hoy muerto y, sin embargo, vivo! —dijo uno de los hermanos a Ginés.

Y otro hermano añadió:

—Porque conviene no olvides, hermano mío, cómo se suceden en nuestra tierra los eclipses. No hay año en que se verifiquen menos de dos ni más de siete. En el año en que no hay más que dos eclipses, los dos son de Sol, y se da la paradoja de que de los setenta eclipses de cada ciclo de diez y nueve años en que los dichos fenómenos se reproducen aproximadamente, veintinueve son de Luna y cuarenta y uno de Sol, de Tierra, mejor dicho. Pero aunque estos últimos, como ves, sean más frecuentes que aquéllos para la Tierra en general, son felizmente de extremada rareza para cada uno de los lugares, porque el Grial o cono de sombra pura de la Luna apenas si roza con la superficie terrestre por su cúspide, mientras que en eclipses de Luna, como el de ahora, el satélite se sumerge simplemente en el cono penumbral o segundo Grial de la Tierra, y queda así eclipsado para cuantos terrícolas tienen a la Luna sobre el horizonte, o sea más de la mitad de la superficie del planeta.

—Y has de notar, hijo mío —observó un tercero—, que en cada eclipse de Sol que se reproduce durante múltiples ciclos lunares de diez y nueve años, la fatídica sombra lunar, cuyos astrales misterios del pasado produce en los seres vivientes los fenómenos como de muerte o de espanto que ya conoces, va, por así decirlo, operando un verdadero traceado sobre la Tierra, y así, en el decurso de varios siglos, el mismo eclipse que en cierto año comienza a perfilar su sombra por el casquete boreal, sigue luego por la zona templada inmediata, prosigue por la ecuatorial, y acaba, tras largos años, por terminar sus astrales traceados de sombra por la zona templada glacial del hemisferio Sur, o viceversa, y siempre de Occidente a Oriente.

—Para vosotros, los que venís del mundo que nosotros hace tiempo abandonáramos —insistió el primero—, semejante momento carece de toda importancia física; pero conviene no olvidar que el éter planetario vibra de distinta manera bajo el rayo de luz que en el griálico cono de tinieblas, y por ello cuantas influencias astrales y fantasmáticas temen a la luz, que es destructora de su organismo etéreo —al modo como también dicho rayo de luz destruye o reduce las sales de plata fotográficas—, hallan la ocasión propicia de descender a la Tierra aprovechando la continuidad sombría que el cono oscuro de entre la Luna y Tierrales proporciona. Y hasta sabio hay entre nosotros que sospecha que las almas de los desencarnados pasan por millares de la Tierra a la Luna y vuelven a su tiempo de la Luna a la Tierra aprovechando, valga la frase, la etérea escalera del citado cono o Grial terrestre, "escala de Jacob", por la que así bajan y suben los hombres y los ángeles...

Con estas y otras sapientísimas enseñanzas que aún no se pueden confiar a la publicidad, llegó el momento de totalidad del fenómeno, y la Luna, teñida de un rojo violáceo y aun grisáceo que la hacía casi desaparecer en el cielo después de empequeñecerla aparentemente hasta la mitad de su radio, parecía una bola en ignición ya próxima a apagarse. La torva fisonomía que de ordinario remeda con sus "mares" y montañas, se acentuaba así hasta hacerse verdaderamente desagradable, cual si su fría influencia de astro muerto llegase hasta aquí abajo, aunque en grado mucho menor que en los eclipses totales de Sol. Y mientras transcurría la hora larga, que la totalidad duró, el más calificado de los presentes, tomando cariñosamente por la mano al neófito, le hizo descender hasta el borde de la escalinata, diciéndole al par que le mostraba cual un espejo mágico el sombrío acero de las aguas del lago:

— ¡Mira, ahora, aquí!

Y Ginés miró, erizándosele el cabello, y vio dos cosas que ningún mortal ha visto, pero no por eso menos asombrosas ni menos ciertas.,. ¡Vio, primero, como en gigantesco telescopio, a los habitantes del lado de acá de la Luna, seres precitos, desgraciados sobre toda ponderación, y acerca de cuya naturaleza y origen se guarda gran misterio entre los que "lo saben todo", y vio después algo más maravilloso aún: el secreto del otro lado del satélite, o sea el del hemisferio siempre vuelto del otro lado, y desde él cual jamás se ve la Tierra miserable, lugar donde algún místico ha querido situar, por tanto, "el Paraíso de Henoch y de Elias", los dos jiñas del pueblo hebreo!...

EPILOGO

De lo que aconteciese al simpático Ginés de Lara en el retiro de la Demanda, después que estuvo con los freires, sus hermanos no se sabe bien si encarnados o desencarnados, y con ellos observó asombrado un eclipse de Luna, nada te podré revelar, lector querido, que me has seguido paciente a lo largo de la selva de este relato. Hay por medio un voto de silencio, no te diré si del jiña excelso que en la altura del Tormo de Sepúlveda nos contara cuando va expresado, o mío, al recoger el relato y pobremente transmitirlo a la posteridad con estas mal trazadas líneas.

Sólo sí te diré que Ginés, cambiado completamente de cuerpo como de espíritu en el Jordán del sagrado y oculto lago de la sierra de la Demanda, regresó a Santo Polo, sin duda para acabar de cumplir su misión aquí abajo, antes de volverse en definitiva al lado de "los Inmortales", y bien pronto llegó a ser el Comendador de la poderosa residencia aquella.

Pero llegaron páralos freires del Temple los días de prueba correspondientes al reinado de Felipe el Hermoso, de Francia, y del pontificado de Clemente V, que en el Concilio de Viena los suprimió. Las acusaciones contra aquéllos, que llovían de todas partes, fueron tan graves que, según confiesa el propio Cantú, se decía de los borrachos que "bebían como templarios", y los muchachos se saludaban picarescamente entre sí con la frase de "

¡Custodiate vobis ab obsculo Templariorum!, que se ha hecho célebre.

Las noventa mil encomiendas templarías repartidas por todo el orbe cristiano habían sumado en un siglo riquezas fabulosas que tentaban la codicia de papas y de reyes, y algunos de estos últimos, como Alfonso el Batallador, de Aragón, que los trajese a España, les habían legado hasta la corona. Pusiéronse en abierta pugna los del Temple con las demás Ordenes religiosas, a las que despreciaban, humillándolas con su soberbia, sus ostentaciones y sus lujos, sin hacer gran caso ni de los papas mismos, llegando hasta denegar a Felipe la entrada en sus iniciáticos misterios nocturnos, que se decían reproducir los paganos de Eleusis y de las Galias; se les creía "adoradores del Macho Cabrío" griego bajo el nombre de Baat-phomet; y llegar, por sistema, hasta los más espantosos vicios contra naturaleza; en París eran dueños de un barrio entero que aún hoy lleva el nombre de El Temple; estaban exentos de toda jurisdicción y gabela; se aliaron con las misteriosas gentes del Líbano, capitaneadas por "El Viejo de la Montaña", y con gentes africanas del castillo de Glaui,14 en el Atlas; en él guerreaban ya contra los reinos cristianos de Chipre y de Antioquía, regidos por los caballeros Hospitalarios, y se mofaban en sus templos hasta de la Cruz misma, que, en efecto, pisoteaban.

14. En la interesante Zanoni, revista teosofica de Sevilla, y en artículo que nos está dedicado, bajo el título de "El sublime y misterioso Atlas", aparecen notables fotografías de este apartado castillo de "Losher-manos de la Pureza" o sucesores africanos de "El Viejo de la Montaña".

Los jurisconsultos consejeros del rey francés habían aconsejado a éste la supresión de la Orden y la prisión de sus principales jefes, a cuya cabeza Jacobo de Molay, el gran Maestre, fue condenado y quemado vivo con otro de los jefes en 1314 frente al Puente Nuevo de París. En Inglaterra y otros países se los persiguió o suprimió al modo de Francia, mientras que se les absolvía en Castilla, Portugal, etc., y se producían en otros lugares verdaderos escándalos, en los que jugaban las más repugnantes acusaciones de necromancia, como las lanzadas contra Guiscardo, obispo de Troyes, y Blanca de Navarra, por el florentino Noffi Dei, el traidor que no falta jamás. A consecuencia de esta catástrofe que sepultó a los Templarios bajo las iras combinadas del Papa y del rey francés, la Orden quedó definitivamente disuelta, aun en aquellos países como el nuestro, donde más se la quería y admiraba, y, dispersos sus individuos, fueron incorporados a otras Ordenes religiosas, pasando de los diversos prioratos y encomiendas de Ponferrada, Quintanar, etc., a los monasterios más vecinos. Los de Santo Polo, con nuestro Ginés de Lara, por supuesto, fueron incorporados en gran parte al hospital erigido en Burgos un siglo hacía por el rey don Alfonso VIII de Castilla de acuerdo con varios caballeros de Calatrava, que habían cambiado sus vistosas capas guerreras por el mísero tabardo del enfermero, para asistir a los menesterosos en el monasterio que se llamó de Las Huelgas, monasterio donde desde 1199, por privilegios de Gregorio IX (1235), regía una poderosa Abadesa a la que los freires sin órdenes sagradas, ni siquiera la tonsura de bordado castillo de oro, simbólico escapulario cisterciense, tenían que jurar fidelidad y rendir pleito homenaje previo.

Mas, a pesar de esta subordinación aparente exigida por las leyes, de hecho Ginés de Lara y sus freires del Duero continuaron tan templarios y tan independientes como antes, si bien bajo un mayor sigilo iniciático que los hiciese desaparecer a los ojos del mundo, asegurando así más aún su independencia ocultista, con la cual han llegado hasta hoy mismo, y buena prueba de ello nuestro interlocutor el sabio del Tormo, que todas éstas nos refiera, antes de desaparecer de nuestra vista tan inexplicablemente como había venido.

¿Pero cómo viven aquéllos actualmente, conservando con sus vidas extrañas, a través de las luchas de los siglos, el culto sin ritos al Dios desconocido y sin nombre? ¿Qué cuerpos físicos son los suyos que de tal modo y a voluntad se nos hacen visibles o invisibles, y que pueden vivir siglos en las tenebrosidades aparentes de cuevas como las de Sepúlveda, cuevas inaccesibles en sus reconditeces e irrespirables en sus mefíticas atmósferas interiores de anhídrido carbónico? ¿Qué mallas inextricables tienden ellos ante los ojos de los profanos para despistarlos cuando sus arriesgados turismos los llevan a las regiones augustas de la Sierra de la Demanda, haciéndoles ver precipicios allí donde sólo hay llanuras; bosques donde hay viejos palacios, al modo de como se cuenta en varios pasajes de las obras de H.P.B. y de Olcott? Y, en fin, ¿qué cadena de monasterios católicos es ésa que encierra a la región del Santo Grial español en verdadero círculo de hierro y donde no se le permite al seglar investigador más libertad de acción que las que a ellos les place, como sabemos de ciencia cierta por el propio Montalbán y por otros exploradores?

Interrogaciones son éstas merecedoras de un estudio especial que ojalá podamos dar algún día a nuestros lectores solícitos...

EL TRIO EN SI BEMOL

(EL SEXO Y SU ETERNO PROBLEMA)

I

LA CASITA IRLANDESA

Por los últimos años del siglo pasado, en el jardín donde después se ha alzado la suntuosa casa llamada "de Weyler", que forma el ángulo sur de la calle del Marqués de Urquijo con el espléndido paseo de Rosales, de Madrid, existía una casita sencilla de dos pisos; un edificio que, por fuera, más parecía hecho de pobres tablas que no de ladrillo y piedra; una construcción, en fin, que habría resultado bien en un prado del campo, pero no en aquella grandiosa barriada que es, sin duda, la mejor de las de la coronada villa.

A la legua se descubría en la casita dicha la rareza extranjera del que la construyese. No tenía balcón alguno, a pesar de que el horizonte que ante ella se abría por el Norte y por el Poniente convidaba a balcones y terrazas desde donde gozar de un panorama verdaderamente sublime sobre el sin igual paseo, sobre las dos orillas del Manzanares, sobre los encinares de la Casa de Campo y sobre la seca llanura del Campamento de Carabanchel, Humera y Brúñete, cuyos bordes aparecían coronados muy de lejos por las nevadas sierras de San Martín de Valdeiglesias y más lejos aún por los picos de Menga, asomando detrás de los de Guisando y Ávila, enlazados a la derecha con las tan conocidas cumbres de La Mujer Muerta, Siete Picos y La Maliciosa, esta última ya sobre las frondas del Parque del Oeste.

Ocupaba la casita un cerrete artificial cuatro o cinco metros más alto que el resto de jardín circundante, donde crecían álamos, chopos y eucaliptos, rodeados de violetas y crisantemos. Sus ventanas, o más bien la cristalera continua que ocupaba en entrambos pisos casi todo el muro, más bien parecían celosías de convento por sus travesaños en rombos, y su tejado a dos aguas hechos de teja negra y dura de Segovia completaba la rústica apariencia de ferme irlandesa que se habían preciado de darle sus caprichosos constructores, gentes extranjeras, llenas de nostalgias de un clima nórdico y nebuloso, el más distante de los estrepitosos esplendores del cielo de Madrid, donde el Sol hace su carrera diurna por los cielos sin que le oculte una nube las dos terceras partes del año.

En efecto, los dueños de la tal casita eran dos extranjeros: dos ingleses; mejor dicho, una irlandesa y un escocés, que vinieran pobres a Madrid hacía treinta años, y que, con esfuerzos inauditos propios de su paciente raza, a vueltas de trabajos, de economías y de suerte, habían comprado aquel solar a cinco céntimos el pie, como todos los del barrio, solar que hoy les valdría a cinco duros, y habían construido aquella casuca con baratura que hoy resulta increíble después del alza sufrida por todos los valores en la postguerra.

Y el Destino o Karma, que es para todos los seres del Cosmos la ley de justa retribución, no sólo había premiado los esfuerzos de aquellos honrados consortes con darles la independencia material tan ansiada, sino que se los había coronado con tres sanísimos hijos, en los que las cualidades de las dos razas, la idealista escocesa del padre y la práctica y positivista de la madre, parecían llamadas a la más hermosa de las ponderaciones fisiológicas.

Crecieron así los tres niños, que apenas se llevaban entre sí dos años, en un ambiente honrado, laborioso y altamente educativo, porque es fama que el "trasplante humano" de las

mentes inglesas en nuestro suelo es de los más fecundos en resultados de mejoramiento de raza, que diría un sociólogo positivista, ya que las Islas Británicas y la Península Ibérica son geográficamente como el anverso y reverso de una misma medalla, y las cualidades contrapuestas de unas y de otra son las más adecuadas para una complementación ideal, como la que se observa en cuantos ingleses se establecen en Galicia y Andalucía, o cuantos españoles pasan a vivir en la verde Erín de los clásicos antiguos y en la montuosa Scottland de los mares nórdicos.

Pero por grande que fuese el poder de esta ley geográfico-fisiológica, aquí no llegó a ser absoluto, y así el hijo mayor, Walter, un Walter Scott en miniatura, desde la niñez dibujó claramente su carácter místico, soñador e idealista, con cierta voluntariedad de raza que le llevaba a los límites de la terquedad más peligrosa, heredando así, a través de su padre, la dura condición fantaseadora de esos escoceses que aún ven un enemigo eterno en las gentes de Londres y de Gales (los odiados sajones continentales), y que, añorando a los Estuardos, odian a los ingleses actuales igual que en los días de la guerra de las dos Rosas. El menor, Oliverio, aunque místico también a su manera, era un místico práctico como su homónimo Oliverio Cronwell, mejor dicho, un positivista, tozudo también, casi un materialista, apto para las ciencias que dan dinero, no las que dan solamente honores, e inapto para levantar por encima del suelo una imaginación con alas como la de su hermano Walter. Justino, en fin, el hermano del medio, era el hermano del medio efectivo, con la ponderación más perfecta que darse puede entre el corazón y la cabeza; entre lo idealista y lo práctico; entre lo que sube al cielo y lo que mansamente vive y vegeta sobre la tierra.

Respetuosos los padres con las sendas y nacientes cualidades de sus tres hijos, les fueron orientando según los naturales impulsos de sus vocaciones respectivas, y así Walter, el soñador, cursó brillantemente la carrera de Filosofía y Letras; Oliverio, pequeño positivista, fácilmente se hizo ingeniero de caminos, canales y puertos, mientras que el ponderadísimo Justino se adentró serenamente por los estudios jurídicos que habían de hacer de él, con los años, un abogado de nota, mejor dicho, un verdadero jurisconsulto-polígrafo de esos que, con arreglo a la inmortal definición de la Instituta, llegan a tener "noticia plena de todas las cosas divinas y humanas" (Poligrafía), y "ciencia de lo justo y de lo injusto".

Y así, al no por natural menos llorado tránsito de aquellos sus excelentes padres a una vida mejor, nuestros tres jóvenes de la casita irlandesa llegaron a la mayor edad, y en el ancho camino de la vida cada uno tomó su senda al tenor de sus aptitudes y carreras respectivas, y afrontaron el terrible problema de la juventud, que es el problema del sexo, al tenor de sus modalidades respectivas, el uno, Walter, con excesivo idealismo; el otro, Oliverio, con no menos excesivo positivismo; y el tercero, Justino, con la ponderación dificultosa del que hace un pleito entre partes adversas y un justo fallo subsiguiente de cada acto grande o pequeño de nuestra vida.

Quiero decir que Walter tomó horror al matrimonio, ese vínculo santo, que completa por fisiológica contraposición las respectivas limitaciones orgánicas de la mujer y del varón...

¡Ello le parecía harto prosaico a sus fantásticos idealismos, llegando a considerarlo casi como un homicidio! A su vez, Oliverio tomó hacia esa ley que forma los hogares honrados y sostiene a los pueblos a través de los siglos, otro horror no menos disimulado, aunque harto más represible, porque, ciego a la voz de la eterna justicia de no querer para los demás lo que no queremos para nosotros mismos, no por eso estaba ciego ni insensible a las suscitaciones carnales, que vienen a ser, precisamente, la parte más baja del sexo, y como tales las menos humanas también, si hemos de considerar algo más que a un simple animal al hombre. Justino, en fin, ponderado en todo, así que su carrera y posición social

alcanzaron a permitírselo, constituyó con una joven española de muy buena familia, aunque pobre, un hogar nuevo, tomando por modelo al de sus padres y obedeciendo, como ellos, al viejo precepto del Manava-Dharma Shastra o Código del Manú, que dice que al brahmán completo y perfecto le forman el varón, su mujer y su hijo, no siendo digna de aplauso, sino de acerbas censuras, la conducta de cuantos, pudiendo, abandonan esta mísera vida sin haber plantado un árbol, engendrado un hijo y escrito un libro...

En suma, que el vaticinio del sabio preceptor de los tres jóvenes, el austero Cleveland, se cumplía al pie de la letra. Este hombre práctico al par que vidente había dicho antaño al bueno de Sir Thomson Mac Dowell, el padre escocés, cierto día en que pareciese preocupado por el porvenir de aquéllos:

— ¡Y hacéis bien en preocuparos, porque los tres chicos, con las divergentes aptitudes que dibujan, constituyen un verdadero "trío en sí bemol!" como aquel otro del maestro Beethoven, al que se ha llamado "el toro farnesio de la música de Cámara"! Walter, "el violín", me parece que vuela demasiado alto; Oliverio, "el violoncello", rastrea excesivamente bajo, y sólo de Justino, "el piano", al ir piano en su marcha irá lontano también, como dicen en Italia. ¡Cuánto no celebraría el equivocarme, porque los quiero como a hijos!

II

EL INGENIERO

Oliverio Mac Dowell, el ingeniero de Caminos inteligente y positivista así que terminó sus estudios en la escuela del cerrillo de San Blas de Madrid, tendió el vuelo por Europa en viaje de instrucción.

Y la primera etapa de su vuelo fue, como para todos, París. La Ville-lumiére, en efecto, parece como la inevitable encrucijada de todos los caminos internacionales. Valga lo que valiere un inglés, un alemán o un americano, podrá adquirir él cuanta fama quepa en su país respectivo, pero tal fama no es internacional, ni se hace mundial su nombre mientras no- recibe en la ciudad del Sena, "la que fluctúa siempre y no se sumerge nunca", "la pescozada" del trabajo y aun "el espaldarazo" del vicio.

Porque, eso sí, el espaldarazo del vicio es en París de los que deciden por entero el porvenir de los humanos pajarillos que incautos abaten su vuelo sobre la gran urbe, y en la hoja militar-social de cuantos hemos cruzado de jóvenes por aquel piélago de pasiones ya puede ponerse como en la de los soldados "valor probado" en lugar de "valor, se le supone", que se consigna en esotras de los novatos que por nada han pasado y que nada han visto.

Escrito está además en la ley natural el que el joven, al empezar como ser inteligente, responsable y libre la carrera de la vida, sea sometido a la tentación, tentación que nos es dada, según el Catecismo, "para nuestro ejercicio y mayor corona", y de la que no estuvieran libres ni Krishna con las Aspáridas, ni Buddha con las Gompis seductoras, ni el mismo Jesús en el desierto cuando el Enemigo le tienta por tres veces con hambre de pan, con hambre de curiosidad y con hambre de poderío.

Porque el hombre en el ciclo completo de su vida pasa por dos apoteosis de grandeza: la una cuando llega a la plenitud vital de la virilidad, al comenzar la edad Samada de "los cristos", y la otra cuando, tras una vida honrada de laborioso esfuerzo y vecino ya al sepulcro, alcanza la apoteosis de su conciencia psicológica, la cual, al fin, de su gran jornada, le dice haber cumplido bien con la gran ley que le trajese a la vida y que muy en breve ha de recoger su fruto en una vida superior quien no es en sí más que la sublimación de ésta y de su esfuerzo.1

El Boulevard, con sus falsos oropeles seductores, salió al paso del joven matemático, todo ciencia reglada y prevista, armado de las potencias mágicas, para él desconocidas, del Arte y de la Pasión, que arrastran como corderos a los hombres. Las mujeres-flores del jardín de Klingsor en el Parsifal surgían doquiera en torno suyo, armadas de todos los encantos, de todos los matices de la belleza y de la gracia, cerca de un corazón como el de Oliverio, demasiado inexperto sin duda, un poco vanidoso y pagado de sí, como el que suele tenerse a los veinticinco años, cuando aún no se conocen ni por asomo esos engaños terribles de "la luz astral" que a tantos han perdido, y, pues no se ha combatido aún con ésta, todo se ve fácil, hacedero en el más falso de los ensueños de grandeza.

1. Wagner, el filósofo musical, ha expresado de un modo admirable en sus Maestros cantores de Nuremberg estos dos momentos apoteósicos de la vida del hombre en el diálogo entre Hans-Sachs, el maestro zapatero, y el caballero Walther de Stolzing, acerca de lo que es un verdadero canto de Maestro:

Walther —¿Qué diferencia hay entre un canto bello y un canto de maestro?

Sachs (con voz conmovida) —¡Amigo mío! En los felices días de la juventud, cuando poderosas aspiraciones remueven profundamente nuestras almas, levantándonos el pecho y dilatando nuestro corazón hacia el éxtasis del amor primero, cualquiera canta una bella canción... ¡La primavera canta por él!... Mas cuando llega el estío y después el otoño y el invierno, y con ellos las urgencias de la vida, la dicha conyugal, los hijos, los negocios, las preocupaciones y los conflictos, aquellos que, a pesar de todo, consiguen crear todavía bellos cantos, reciben el nombre de Maestros... ¡Aprended, pues, las reglas de los Maestros; estudiadlas, puesto que aún es tiempo, para que, siendo ellas vuestro guía mas fiel, os ayuden algún día a conservar y volver a encontrar en vuestro corazón los tesoros que allí depositaron la primavera, la pasión y el amor en los años de vuestra juventud, cuando todavía no conocíais más que la alegría de ilimitadas aspiraciones. ¡Todos esos tesoros que sólo las reglas magistrales habrán de devolveros intactos más tarde!...

Walther —Pero, ¿quiénes crearon esas reglas tan prestigiosas?

Sachs —Los que las instituyeron fueron Maestros que sólo obedecían, promulgándolas, a profundas necesidades... Fueron ellos espíritus cruelmente oprimidos por las tristezas de la vida y que, bajo el imperio de su propia angustia, de sus ásperas aspiraciones, de sus desengaños, hubieron de forjarse una imagen, un modelo ideal, por decirlo así, que contuviese firme y preciso el recuerdo bendito de su juventud y de su amor, conservando así puro el perfume primaveral que entre las-brumas del pasado se desvaneciese...

Y como Oliverio no tenía más confesor que su hermano el equilibrado Justino, pues que Walter había tirado por otros rumbos viajeros como después veremos, desahogaba su corazón de niño voluntarioso y de temprano viejo escéptico en cartas como la que sigue y en la que decía:

"París y abril de 189...

"Querido Justino: Ya será razón que te escriba después de bien instalado y aun adueñado de París, la urbe cosmopolita que con su frivolidad bulevardera tanto se adapta, como sabes, a mis opiniones y gustos. Llegué, en efecto, y como aquel otro general, no recuerdo quién, que nos citaba tantas veces Walter, vi y vencí, como debe vencerse en todas partes, y perdona la inmodestia, más por mi juventud, estudios y condiciones de carácter que por el dinero mismo que afortunadamente sabes no nos falta, con ser éste la rueda Catalina del complicado mecanismo social, sin fantaseos ni pasionalismos.

"En el mes que llevo, lo he recorrido todo: fábricas notables, museos, teatros, edificios y lugares históricos; las grandiosidades del barrio del Trocadero y de los Campos Elíseos, las simpatiquísimas lobregueces del Barrio Latino, el humano hormiguero de los bulevares, las dulzuras de la banlieu, las grandezas de Versalles, del Louvre y del Luxemburgo. En una palabra, que ya me sé de memoria todo esto, y puedo decir con Don Juan Tenorio que á los palacios subí y a las cabañas bajé; pero dejando gratas, no amargas memorias, o al menos, dejándomelas ellas a mí, que sabes soy algo difícil de contentar.

"Y te digo esto porque rabies en tu severidad excesivamente catoniana de marido enamorado y modelo que espera ya pronto 'de París' el tercer hijo o hija que ha de amargarle la existencia en lo futuro, y porque me envidies en mi libertad sabiendo que yo, emancipado con mi criterio moderno y progresivo de rancias preocupaciones, no necesito de semejantes sobrecargas, rayanas hoy en la locura, según y como se está poniendo la vida.

"¿Hay algo mejor para un joven como yo, pletórico de vida y de ilusiones, que el saltar de rama en rama en el árbol del amor, sin trabas ni preocupaciones? ¿Hay algo superior al amor por el amor mismo, como libre consenso de atracciones recíprocas? Y la propia vida,

¿puede ofrecernos nada más hermoso que ese gozar del hoy, que es la realidad tangible, sin preocuparse del ayer que ya pasó, ni del mañana que todavía no ha venido ni corre prisa alguna de que llegue?...

"Ya lo dijo Espronceda en aquel pasaje tan verdadero de

La vida es la vida; cuando ella se acaba acaba con ella también el placer.

De inciertos temores, ¿a qué hacerla esclava?

¡Para mí no hay nunca mañana ni ayer!

"Perdona, sin embargo, hermano mío. Quizá te escandalice con estas crudezas, no por duras para tus burgueses oídos menos efectivas. Sé lo que me predicarás... ¡Lo mismo que me predicaste siempre en otros tantos sermones perdidos! Aunque tu Margarita, modelo de mujeres y de esposas españolas, te endulce la existencia con sus ternuras y desvelos, convén conmigo una vez siquiera en que, como ha dicho Benavente, hay algo de prosaico, de asfixiante, en ese deslizarse de la vida de un hogar tranquilo como el tuyo. ¡Yo soy hombre del ágora, es decir, del mundo! Lo tomo como se me presenta, y nada más. A una ilusión amorosa que se marchita, la sustituyo en seguida por otra, en continuo mariposase saintsimoniano, bailando una como cadena de rigodón eterno en el que va uno dando sucesivamente la mano a todas las parejas... "Además, yo no daño a nadie: mi vida regular puede ponerse como modelo del hombre bien que decimos ahora. Por las mañanas mis deberes profesionales de ampliar mis conocimientos ingeníeriles con lo mucho que doquiera hay aquí que aprender. Por las tardes, "la vie au grand'air", y por la noche, el bien ganado recreo y el descanso luego. Dime, pues, Catón mío, ¿de qué tienes que reconvenirme, ceñudo? ¡De nada!, y esta vez te gana la partida tu hermano que te abraza, Oliverio."

La respuesta a esta franca epístola del género más amuchachado que darse puede, no se hizo esperar, como era lógico entre dos hermanos que tanto se querían, y su contexto fue el que era natural suponer en un hombre de la ponderación psicológica de Justino, a saber:

"Madrid y mayo de 19...

"Inolvidable Oliverio: Pues que las citas jurídicas y morales en nuestro pleito vienen floridamente sustituidas en tu cariñosa por párrafos poéticos del gran suicida psicológico de Espronceda, debo empezar mi respuesta con poesía también, diciéndote, como en la célebre obra de Camprodón, si no recuerdo mal, que allá a mediados del siglo hacía la felicidad de nuestros padres:

"Aunque mis gustos añejos marchiten tus ilusiones, te han de hacer ver mis consejos que contra tales espejos se quiebran los corazones."

"Quiero decir que mis ideas —medicinas de tu alocada psicología inexperta—, te serán quizás amargas en tu paladar de escéptico al uso, o si te parece mejor, de griego decadente, de esos que sacrifican el fondo moral de las cosas a una bella frase, o a un gallardo gesto, más como histriones que como hombres. Pero ellas te podrán dar, si las atiendes, una salud espiritual que hoy corres gran peligro de perder, y si dejas de atenderlas, yo al menos no abrigaré mañana el remordimiento que tendría, pues, en honor de nuestra vieja raza inglesa, yo no me oriento nunca por el placer ni por el ansia del éxito, sino por el deber, que es el único que, una vez cumplido, da la serenidad de la conciencia en el fracaso y una felicidad como no hay otra, con el éxito.

"Y basta de preámbulos.

"Te veo feliz a tu modo, según dices; pero ¿cabe felicidad verdadera en cifrar anhelos en lo que siempre cambia como cinta cinematográfica? El placer continuado que huye sistemáticamente de los dolores saludables con que nos guía silenciosa la Madre-Naturaleza, ¿no conduce fatalmente al embotamiento por su propia continuidad embrutecedora?... ¡Un día sin noche; un cuadro de luz y sin sombras! ¿Crees posible en tu talento semejantes cosas?

"'No, mi equivocadísimo Oliverio, ni el hombre es el centro de la Tierra, ni la Tierra es el centro del Universo. Quiero decir que jamás se acierta colocándose en la posición antropocéntrica y egoísta en que pretendes colocarte. La misma apelación a mi pobre juicio reviste todos los caracteres de un semi-inconsciente remordimiento.

"Por las mañanas, me dices, amplías tus estudios; pero, ¿lo haces por altas consideraciones de ser útil luego a la sociedad, a la que la debemos todo, o por impulsos más rastreros de un mayor medro personal y un más considerable lucro? Porque no es lo mismo.

"La profesión más modesta, tomada con aquella finalidad elevada, renunciadora si quieres, es sacerdocio, mientras que la más alta y brillante, tomada con estotra orientación, no es sino comercio. Un comercio decoroso, tal vez, a los ojos de las gentes vulgares, que son en el mundo las más, pero comercio al fin, y que como tal puede tener sus quiebras. ¡De hecho las tiene siempre!

"'Por las tardes la vie au grand'air. ¿Y qué diablos es, en suma, esto? Porque la de muchos a quienes yo he visto seguirla los he deputado casi siempre como los aburridos más espantosos que hay bajo la capa de las estrellas. Tú y yo conocemos aquí a muchos pollos de estos que acaban de comprar los primeros modelos de los recién inventados automóviles para ir ¡muy de prisa, eso sí, y a pique de estrellarse!, pero para ir, digo, donde no tienen precisión de hallarse, y volverse luego con la misma prisa al punto de partida, matando sólo el tiempo, como se dice.

"Cierto que no hay nada más hermoso que la contemplación de la Naturaleza en sus castos y solitarios esplendores, que no son sino para los exquisitos. Sin embargo, la percepción de las grandiosidades y las preciosidades naturales está en razón inversa de las velocidades con que se recorren, y de aquí el que el turista que quiera adueñarse del paisaje, lo mejor que hacer puede es recorrerlo a pie. Si se trata de negocios urgentes y casi siempre pasionales, es otra cosa. Puede correrse a máxima velocidad del vehículo, que suele ser, en todo caso, la máxima de la pasión también.

"Por la noche, terminas, el bien ganado recreo y el descanso luego'. ¡Eso precisamente es lo que procuro hacer yo! Mas falta saber qué clase de recreos son ellos. ¡Perdona, mi hermano querido! No sé si tender un velo sobre ello, yo que conozco también, aunque sólo sea teóricamente, a qué llamáis divertirse tú y los que como tú piensan. Ello es ya, sin embargo, terreno vedado para mí. Ni te hace tampoco falta en ello consejo alguno, pues que a todo hombre le ha dotado la Ley de un precioso definidor de la licitud o ilicitud moral de cada diversión. Si de ella sales reconfortado y contento, notando que tus fuerzas, gastadas por el trabajo, se han restaurado sin tú darte cuenta durante ella, la diversión es fisiológica y laudable. En cambio, si te deja el menor sedimento de hastío físico, intelectual o moral una vez pasada, es prueba de que ella era reprensible por ser antifisiológica... ¡Entiéndeme bien, no meramente fisiológico-orgánica, única que admitís los positivistas, porque el alma también tiene su fisiología, psicología más bien, es decir, sus estados normales y sus momentos anormales, ni más ni menos que la misma Naturaleza, donde alternar suelen los días malos con los buenos!

"Una aclaración final para no hacer interminable esta carta. Cualquiera que sea tu conducta en París, no calumnies por eso, como tantos otros, a la ciudad cosmopolita que el propio cosmopolitismo ha creado para su uso. Aunque en París haya vicio, mucho vicio, ni más ni menos que el que haya en cualquier otra capital o gran puerto del mundo, también hay mucha virtud, y aunque no hubiera tanta, ella, la que haya, tiene sobre las llamadas virtudes pueblerinas el infalsificable mérito de que no es forzada, gazmoña e hipócrita como la de los pueblos, en los que, mientras menos habitantes tienen más en comunidad se vive, y más sujetas a una virtud forzada, que no es virtud, se hallan sus gentes bajo las implacables murmuraciones del vecino... ¡Por eso precisamente aquéllas son capitales, del caput capitis, cabeza, latino, y éstos son pueblos, es decir, lugares inferiores o 'infiernos', y en los que la virtud sincera del bien por el bien mismo suele verse perseguida por las críticas pueblerinas tanto y más que el vicio mismo! Recuerdo que nuestro pariente X..., que vegeta en una aldea acumulando unos millones que no ha de disfrutar, siempre que me hablaba de Madrid me sonreía picarescamente, llamándole el paraíso de los curas', aludiendo a la impunidad que para los anónimos devaneos amorosos en, barriadas lejanas de nuestro respectivo hogar, creía teníamos los que habitarnos en la corte... ¡Eso es quizá lo que el píllete 'terror de los mares' equivocado envidiaría!

"Perdón, y no va más, que ya eres mayor de edad, saber y gobierno para que sea yo, y no tú, el definidor de tu conducta. ¡Más sabe el loco en su casa.., etcétera!

"Con todos los de ésta y amigos, te abraza tu hermano

Justino."

Como las dos cartas que anteceden se cambiaron varias entre los dos hermanos, haciendo el uno de viejo Mentor y el otro de joven Telémaco. Del contexto de las cartas dispensamos al lector, deseoso, sin duda, de seguir los pasos de este último en un mundo como el parisiense, que tan bien parecía cuadrar con sus opiniones y con sus gustos.

III

EL HOMBRE DE PRESA

Oliverio, en sus andanzas de negocios y de placer por la capital de Francia, tropezó con los dos seres representativos con quienes lógicamente tenía que tropezar: con un hombre de presa belga, llamado M. Vaugirard, y con una mujer, de presa también, con Adelina Bayard, una joven rubia, blanca, de ojos azules de atracción infernal, aparentemente celeste, encontrada al azar en el café o en el teatro; una de esas hadas-mujeres que parecen nacidas para el placer. Ambos le arrastraron bien pronto al joven en sus órbitas como a ínfimo satélite sin propia luz, o como a pajarillo que cae aturdido en la boca de la serpiente, pese a su saber matemático de escuadra y cartabón, inadaptable, por artificioso, a las cambiantes exigencias ultramatemáticas de la vida.

Y Oliverio, al lado de aquella beldad física, un mucho felina, de la Bayard, mujer adornada además de maravillosas dotes de inteligencia y de cultura, comenzó a padecer bajo ella una esclavitud matemática, que es la más tremenda de las esclavitudes, como otra esclavitud económico-financiera se le echó encima, sin casi notarlo, con el fiero- negociante dé M. Vaugirard.

Empecemos por este último:

—Mon cher —le decía Vaugirard a Oliverio con las fáciles maneras un tanto de "crupier" y de caballeros de industria que, en medio de su aparente pulcritud aristocrática, suelen tener esos temibles hombres de negocios, que con un simple ademán pueden hacer tambalear a un Estado o desencadenar una guerra en la que mueran miles de hombres sin saber por lo que mueren—, vosotros los jóvenes ingenieros españoles venís a París con los ojos cerrados. Vuestros escrúpulos son monjiles y vuestro ascetismo más propio de conquistadores espirituales de aquellos que iban a América a ganar almas para Dios. No tenéis ni la menor idea de lo que la lucha económica, que es hoy la suprema fórmula de progreso, exige de nosotros. Hay que tratar como gitanos, aunque luego se cumpla como caballeros. Hay que llevar la ley de la oferta y la demanda hasta sus límites más extremos, comprando por nada lo que haga falta y vendiéndolo luego a precio de oro. Ese hecho naturalísimo del que me hablabais escandalizado el otro día en la mesa, hecho contado por vuestro hermano en una de sus arcaicas cartas, relativo a que los contratristas de la fresa de Aranjuez habían tirado tres vagones de ella al Tajo para evitar una baja en el precio de dicha fruta en el mercado, lo encuentro perfecto. Algo semejante hicimos meses pasados en mucha mayor escala en la "Oíd diamont company" con el intempestivo aumento en la producción del oro de las minas de... Sepultamos el oro en sitio seguro, y en su lugar, obligamos a emitir papel... Yo hubiera abrazado ayer a un viejo mastuerzo de la rué de la Verrerie cuando le vi llegarse a la viuda del honorable fabricante Andreu, sabiendo que aquel mismo día le vencían tres letras que pudieran hacerla quebrar. ¡Qué queréis, es ello duro, pero es fatal! ¡Con qué fácil aunque estudiada indiferencia se dejó caer el vejete sobre el despacho de la fábrica en el momento preciso del vencimiento y el protesto, por falta de pago, de las letras! ¡Con qué suficiencia y desprecio arrugaba las telas de las muestras, acusando en ésta el pasado del tinte, en aquélla lo flojo del estambrado y en la otra lo desusado del dibujo, y qué manera tan delicada, tan mimosa de presentarlas en su tenducho luego que las hubo comprado en menos de la mitad de su justo valor! Un sacerdote santo no pone con majestad mayor la Custodia sobre el Altar... ¡Y así hay que hacer en todo, o no se es hombre de negocios! Creedme, pues, a ese ferrocarril español cuyo proyecto traéis estudiado con tan excesiva como inútil conciencia profesional hay que triplicarle el precio de coste al presentarle a la Sociedad en proyecto, o nada se hará. Acepto el que sea verdad que su coste real no exceda de setenta y cinco mil pesetas por kilómetro, pero para dar la suficiente margen al negocio tenéis que forzar los presupuestos poniéndole por lo menos el kilómetro a doscientas mil pesetas, que es la tarifa vigente. ¡Ya lo sabéis: en la sabia obra de vuestro Maristany, el alma de los ferrocarriles de Madrid-Zaragoza y Alicante, acerca de las empresas ferroviarias, se consigna y muy bien consignado que el presupuesto de obras tales debe ser forzado siempre en un ciento por ciento!

—Perdonad, monsieur Vaugirard —replicó ligeramente sonrojado el joven Oliverio, asomándole a las mejillas "el pavo" de su inexperta juventud—. Así es como la red de los ferrocarriles españoles es una vergüenza para mis antecesores profesionales que los trazaron, para políticos y caciques que los llevaron a su antojo y para las Empresas que por ellos cobraban tres veces más de lo que valían. En ellos, ya se sabe, como eran pagados por kilómetros, se acortaban locamente los trazados en los trayectos montañosos por ser más caros, dándoles pendientes ilegales y anticientíficas que luego han sido causa de infinitos accidentes, en los que han perdido la vida inocentes seres; se les acortaba, digo, en los trayectos costosos otro tanto que se los alargaba escandalosamente en los recorridos fáciles y llanos, aunque quedasen las estaciones a veces por la misma barbarie de los pueblos- hasta a cinco y siete kilómetros de éstos. De Madrid a Mérida, por ejemplo, no habrá quizás en línea recta doscientos cincuenta kilómetros, pero hay más de quinientos por ferrocarril.

¡Una deliciosa manera de alejar acercando, quiero decir de ir más de prisa a un pueblo que al par se pone efectivamente más lejos!...

—Oh, no, no —contestó M. Vaugirard, pasando por alto con aire dispensador de protección, los rubores muchachiles del ingeniero—. No me comprendéis bien, sin duda. Yo no voy a defender absurdos como los que me contáis, aunque el negocio es el negocio y la utilidad su única ley. Lo que sí os digo es que el arte supremo del buen economista es el de crear valores. Quien pone un papel violáceo de contraste para presentar al público una mercancía amarilla, ipso facto la valoriza y ya puede pedir más por ella.

—Sí, ya lo se —opuso el ingeniero—. De aquí la falsa base en que se asienta la Economía Política de nuestros días y que tarde o temprano nos llevará a una monstruosa revolución. Porque lo que quiere el mundo es la abundancia, que es la característica de la riqueza, y la gratuidad, que es su consecuencia, y hay que odiar, en cambio, que destruir, si se puede, el valor, riqueza negativa o de "signo contrario" que se cifra precisamente en la rareza, la escasez o la angustia del momento. El aire nada vale en sí, en el sentido económico por su misma gratuidad y abundancia, siendo, por consiguiente, una infinita riqueza. Sin embargo, ved que ya se le empieza a cotizar como valor en unión de la luz, en las grandes poblaciones, creando impuestos criminales de las puertas, balcones y ventanas por donde entra en nuestras casas, y favoreciendo, dicho sea de paso, la tuberculosis y la anemia... con la intención más piadosamente económica posible. ¡Estamos, sí, locos, o por lo menos somos como aquellos condenados al infierno dantesco que caminaban hacia adelante, pero con las cabezas vueltas eternamente hacia atrás...

—Sin embargo —insinuó Vaugirard con sus mejores maneras de zorro astuto—, vos gozáis un gran talento y tenéis que sacar provecho de él. Vuestras palabras son como un lejano eco de un tiempo caballeresco y guerrero de ideales que ya pasó cediendo el puesto a la realidad, al comercio, a la industria y a las grandes empresas, que es a quienes se debe el portentoso progreso moderno de ferrocarriles, autos, aeroplanos, buques de vapor, radiotelegrafía y radiotelefonía de que gozamos. ¿Habríais tenido todo esto por la otra vía de una estéril moralidad mojigata?...

El argumento era tan fuerte, que Oliverio vació antes de contestar. De todos modos, por innata rebeldía de su naturaleza escocesa, aquello le repugnaba sin saber por qué, y el negocio del belga se quedó sin hacer, perdiendo seguramente unos miles de francos el ingeniero, quien, sin embargo, se sintió feliz como nunca en su vida cuando su hermano el jurista, en una postdata de sus cartas, le dijo simplemente:

"Has hecho bien. El científico nunca podrá ser 'un hombre de presa". Hay hoy y habrá siempre sacerdotes, guerreros, comerciantes, sudras y parias, porque la ley de castas de la que habla el Código del Manú no es una vana quimera. Castas morales, no físicas, por supuesto. Ya que no puedes ser sacerdote de un ideal por tu positivismo en quiebra, sé al menos guerrero, pero comerciante profesional, ¡eso, nunca!"

Oliverio obró como varón, psicológicamente, porque tuvo "la cualidad del varón", o sea, etimológicamente, la fuerza de la virtud. El negocio mundano es una variante del sexo en alta filosofía, y el ingeniero español no fue arrastrado al precipicio moral de los sucios negocios, cual débil mujercilla. Ni perdió, por tanto, a manos de Vaugirard el pudor moral que suelen perder los hombres de su edad con harta mayor facilidad que las vírgenes su pudor físico...

No tenía, pues, mal discípulo, en el fondo, Justino el jurista.

IV

LA MUJER-SERPIENTE

Dijimos antes que al par que con Vaugirard, "el hombre presa", tropezó nuestro héroe Oliverio con "la mujer de presa", también, con Adelina, la fascinadora rubita.

Como el hastío en punto a amores fáciles y esporádicos sobreviene pronto a los temperamentos escogidos, las locuras del cabaret, de las carreras de Longchamp, del hotel o del camerino cedieron el puesto en el pecho del joven a una pasión formal, pero sin orientación alguna hacia el matrimonio: a la de la hetaira griega, o sea a la triple mujer bella en lo físico y en lo intelectual, y hasta en lo moral al uso, merced a estas cautelosas hipocresías tan características en esta clase de "mujeres serpientes".

La ley de toda pasión verdad es "de arriba abajo, no a la inversa", quiero decir que las pasiones más temibles son aquellas que surgen de una aparente o real compenetración de caracteres y, sobre todo, de ideas, y es tan grande el valor de la imaginación y de la inteligencia en la mujer, que ha hecho en la Historia irresistibles a no pocas feas físicas. Por eso alguien ha dicho que la hermosura comienza por la inteligencia, acabando en la inteligencia también, es decir, en la virtud inteligente.

Y en verdad que Adelina, la estatuaria modelo de "chez Maxim's", no tenía nada que envidiar a sus predecesoras en línea directa, la Dubarry, las Mantenon o las Manon Lescaut, tan célebres en la historia y en la Literatura francesas. Había jugado como a los bolos con diplomáticos, generales, escritores y músicos de entrambos continentes, dejándoles al fin en ridículo, después, eso sí, de agotarles el bolsillo en gastos verdaderamente locos que les llevasen a trances de suicidio, cárcel o desafío. Y, no obstante ello, con persistencia que asombra en el marchar de la maquinaria social humana, a los destronados sucedían bien pronto otros reyes de un día, cuyo puesto, vacante pronto, era ocupado a su vez por otros cuitados pajarracos o pajarillos.

Oliverio, vano y pagado de sí como joven listo y con dinero, entró en turno de corte así que la gran "charmeuse" se lo propuso, que fue tan luego como ella le echó encima la mirada a través de sus prismáticos en un palco de la Opera. Llegada la primera entrevista, un gorjeo de dos aves canoras de refinado estilo preciosista a lo Cirano de Bergerac en esa esgrima de ideas y galanterías que hoy se llama flirt juntó los ojos y los corazones. El resto, asegurador de la retirada, hízolo eso que entre muchos incautos se llama "caballerosidad". ¿Cómo, en efecto, quedar mal ni en pasión, ni en mentalidad ni en dinero, con una mujer de acerada sátira, más temible en sus reticencias y mohines de burla que una fiera del desierto?

Reíos, si queréis, hombres poco filósofos, de la esclavitud física del capataz y de la ergástula. Es mil veces más temible, por lo insidiosa, la esclavitud moral del qué dirán, sobre todo cuando este "qué dirán" es el de una mujer de talento y superior al nuestro y que con una simple frase dicha al acaso puede dejarnos pegados a la pared, desnudándonos con el ridículo, ante el coro de sus admiradores, enemigos casi siempre de todo el que descuella.

Monsicur Vaugirard no podía tener en sus planes de captación del ingeniero para sus anhelados chanchullos en los ferrocarriles de España que aquella fierecilla del placer y gran trituradora de fortunas. Adelina hacía gastar más de la cuenta al joven, produciendo en la bolsa de éste un vacío, "una diferencia de potencial" que no podía menos de obligarle a caer tarde o temprano en los depredadores negocios que el viejo mastuerzo le proponía y aun en otros peores. ¡El honor, la caballerosidad, estribaba precisamente en no hacer mal papel nunca entre las amistades de la hetaira, que eran lo más conocido de París en la Banca y en la Política, no en sujetarse a esa moral inventada por los fuertes para mantener en su esclavitud a los débiles, y harto pasada ya de moda!

Pero como el fondo psicológico de Oliverio era nativamente bueno, al tenor de la educación recibida, la lucha interior sobrevino en él, lucha homérica en la que tenemos que dejar ahora, para atender cronológicamente al otro hermano, a Walter, el soñador sin freno, que acababa de emprender por entonces derroteros no menos peligrosos, aunque harto más raros y peregrinos.

V
LAS EXTRAVAGANCIAS DE WALTER MAC DOWELL

Walter, el hermano mayor, el "violín" del consabido trío, era el hombre más singular que darse puede. En sus misticismos no confesionales de religión alguna positiva, diríase que el sexo, el polo negativo de la razón se le había subido íntegramente a la cabeza, dándole, eso sí, una lucidez extraordinaria, una vivacidad desconcertante, unos destellos geniales que en vano buscaríamos en hombres equilibrados de mente y de sexo, pero al mismo tiempo poniéndole en el peligro de todos los genios, que es el peligro de la locura.

Porque la Naturaleza, dúctil, maleable y pacientísima, tolera, merced a sus infinitos resortes, que el hombre la aparte continuamente y en todos sentidos de su posición de equilibrio, pero ello sólo es hasta ciertos límites, superados los cuales los resortes saltan, la reacción sobreviene, y son pocos los que no resultan en la prueba lisiados y maltrechos para toda su vida. Tal lo vemos de ordinario al parangonar entre sí a casados y solteros. Estos, en su primera juventud y madurez, parecen defenderse mejor que aquéllos, porque no tienen sobre sí las luchas, esfuerzos y dolores que el mantenimiento del hogar supone. Pero al apuntar la vejez suelen cambiarse las tornas, y una decadencia rápida, desconcertante en lo moral como en lo físico, hundir suele al solterón más duramente que-al casado, quien cumpliera mejor que el otro con los deberes' naturales aseguradores de la continuidad de la especie humana en el mundo... ¡Además, la muerte del tío solterón suele ser celebrada in pectore por el sobrino, otro tanto que es llorada la muerte del padre por el hijo!

El sexo es en sí —todo el mundo lo sabe— el mayor antídoto natural contra el humano egoísmo, fuente a su vez de cuantos males nos aquejan, porque al más antropocéntrico yególatra le obliga a salir de sí mismo, de sus maneras de ser, caprichos y prejuicios. Por eso donde la aberración sexual hace estragos mayores es entre la numerosa clase de los tímidos, ya que alguien ha dicho que en el tímido hay un hombre dual que, reconociéndose superior por dentro, se ve constreñido por reacción natural a no luchar y a darse siempre por vencido fuera. Es el tímido, en fin, al modo de esas fieras felinas que huyen de la luz, pero cuyo golpe en la oscuridad es siempre seguro, o como el guerrero parto, cuya flecha peor es la disparada en la huida, y tímidos efectivos fueran por eso en la Historia todos los grandes criminales y también los grandes santos.

Walter Mac Dowell, pues, era un formidable tímido y un perezoso moral también, un buscador de lo imposible, un seudo-brahmán que se creyera perfecto sin mujer y sin hijo. Pero como la secreta voz natural de la conciencia le hiciese notar en los momentos lúcidos toda su imperfección vanidosa, acaecióle lo que al que se hace alcohólico buscando el excitante antinatural de la bebida, quiero decir fuese en derechura a esas ganzúas de los estados superhumanos que suelen hoy llamarse "poderes psíquicos".

Conoció así a cuantas hechiceras, echadoras de cartas, sonámbulas, sugestionadoras, durmientes, etc., había por aquel entonces en Madrid, o sea la décima parte de las que hay hoy contando sobre las territoriales las venidas de París con la guerra. Afortunadamente para él, su superioridad mental y su educación exquisita le hicieron comprender bien pronto que aquellos ñañiguismos de baja estofa no sólo no daban verdaderos poderes, sino que lo que daban era locura, y que todos los vicios físicos solitarios tomaban en manos de tales gentes un tinte psíquico que los hacía más repugnantes aún, con "esposos" y "esposas astrales" que caían plenamente ya bajo la execrable categoría de los "íncubos" y "súcubos" eclesiásticos que tantos estragos hicieran en la Edad Media en tiendas, castillos, cabañas, palacios y conventos.

Jugar con lo astral siempre fuera peligroso juego, tanto que acaso nadie de cuantos han abierto incautos la fatídica puerta dantesca dejó de quedar tarado para toda su vida. Justo castigo es éste a la insoportable vanidad de quienes, como Walter, pretenden investigar las leyes desconocidas de la Naturaleza, haciendo gala de ignorar las leyes conocidas de ella en las que secularmente vienen trabajando la Historia, la Matemática, la Astronomía, la Física, la Química y demás ciencias; pobretes tímidos, malencarados y traidorzuelos que, al pasar junto a un hombre de ciencia, atenazado por secular dolor y encanecido en el estudio, parecen mirarle compasivos en su psíquica suficiencia, diciendo para sí: "¡Este buen señor será capaz de obtener todos los preparados químicos conocidos, pero desconoce la Química Oculta!..."2

2. Claro que estas consideraciones no van contra hombres sabios y de buena fe que se dedican a este objeto en la sección tercera de la S.T., sino contra muchos desgraciados, a quien hemos conocido, cual el héroe de nuestro cuento.

Ya lo dijo, en símbolo, Aristófanes el griego en Las Aves, su formidable poema ocultista: entre el hombre físico de aquí abajo y "el dios" u "hombre mental" de allá arriba se intermedia el mundo de las sombras, el mundo astral o "de las negras aves", donde los elementales del mal, junto otros más imbéciles infantiles o inofensivos, pretenden cortarnos las comunicaciones entre nuestra carne y nuestra mente. Así, atacado este mundo astral de abajo a arriba por la experimentación y por el psiquismo, vamos con las de perder casi siempre, todo lo que vamos con las de ganar cuando le atacamos a la inversa, o de arriba abajo, con el estudio de la Historia y de las ciencias, antecámaras santas del verdadero Ocultismo.

Mas como los "poderes" eran la verdadera obsesión de Walter por obra y gracia de su desequilibrado sexo, no por fracasado así en Madrid se dio dócilmente a partido, sino que con unos cuantos italianos extravagantes y francesas histéricas marchó a la Tripolitana en caza de cierto marabú-profeta de la Cirenaica, célebre en los fastos del psiquismo como encantador de serpientes, adivinador del pensamiento, hábil manejador de la varita rabdomante, dormidor de gentes contra su voluntad o sin que lo sintiesen y faquir maravilloso, en fin, hacedor de toda clase de trucos psicológicos como los de aquel congénere suyo que ante el príncipe de Gales, hoy rey Eduardo de Inglaterra, sugestionó a unos millares de personas haciéndoles ver diversas mayas juglarescas.3

3.   Los testigos presenciales de esta maya famosa la describen así: "Llegó el faquir cubiertas sus carnes con un mal taparrabos, llevando en una mano un saquillo y de la otra a un jovencito. El faquir extrajo del saco una larga cuerda, cuyo cabo disparó contra la bóveda celeste, quedando la cuerda así como colgada de un gancho invisible. Luego hizo subir por ella al muchacho hasta perderse de vista en la altura, y tras él subió el viejo con un cuchillo entre los dientes. A poco de hacerse invisible también, empezaron a caer en el suelo pedazos del ensangrentado cuerpo del mozuelo, que, al descender, el viejo fue metiendo en el saco, de donde chorreaba la sangre. Finalmente abrió éste y el chico saltó de él sano y salvo como si tal cosa. Fue, pues, ésta una maya inconsciente operada al aire libre sobre unos millares de espectadores; pero es el caso que como ésta no actúa naturalmente sobre las sales de plata de las placas fotográficas, los diversos kodaks de los turistas presentes no acusaron cambio alguno en la escena, donde invariablemente se siguió viendo al viejo y al joven inmóviles en el medio de ella."

Y ya desde Túnez mismo, antes de llegar el barco a su destino, escribía Walter a su hermano Justino esta desatalantada carta:

"Túnez, octubre de 189...

"Lleno de ilusión te escribo, hermano mío, estas rápidas líneas frente a las ruinas de Cartago, aunque sintiéndome incapaz de reflejar en ellas todo el férvido entusiasmo de que me siento invadido.

"En Barcelona, al tenor de mi telegrama, me incorporé a esta media docena de hermanos en espíritu, con los que desde entonces vivo en la fraternidad más perfecta, pues no tenemos sino una voluntad: la de llegar pronto a Trípoli y, ya en la Cirenaica, en el clásico retiro que fue templo de Júpiter Amnón y testigo de la temeraria expedición de Alejandro Magno, ver a este portento de psiquismo fenoménico que se llama Abdel-Malek-el-Kilabi, marabut al que se cree descendiente del profeta y quien, aunque perseguido por las autoridades italianas, se dice, por escandalosas estafas y otros abusos cometidos con sus clientes sus adoradores de las cinco partes del mundo, goza cada día de más prestigio entre los hombres decididos como yo, que quieren experimentar en lo desconocido, hablar con los muertos, comunicarse a distancia con los vivos, dominar al sexo, hacer llover a voluntad, operar mayas de todo género y, en una palabra, tornarnos superiores en poder, en autoridad, mando y conocimientos a los sabios de las universidades, a los reyes de la Tierra y a las potestades de lo astral, siguiendo las enseñanzas dadas por Eliphas Leví en su Dogma y

Ritual de la alta Magia, tan en boga entre espiritistas, magnetizadores, hipnotizadores y demás héroes de la experimentación psíquica moderna, sin nada de orientalismos ni de teosofías.

"Perdona, hermano querido, esta sincera confesión que no quisiera echases a mala parte. Desde la altura en que, gracias a estos estudios psiquiátricos, me voy colocando, siento verdadera lástima por vosotros los que aún vegetáis en la prosa del hogar, sin más horizontes que el de criar a vuestros hijos, estudiar alguna de esas ciencias del ayer, hoy archisuperadas por los novísimos estudios del humano doble, y hasta sacrificaros por un ideal de los que llamáis filosóficos o patrióticos. ¡Yo he tomado por el atajo, o sea por la vía derecha!...

"¡Si presenciaseis algunas de nuestras sesiones, la que tuvo lugar anteanoche a bordo, por ejemplo! Quiero narrarte algo de ella para que te asombres.

"Aunque las tres damas francesas que con otros compatriotas suyos e italianos sabes nos acompañan tienen muy sobresalientes facultades mediumnísticas, las dé la más joven, Mille Arabella, exceden a toda ponderación. Ni Florencia Cook, ni los Holmes, ni nadie ha llegado a mostrar sus poderes con más suficiencia. Sujeta con fuertes ligaduras al sillón de las experiencias por el doctor Durand, y comprobado su estado de trance perfecto, la hemos visto desdoblarse bajo nuestros mismos ojos en otra mujer de más edad, morena, casi negra como una hija del desierto, de mucha mayor estatura, además, que Mille Arabella, la cual es rubia, menuda y atrayente, casi un tipo de belleza, y hemos podido así fotografiar su doble, recibir las huellas de él en yeso blando, pesarla y conversar con ella, con la aparición, durante algunos minutos.

"Después nos ha dado Arabella otra prueba estupenda de sus poderes, adivinando los pensamientos de los circunstantes uno a uno y hasta vaticinándonos el porvenir, que, en cuanto a mí, me apresuro a comunicarte ser por demás risueño. ¡Yo no querría otra cosa que poseer poder igual, y te confieso que para poseerlo no me separaré jamás de esta mujer que por todos los indicios creo es mi alma gemela!

"Creo inútil el añadirte, después de esto, que soy otro hombre. ¡Cuánto bendigo a mis guías astrales el que no me hayan permitido el cortarme la cabeza con el matrimonio como, con el mejor deseo, me aconsejabas tú! No. Hay que penetrar resueltamente en estos misterios, bucear en estos abismos del poder infinito, latente en el hombre selecto, por encima de vulgaridades y de escrúpulos al uso. ¡Poder, poder y poder! ¡Esta es la Trinidad una de mi psíquico pragmatismo! Al lado de Mille Arabella y con unas cuantas lecciones que reciba pronto del faquir de la Cirenaica, hacia donde partimos mañana, te aseguro que el mundo resultará pequeño para tu hermano, que no por eso te olvida,

Walter.

"P.S.— Si te hiciste alguna petición cablegráfica de dinero, espero de ti la atiendas y contestes por idéntica vía. Ya sabes lo que es viajar, y nada más te digo."

El buen Justino, después de una segunda y lentísima lectura de la epístola de Walter, se quedó largo rato perplejo. Era indudable que su equilibrado juicio no estaba ya en sintonía adecuada para ponerse al sobreagudo diapasón en que aquélla había sido escrita. Informó aquella noche de sobremesa a su amante esposa Margarita, después de acostados los niños, y se puso a esperar tranquilamente unos acontecimientos que no habrían de tardar en sobrevenir.

Y tanto no tardaron ellos, que en la mañana siguiente recibió un alarmante cablegrama vía Trípoli-Brindisi-París, en el que se leía:

"Urgentísimo envío cien mil francos. De no llegar, estoy perdido."

El golpe resultaba anonadador. Para que un hombre como Walter, todo circunspección e idealismos, pidiese, así, en seco, tal cantidad de dinero, por encima de cuantos gastos habituales o extraordinarios puedan sobrevenir en un viaje, tenia que mediar algo gordo que sólo el tiempo podría esclarecer.

Fuese, en el acto, al Crédit Lyonnais, y, redactando y firmando el oportuno cheque de los cien mil francos, recabó sobre la marcha la orden cablegráfica que su hermano Walter, tan inopinada como apremiante, exigía.

Y su conciencia quedó más tranquila al tomarlos de su propia cuenta corriente sin tocar el capital inmobiliario de su hermano, como si hubiese averiguado el más portentoso de los misterios del psiquismo, aquéllos que embarcasen al buen Walter en una aventura donde se veía forzado a descargar tamaño sablazo sobre la fortuna de su hermano Justino, tan moderado en sus vivires como inquietos lo estaban siendo él y el ingeniero parisiense.

VI

EN LA TROUPE DE TITKAMAL

El paciente Justino, después de su heroico envío por cablegrama de los cien mil francos que Walter parecía reclamarle con tan suprema angustia, esperó dos o tres semanas a que el correo de Oriente le aportarse la solución del enigma. La cosa, en efecto, no podía menos de ser grave. En ella acaso jugaría la honra y quizá la vida misma de su fantástico hermano, quien de otro modo no se habría lanzado a tanto. La compañía de "los italianos extravagantes y las francesas histéricas" le había puesto en guardia, desde el primer momento, a Justino, y más aún la postdata de la última carta de Walter, que apuntaba ya la posibilidad de lo del giro cable-gráfico, por Justino tan puntualísimamente atendido.

Llegó al fin la deseada carta: un protocolo folletinesco, que decía: "Trípoli y noviembre de 18...

"Hermano muy querido: No sin rubor y vergüenza de mí mismo tomo la pluma para contarte mis desventuras, las que me han obligado fatalmente a poner a prueba de un modo tan cruel tu tranquilidad, tu bolsillo y tu cariño. ¡Cuánta razón tenías en tacharme de fantaseador alocado, y cuánta también el viejo Cleveland para decir que, en nuestro trío, mi voz desentonaba siempre por sobreaguda!

"Y basta de preámbulos inútiles cuando el único que cabe es el de acusarte recibo de tu giro de los cien mil francos, giro hecho con abnegación sin límites, como corresponde a un hermano tan equilibrado y tan bueno como tú. ¡Los hombres como yo, en cambio, son o deben ser para la Ley providencial o Karma de los teósofos lo que esos chicos caprichosos e insoportables, tortura de sus padres! ¡Y mi padre has sido tú, y mi madre la santa mujer que has sabido elegir por compañera! "Gracias, pues, desde el fondo de mi alma, y vamos a mi historia, o más bien mi novela, novela apta para una buena película de cine.

"Ya te pinté, en mi anterior las sobresalientes aptitudes psíquicas de las tres francesas que nos acompañaban y el singular ascendiente que Mille Arabella, la principal de ellas —una pila eléctrica humana movida por una fantasía de desbordada neurótica—, fue cobrando en mí hasta lograr tal ascendiente sobre mi peculiar abulia, que llegué materialmente a no pensar, a no ver sino por los propios ojos de ella, dando en llamarla, por no sé qué desastrosa asociación de ideas, 'mi alma gemela'.

"Arabella sabía muy bien de lo que la capacitaba tamaño ascendiente: mi psiquis, mis ideas y mi bolsillo no eran sino la prolongación de su voluntad morbosa sobre la aniquilada voluntad mía. Sentía por su corazón, pensaba por su cerebro y obraba bajo sus órdenes como el más perfecto de los autómatas, y cuando me regañaba, como el domador a la fiera encadenada, se me anublaban el cielo y la tierra, cual si un abismo se abriese bajo mis pies... ¡Oh, hermano querido, feliz tú que no has experimentado nunca, por tu ponderación psicológica, los terribles efectos de la sugestión! ¡No puedes ni imaginarte siquiera el espanto con que la Naturaleza que nos ha hecho libres, conscientes y responsables, protesta airada contra tamaña transgresión de la Ley como es la de la sugestión, teratología psicológica que —hoy lo comprendo bien,--aunque tarde— implanta una sola voluntad allí donde la Naturaleza ha implantado dos inalienables e imprescindibles!

"Baste consignar que mi cabeza era un volcán y mi pecho un verdadero campo de Agramante en aquel mi batallar continuo conmigo mismo. Siempre la sugestión me decía una cosa y mi ahogada conciencia psicológica otra, diametralmente opuesta. En los actos más triviales de la vida, como el ir a cualquier lugar o realizar cualquier acto, por ejemplo, el de escribirte, una voz me decía imperiosamente: ' ¡Ve!' o ' ¡escribe!', pero al momento cien otras clamaban diciéndome: ' ¡No escribas!', '¡no vayas!', y yo me quedaba como un péndulo, oscilando, pero sin marchar ni hacia atrás ni hacia adelante.

"Aquello de Sir Humphy Davy cuando respiró el 'gas hilarante' y creyó ver todo en forma de Pensamiento es una tremenda realidad. Yo lo veo todo, hasta lo más trivial, en forma de Pasión, al tenor de la etimología de 'patior', padecer. Así me hace padecer el hombre viejo o el joven que pasa por mi lado y cuyos pensamientos, tristes o alegres, creo adivinar; el que ríe, como el que llora; el que anda, como el que se para; el que sabe, como el que ignora, me producen la misma impresión repulsiva en eso que los médicos llaman 'odio a la compañía' o 'peirofobia'.

" \Y si me retiro a la soledad, ahí es ella! ¡Gritos insonoros, contactos intangibles, olores nunca olidos, sabores nunca definidos ni gustados me atormentan, me enloquecen de tal modo que también tengo que huir de la soledad más de prisa aún que de la compañía! ¡Mi único refugio ella, la Arabella sugestionadora, a cuyo lado sólo es donde encuentro la relativa calma que ésta mi tirana me quiera otorgar, porque entonces —psíquicamente se entiende— mi ser se funde en el suyo, y una semi-inconsciencia de ensueño calma así mi padecer!...

"En estas circunstancias tan desconsoladoras salimos de Túnez para Trípoli, capital que abandonamos a los pocos días uniéndonos a una caravana del desierto para llegar así al séptimo día, se nos dijo, al oasis lejano donde moraba el faquir. Pero nuestra suerte o nuestra desgracia hizo que las cosas pasasen de otro modo, y que el faquir mismo viniese a nuestro encuentro en las afueras casi de Trípoli al frente de una abigarrada troupe de 'cornac', danzarinas, juglares y encantadoras de serpientes, como esas que son vuestro encanto en los circos.

"Aquello en tiempos normales me habría escamado, pero entonces no, porque yo seguía no viendo sino por los ojos de Arabella, la cual, a su vez, pareció mostrar desde el primer momento hacia el faquir Titkamal la misma subordinación hipnótica que yo hacia ella tenía.
"Renuncio a contarte, porque ya querrá el Destino que lo haga un día de silla a silla, mis amarguras y mis asombros, una vez que la troupe aquella se instaló gitanescamente en las afueras de la ciudad y nosotros con ella en un fonducho vecino. Vi todo cuanto hay que ver en punto a sugestiones, no ya de cobras imponentes y silbantes víboras; a tratos psíquicos con las fieras de las jaulas con poderes que serían inexplicables para los científicos europeos; vi la danza de los puñales; el caminar sobre ascuas encendidas o el tragárselas Titkamal

como si fueran bombones. Contemplé con curiosidad y espanto, y hasta realicé yo mismo bajo sus indeclinables órdenes, experimentos capaces de poner a cualquiera los

pelos de punta, tales como descargar bajo mandato hipnótico sendas puñaladas a hombres-fantasmas; arrojarme, sin hacerme daño, de alturas hasta de treinta metros; tomar o hacer tomar auténticos venenos acabados de ensayar con triste efectividad sobre perros o gallos, sin que ellos resultasen dañosos a aquellos a quienes los propinaba.

"Semejante trastorno, ante mis propios ojos y bajo mi propia mano, de las leyes naturales que yo creía más invulnerables, no hay que decir el caos que introdujeron en mi ya asendereada psiquis. Por otro lado, la sugestión 'de primer grado' que me encadenaba cada vez con más irresistible poder a los menores caprichos de Arabella pasó a ser de 'segundó-grado' merced al tiránico, .al omnímodo poder hasta el anonadamiento que sobre Arabella tenía Titkamal. Los tormentos de los celos, ¡de unos celos psíquicos!, se juntaron a los otros tormentos, y yo, incapaz de soportar ya la sobretara, no quería sino morir!

"De pasada sea dicho que durante ese tiempo mi bolsa, que sufragaba todo lo sufragable, iba menguando de un modo alarmante bajo los gastos suyos, y ajenos o de la troupe, que me decretaba hacer Arabella, la irresistible. Saqué de Madrid, de mi cuenta corriente, más de la mitad de mi capital, o sea quinientos mil francos, aunque nada me atreví a decirte y no sé qué ángel bueno me movió a dejar el resto y a no decir a mi tirana que lo había dejado. De lo contrario...

"Ya apenas me quedaban cincuenta mil francos, cuando al salir de Túnez te puse en mi última la postdata previsora, postdata que en unión de tu inagotable bondad me han salvado juntamente el honor y la vida, como vas a ver.

"Llevábamos así en aquel mi embrutecimiento pasional no sé cuántos días bajo el ojo avizor de la policía italiana, quien, sin duda, me había fichado, y con razón, desde el primer momento, porque mi abulia y mi estado estupefaciente con Arabella no me había permitido ni unos minutos que consagrar a la obligada visita de Consulado y Prefectura.

"Mi porte decente y quizá los informes que de mí consiguiesen en España les había contenido con circunspección jamás usada, pero es lo cierto que, sin que yo lo supiese, se nos seguía muy de cerca.

"Y sucedió un día en nuestra troupe un caso extraordinario. Un muchachote maltés de los de la troupe, tomado, se decía, porque era un gran capullo de médium, dio en la flor también de enamorarse perdidamente de Arabella. Esto no lo supe entonces, sino días después, cuando, merced a mis andanzas, di con mi cuerpo en la cárcel del modo más increíble y tremebundo.

"Se trataba aquella noche entre los del harca de Titkamal de preparar el último ensayo de la función pública anunciada ya con bombo y platillos para la noche siguiente, y en la que Titkamal mismo, como corona de una serie de experimentos hipnóticos y de poderes personales, haría 'el juego de las pistolas', que consistía en descargar simultáneamente sobre el pecho mismo del maltes un par de pistolas cargadas antes con doble bala en presencia de los circunstantes, truco hipnótico muy conocido en toda África, aun entre los sacerdotes de las tribus salvajes.

"Titkamal, para demostrarme, dijo, que el experimento era perfectamente inofensivo, me hizo cargar las dos pistolas a mi satisfacción, disparándolas inmediatamente a bocajarro sobre el muchachote, quien, acostumbrado ya al caso, ni se estremeció siquiera. Y como yo, en mi condición europea de eterno escepticismo, mostrase ciertas dudas con aquel poder omnímodo de segundo grado que a través de Arabella tenía sobre mí, me obligó a repetir por mi propia mano el experimento.

"¡Nunca lo hubiera hecho, porque el juego del psiquismo es siempre jugar con fuego, 'tentar a los elementales', que diría un teósofo! ¿Cómo decirte, hermano de mi alma, que esta vez el juego se transformó, yo nunca supe cómo, enlamas espantosa realidad, y que yo, ciego espiritual y físico, por no sé qué error cometido en la operatoria previa, descargué impávido las dos pistolas, cuyos sendos proyectiles penetraron esta vez en el pecho del desdichado, haciéndole exhalar un espantoso grito de angustia y caer mortal en un charco de sangre? "¡Yo, criminal; yo, loco; yo, sugestionado imbécil por un saltimbanquis y una mujerzuela, quitaba así la vida a un semejante, sin intención por supuesto! ¡Yo, hijo pródigo maldito, echaba así la mancha del asesino sobre nuestro nombre inmaculado, e iba a desaparecer de la lista de los hombres libres para subir a un patíbulo o enterrar al menos, lejos de mi patria y de los míos, mi juventud en la sentina de un presidio! Por embrutecido que estuviese entre aquella gentuza, el espolazo-moral fue tan grande, que juntando en una sola todas mis maltrechas fuerzas, las vuestras quizás, a distancia, y las de esas inesperadas Protecciones Invisibles 'a lo Lohengrin' que en los momentos difíciles vienen siempre al hombre que desea regenerarse cueste lo que cueste, rompí como el gigante Imir todas las cadenas de los liliputienses; como el que se escapa de una cárcel, de un salto abandoné para siempre aquella gentuza, y cuando me entregué espontáneamente a la policía italiana, constituyéndome preso, aunque preso físico, me consideré feliz viéndome libre de golpe de mis mil veces más odiosas prisiones psíquicas.

"Lo demás lo puedes colegir ya.

"El funcionario que operó mi detención era un hombre astuto, mundano y comprensivo, quien con burlona sonrisa me dijo:

"—Mío caro, habéis hecho una locura; pero afortunadamente sois europeo, quiero decir, casi compatriota mío, y estáis al fin en un país todavía musulmán donde la vida humana se tasa en cien camellos desde los tiempos de Abdallah, el padre de Mahoma.4 Además, habéis quitado del mundo a un granuja maltes, con lo que casi habéis hecho una obra buena. El médico me dice ahora que, por rara casualidad inexplicable, las balas han resbalado ambas por la quinta costilla, y las heridas, por tanto, no son mortales de necesidad. Ahora, eso sí, que la ley es ley, y no he de insistir sobre ello: 'un hombre, cien camellos; un camello, mil francos', con que echad la cuenta y si podéis aprontar en el acto la tal cantidad...

4. Los tratadistas coránicos refieren, en efecto, que al abuelo de Mahoma, fiel cumplidor de la ley, el Destino le había negado sucesión, por lo que hizo solemne promesa a los dioses de consagrarles el primer hijo que tuviese, en sacrificio análogo al de Abraham con su hijo Isaac. Naciéronle entonces varios hijos, por lo que le era necesario el cumplir el voto sacrificando a Abdallah, el hijo primogénito. Aterrado en su corazón de padre por lo horrible de su voto, fue a consultar a una célebre pitonisa acerca del modo que tendría para evitarlo, y ésta le dijo: "Echa suertes entre tu hijo y diez camellos hasta que la suerte les señale a estos últimos para el sacrificio". El padre, loco de alegría, echó las suertes, pero el azar siempre designó al hijo como víctima y no a los camellos hasta el décimo sorteo, razón por la cual en recuerdo de los cien camellos así sacrificados se tasó desde entonces en cien camellos la vida de un hombre.

"Con las frases del pícaro funcionario no necesité saber más. Pedíle recado de escribir, cablegrafíete sobre la marcha y antes de seis horas ya marchaba libre en derechura al puerto, para embarcarme rumbo a España en la primera ocasión y sin volver la vista atrás, ¡no quedase convertido como la mujer de Lot en estatua de sal!

"Por desgracia no hay pasaje para mí en este correo, y sí en el inmediato. Tras esta carta irá, pues, a abrazaros el loco a quien salvasteis con vuestra generosidad y que ha dado por una lección psicológica la mitad de su fortuna personal, siendo así que tú, por tu ponderación envidiable, te la supiste desde el principio como tantas otras, sin pagarlas tan caras como este tu por ti salvado hermano que te abraza,

Walter."

Justino pasó silenciosamente la carta a su esposa, que estaba al lado, y de los ojos de entrambos brotó una lágrima, en la que la pena y la ternura se entremezclaran.

VII

LA VUELTA DEL INGENIERO

Una semana después de la notable carta de Walter que transcripta queda, su autor caía como un árbol tronchado en los brazos de los dos consortes, que aquí le aguardaban ansiosos. La muda escena que siguió es de las que no pueden ser descritas.

Una vez repuestos de ella todos, Walter, como quien narra una horripilante pesadilla de la que se acaba de salir, añadió más y más detalles increíbles al relato de su triste odisea mediterránea, que ya conocemos en esencia. Había tal emoción en su voz, tan inequívocas muestras de terror al referirla, que de cuando en cuando el narrador y sus oyentes volvían instintivamente la cabeza hacia atrás como temerosos de que llegase un espectro: el doble astral, por ejemplo, del muchachote maltés, de Titkamal o de Arabella.

¡Tales son los deplorables efectos de la sugestión, cualquiera que ella sea! El que esta fiel historia transmite a la imprenta vio un día al capitán Sánchez, terrible asesino incapaz de temor alguno de Dios ni de los hombres, cuadrarse tímido cual un quinto recién llegado de la aldea ante cualquier boca manga con estrellas, que tal era su hábito de obediencia militar, en la guerra de Cuba adquirida. Esto que en psicología se llama ascendiente, es una de las menores taras que la sugestión hipnótica deja en los organismos de sus víctimas. Hay otras infinitamente peores, de las que no vamos a hablar ahora, pero que condenan en absoluto las prácticas del hipnotismo, aunque ellas sean realizadas sacerdotalmente o por médicos honrados y con miras de curación. ¡Son siempre un crimen contra Natura!

Además, nuestro relato tiene que dejar a un lado ya el folletín tripolitano de Walter, porque de allí a dos días de la llegada de éste a Madrid, otro folletín semejante hubo de continuar la serie de los que al noble Justino le obligaban a vivir sus hermanos, sin propia culpa. Quiero decir que cuarenta y ocho horas más tarde que Walter, Oliverio, el otro hermano, el ingeniero, se precipitaba como una tromba en el salón-comedor, donde nadie le esperaba, y a los postres de la comida.

Venía el impenitente bulevardero pálido, azorado, descompuesto, con la mano derecha en cabestrillo y unas huellas de hastío y de amargura en el semblante que parecía haber envejecido diez años en los pocos meses que hacía que sus hermanos no le veían. Estos, lanzando un grito de sorpresa, le abrazaron amantes, y haciéndole sentar en una poltrona le interrogaron ansiosos, sobre todo por lo de la mano en cabestrillo.

—¡No es ello nada por fortuna! —exclamó Oliverio tranquilizándolos—. Los médicos dicen que curaré en pocos días, sin que me quede deformidad alguna. ¡Ya veis, puedo mover perfectamente los dedos, cosa que nunca creí!...

Y exhalando un ¡ah! de infinita satisfacción, como marinero que, después de luchar varias horas contra el naufragio, se ve sano y salvo en lugar seguro, se dejó caer pesadamente sobre la poltrona, pidiendo café, pues dijo haber comido en el sudexpreso.

Niño alguno devoró la ansiada golosina con el placer infinito que Oliverio bebió a prolongados sorbos y entonando los ojos la taza de moka aromatizada con ron que su cuñada le aportase. Después encendió un habano, a los que era enormemente aficionado, y, con semejante exordio tranquilizador para él, pero angustiador para sus tres oyentes, les habló de esta manera:

—Mi historia, hermanos míos, se quedó cortada en el prólogo. Quiero decir que de él, por no haberos escrito desde entonces, no sabéis más sino lo del simultáneo conocimiento que trabé en París con "el hombre y la mujer de presa", como Justino, con notable precisión, hubo de denominar en sus cartas al zorro de monsieur Vaugirard y a la... vulpécula de Adelina Bayard. El cuento quedó cortado, pues, en el pasaje de mi sugestión fatal, de mi caída más bien, bajo las gallardías dominadoras de aquella mujer, reencarnación de las hetairas griegas del tiempo de Pericles, a cuyos pies cayeron deshechos tantos hogares y agotadas tantísimas fortunas. Y no fue lo peor los gastos a que desde el primer momento me vi condenado a realizar sin protesta y que, sin que vosotros lo supieseis, ha dejado tambaleándose mi cuenta corriente en el Crédit. No1, "lo peor han sido las tempestades desencadenadas contra mi honor y hasta contra mi vida, según ésta mi diestra os lo acredita...

Y diciendo esto blandió la mano enferma con cierta agilidad, aunque reprimiendo una mueca dolorosa, mientras que Walter y Justino cambiaban una sonrisa de inteligencia que quería sin duda decir:

— ¡Esta es otra como la de Trípoli!

—Sabes, pues —continuó Oliverio con emoción visible—, que cuando, arrancando la careta al Vaugirard, vi en él uno de esos tunos de corbata blanca admirablemente "novelados" por Emile Gaboriou, éste me dijo con la impasibilidad del que está hecho ya a todas:

—Perfectamente, mon cher. Os perdono porque, como joven, sois todavía inexperto. Vous allez a la tnesse!, que decimos los franceses. Pero ya cambiaréis, por la mala o por la buena.

—Al principio no pude comprender el alcance de aquellas frases, tras las que se transparentaban, como vi después, aunque tarde, un reto y una venganza. Así que no hice caso y seguí en mi embobamiento amoroso, como Sansón en los pérfidos brazos de Dalila, sin caer en la cuenta que hetairas y negociantes suelen estar secretamente entendidos las más de las veces, como entonces acaecía. Mademoiselle' Bayard, en efecto, acosándome a gastos, y monsieur Vaugirard a solicitaciones, fatalmente tenían que cogerme al fin como en una tenaza, porque mi dinero de Madrid preveía acabaría por agotárseme, y entonces no habría más remedio, pensaba éste, que el de someterme a sus planes maquiavélicos. ¡Contar Vaugirard con el ingeniero equivalía a tener carta blanca en el ferrocarril proyectado! ¡La Bayard recibiría en él, cómo no, un buen puñado de acciones liberadas, y su cómplice muchas sin duda! En cuanto a mí... con el amor de la hetaira debería quedar archipagado. Pero como los dos cómplices no contaban con mi tozudez escocesa, acabaron por exasperarse, y tirando por lá calle del medio falsificaron mi firma en un cheque, no os diré para que no os asustéis de cuántos miles de francos, operando con tal maestría y por tales procedimientos que hoy mismo yo no sé si mi firma fue suplantada o si, en un momento de locura amorosa, la estampé y con un beso en los labios de la tirana. El cheque barría con más de lo que mi fortuna alcanzaba, y sólo podía ser completado con cargo a lo que ganase en la ya formada compañía belga explotadora del ferrocarril. O me rendía a discreción, por tanto, o me metía en un pleito deshonroso, o abofeteaba, en fin, al repugnante mastuerzo, del que se decía que había muerto a varios en duelo merced a su habilidad consumada en tirar toda clase de armas.

"Haciendo un sobrehumano esfuerzo —continuó Oliverio— opté por esto último. Aunque tardíamente para lo que convenía a mi buen nombre, abandoné para siempre a la pérfida, entre lágrimas de súplica y amenazas de venganza; descargué una verdadera nube de bastonazos, puntapiés y bofetones sobre la personeja de Vaugirard, y antes de las cuarenta y ocho horas me batía con él en Neully y recibía de él un balazo en la mano derecha, cuando la tenía cerca de la sien y disparaba yo a mi vez a la voz simultánea de mando. ¡Y allí quedó muerto! —acabó diciendo lleno de amargura el ingeniero y dejando caer hacia atrás su cabeza desgreñada, cuya faz, más que de un vivo, parecía de un cadáver.

Hubo una pausa solemne y angustiosa, un silencio que rompió la argentina voz de Margarita, diciendo, mientras enseñaba un periódico francés acabado de llegar:

- ¡No, hermano mío, no le has muerto al tunante felizmente! ¡Mira el relato del duelo, que se consigna con gran lujo de detalles en este diario, que ha venido contigo y en tu mismo tren!

Y así diciendo, Margarita le entregó un periódico fechado el día anterior en París, el cual, bajo grandes titulares de El duelo -Mac Dovell-Vaugirard, relataba todos los detalles del encuentro y la herida no mortal de este último, contra lo que en un principio creyeran todos, incluso el espantado ingeniero.

— ¿Quién ha de traerle sino el Destino, protector eterno de los buenos? —dijo solemnemente el hada de aquel hogar. Y luego, con gran misterio, añadió: — ¡Trájole quien a ti te ha traído también, sin que te des cuenta. Una mujer, la única acaso que te ha amado con desinterés!

Los tres hermanos se miraron asombrados, sin acertar a descubrir adónde iba con aquel preámbulo la buena Margarita. Esta, comprendiendo lo cruel de mantenerlos en tamaña ansiedad, se expresó de esta manera:

—La historia es larga, y un tanto increíble en estos tiempos de refinado egoísmo y en los que el sacrificio de una mujer sólo por platónico amor resulta algo absurdo que nadie admite.

"Sin embargo —continuó Margarita tras una solemne pausa, rodeándola, asombrados de aquel exordio, los tres hermanos—, ha mediado aquí una historia de amor y de sacrificio, historia muda, maravillosa, de cuyo feliz resultado final no podréis dudar ante esta muestra: ¡Ved!"

Y diciendo esto, tiró de un cajoncito de su mesa de costura, sacó de él un sobre en blanco y lo puso en manos de Oliverio, añadiendo:

— ¡Mira lo que hay dentro de ese sobre y lo comprenderás!

Oliverio, presintiendo al punto de lo que se trataba, rompió ansiosamente el sobre y preso de un estupor sin límites sacó de él un cheque azulado en el que se leía la orden de abonar a la vista, a Mlle. Adelina Bayard, una respetable suma de miles de francos contra la cuenta corriente del librador en el Crédit Lyonnais, y por bajo aparecía estampada la firma indubitable de Oliverio Mac Dowell.

— ¿Qué es esto? —exclamó pasmado este último—. ¿Qué delirio de calentura me hace ver en mis manos, tras las horribles aventuras acaecidas, un papel que era mi deshonra y por el que he estado a punto de perder la vida? ¡Habla pronto, hermana mía! ¡No prolongues ni un instante más este estado de curiosidad violenta en el que la increíble posesión de este papel me tiene sumergido!

—Soy pésima narradora de historias ajenas. ¡La propia interesada, la heroína de la presente, acaso pueda referírtela con mucha mayor viveza de colorido! —dijo, y sin aguardar a más Margarita salió precipitadamente del comedor, volviendo de allí a poco conduciendo de las manos a dos hermosísimas jóvenes como de veinte a veintidós años, en las que, a pesar de las mudanzas de los tiempos que a ellas favoreciese naciéndolas doblemente bellas, los hermanos reconocieron a María y a Pepita Cleveland, las dos únicas hijas del anciano profesor, el de la profecía del "trío", pocos años antes fallecido.

Oliverio y Walter, obsesionados con sus ideas fijas y sus ensueños imposibles, que tan funestas consecuencias habían acarreado lo mismo a sus psiquis que a sus bolsillos, apenas podían salir de su asombro ni reconocer en las dos soberbias mujeres que acababan de irrumpir en el salón como dos soles esplendorosos a las modestas hijas de su maestro, en quienes apenas si se habían fijado después que dejaran ser unas niñas, humildes y modestísimas. Justino y su esposa Margarita, en cambio, habían velado por ellas en su triste orfandad, protegiéndolas en todos sentidos y sembrando en los corazones de ellas una gratitud que nadie pensara fuesen a pagar tan pronto, dentro del kármico voltear de la rueda de la Fortuna.

Oliverio, sobre todo, experimentó a la mera vista de María Cleveland una emoción sin límites, que al pronto le era imposible explicarse. ¡El, sin duda, había visto aquella faz noblota, aquellos ojos abismales en alguna parte, sin caer en la cuenta de dónde!

—He aquí tu ángel bueno, tu hada salvadora, la del cheque... —exclamó triunfalmente Margarita llevando a María Cleveland al lado de su cuñado Oliverio—. ¿Lo creerías si yo no te lo asegurase?

—En efecto, hermana querida, lo creo porque tú me lo dices. Pero... —balbuceó Oliverio inclinándose.

—No hay pero que valga, y para ahorrar a esta abnegada heroína del sonrojo que supondría para ella el relatar sus propias hazañas, sentémonos todos y escuchadme —interrumpió Margarita, haciéndolos sentar a la redonda y sirviéndoles a las dos el café recién preparado. Y el relato de la reina de aquel hogar feliz, descartados detalles innecesarios, fue el que se consigna en el siguiente capítulo.

VIII

MARÍA, LA HEROÍNA

María Cleveland, mujer valiente como su padre y soñadora como su madre, así que se vio sola en el mundo, por la muerte de ellos, no quiso —según el relato que a sus hermanos hizo Margarita— ser gravosa al matrimonio Mac Dowell, que le brindaban generosa protección. Puso a su hermana en una pensión modesta y con los pocos ahorros dejados por Mr. Cleveland al fallecer, conociendo como conocía ala perfección el francés, el inglés y el alemán, amén del castellano, pasó a París meses antes que Oliverio. Y quiso el Hado que, prendada de sus dotes filológicas y administrativas, la hetaira Adelina Bayard la tomara a su servicio y hasta la hiciera, más tarde, su confidente al tenor de esa debilidad especial que a veces tienen los temperamentos viciosos con los virtuosos, al par que energéticos, porque, eso sí, la energía de carácter de María Cleveland era tal que, a vivir en los tiempos bíblicos, la habrían podido llevar entre las llamadas "mujeres fuertes" de los hebreos. Oliverio, fuese por la propia ceguedad de su pasión, fuese porque de él se recatase María y con él la recatase al propio tiempo la celosa hetaira Bayard, es lo cierto que apenas si reparó en la joven doncella, ni menos alcanzó a identificarla con la modestísima violeta madrileña que antaño viese alguna vez en casa de Cleveland. Pero ella, María, no sólo reparó en el

gallardo ingeniero, sino que la secreta pasión que desde muy niña concibiese hacia él —pasión imposible, devorada en silencio como ensueño íntimo e irrealizable— tomó terribles vuelos, alimentada por el alejamiento de la patria y de la hermana idolatrada, por la soledad moral y física en que yacía, muda, olvidada sirviente de una mujer del gran mundo, que, valiendo en todos sentidos mucho menos que ella, la deslumbraba hasta el anonadamiento con sus trenes, con sus lujos, con su soberbia de diosa, con las adulaciones de que era objeto, y, sobre todo, con el reinar soberana en el pecho del ingeniero.

Mas, como a la siempre despierta intuición de una mujer del carácter de María no suele escapársele nada, ella repasó sus propias armas, comprendiendo que en su sorda lucha con su ama, si bien eran menos numerosas o aparatosas, resultaban, en cambio, de mucho mejor temple, porque el de las de la virtud, aunque otra cosa crea el ciego y necio mundo, es superior a la eterna flojera de las del vicio, pues que si "virtud" es cualidad de varón como llevamos dicho, "vicio" equivale a deformidad, pobreza y cobardía, incapaz de afrontar las situaciones de fuerza, por su efectiva miseria intrínseca misma.

E inmediatamente, con precisión más matemática que la de cualquier matemático, aunque el matemático se llamase Oliverio Mac Dowell, trazó su plan de lucha, mejor dicho de salvación de este vanidoso incauto; y le trazó de la siguiente manera:

—La señora —se dijo María en su eterno monólogo de solitaria— no ama a Oliverio como le amo yo, sino más bien al bolsillo y a "la ingeniería" de Oliverio, que no es lo mismo, y, por lo tanto, tarde o temprano sobrevendrá la ruptura, bien porque aquél se agote con los necios despilfarros, bien porque de ésta se diga, después de explotada hasta lo imposible, aquello de "el traidor no es necesario, siendo la traición pasada", de La vida es sueño, de Calderón. Mi papel está harto claro, pues no por amor sólo, sino también por las nociones firmes del deber que los autores de mis días me enseñaron, debo evitar, si puedo, la caída de este joven tan sincero como inexperto a quien mi propio padre educó. ¡Y estoy segura de que al obrar así él y mi madre me bendecirán desde el cielo! Desde aquel instante María puso en acción su plan. Extremó sus atenciones y servicios hacia la hetaira, llegando a ser su administradora, tarea nada hacedera con aquella "maquinilla de botar la plata", que dirían en la Argentina; su secretaria y hasta su confidente, dentro de la prudentísima reserva y la altura moral que nunca la abandonasen a la joven como rasgos esenciales de su carácter. Así conoció María punto por punto las trapacerías de Vaugirard, sus secretas inteligencias con la hetaira y con otros aborrecibles personajes del "negocio-merienda de negros" del ponderado ferrocarril en España, hasta que llegó lo del cheque y también lo del desafío Vaugirad-Mac Dowell. Comprendiendo entonces que el desenlace del drama se venía a más andar, y que había llegado su momento decisivo, para luchar con alguna probabilidad de vencer a tan poderosos enemigos como lo era la cohorte de mastuerzos u "hombres de presa" interesados en aquél, se proveyó como pudo de documentos falsos con los que poder burlar la persecución que contra ella, desvalida mujer, habían de desencadenar aquellos perversos, y quiso su buena suerte que la noche misma de la víspera del duelo, con la nerviosidad consiguiente experimentada por la hetaira, ésta se dejase un momento abierto el cajoncito de su tocador, en el que guardaba el cheque famoso, para cobrarlo al otro día.

María, no como quien roba, pero sí con la emoción de quien administra una "catalana" justicia, se apoderó sin vacilar del cheque, y, aprovechando la barahúnda de la casa con ocasión del duelo y de la herida, al parecer mortal, de Vaucrirard, partió en un tren-tranvía para la costa normanda, pasó en una barquita a la isla Ouessant y allí, aprovechando la escala de un barco de los de la Mala real inglesa que hacen la travesía de Londres al Brasil y la Argentina, pudo verse, al fin. de allí a dos días, respirando libre y dichosa en Vigo el aura de su patria, lejos de la persecución que, sin duda alguna, denunciándola como ladrona, había desarrollado la hetaira al notar la falta de su cheque juntamente con la desaparición de la doncella, siendo seguro el que la Policía, mal informada del caso, la habría aguardado de París a la frontera española todo a lo largo de la línea de Orléans, Poitiers, Burdeos, hasta Hendaya, para detenerla y encarcelarla como a una delincuente vulgar.

—No tengo por qué añadiros —terminó triunfalmente Margarita—, que, gracias a la abnegación sin límites y al heroísmo nada común de esta digna sucesora del viejo sabio míster Cleveland, vuestro maestro, tú, mi inexperto Oliverio, cuentas en tu cartera con unos miles de francos que tenías perdidos y con algo que vale más: con un verdadero numen tutelar, quien, en carta firmada por una doncella de la hetaira Bayard, te previno a tiempo, como recordarás, de todas las maquinaciones de Vaugirard y consocios, y de sus secretas inteligencias con aquella perversa que a un mismo tiempo te estaba comprometiendo tu bolsillo, tu honra y tu vida.

— ¡María! ¡Mi salvadora María! —es todo lo que pudo decir atónito el ingeniero, cayendo dramáticamente a los pies de su salvadora.

—Nada tenéis que agradecerme, Oliverio —replicó esta última obligándole afectuosa a levantarse—. Lo he hecho por deber y...

— ¡Por deber y por amor! ¡Sed franca y proclamadlo muy alto! —exclamó ya fuera de sí Oliverio Mac Dowell—. Muy alto, sí, y sin rubores, pues que yo, el necio por vos salvado, el matemático ignorante de la vida, desde este momento, y no por gratitud, sino por asombro ante vuestra belleza y vuestro carácter, os amo ya de todo corazón y os ofrezco mi mano pecadora, si os dignáis aceptarla como premio harto pobre para lo que merecéis.

Un abrazo solemne, teatral, apoteótico, que no dejó casi acabar la frase del ingeniero, unió estrechamente a éste y a María Cleveland con los esposos Justino y Margarita, que no sabían cómo agradecer al Destino aquella inesperada manera de salvar al ingeniero en su anterior miopía matemática, que matemáticamente también, a no impedirlo la providencial intervención de una heroína como la de Las mil y una noches, le habría llevado a la deshonra y a la ruina...

IX

PEPITA -DINARZADA

Contra lo que podría esperarse de su interesantísimo argumento, la escena tan dramática de aquella tarde memorable en la casita irlandesa de los esposos Mac Dowell —Justino y Margarita—, no acabó con el solemne abrazo que trascrito queda, sino que tuvo una segunda parte, si no más interesante sí más rápida e inesperada que la primera, que vino así a constituir el epílogo de las aventuras tripolitanas de Walter, y también de esta verídica historia de amor y de afirmación de las dos tan desafinadas psicologías de él y de Oliverio. La doncella, en los momentos mismos en que Margarita acababa el relato de los heroísmos de María y su llegada a Madrid en la mañana de la tarde aquella en que llegara también el ingeniero, entró con una carta dirigida a Oliverio desde la Embajada del Quirinal, y donde su antiguo amigo el Embajador le decía:

"Roma y diciembre de 18... "Señor D. Justino Mac Dowell.

"Mi antiguo amigo y compañero: Seguramente no esperarías saber de mí, del viejo compañero de aula durante seis años —los seis mejores años de la vida, ¿verdad?— en la Facultad de Derecho. ¿Te acuerdas de ello, Justino querido? ¿Te acuerdas también de los altos conceptos que viejos maestros como Pastor y Alvira, Comas, Salmerón, etc., inculcaban en nosotros acerca de la santidad de la toga, y el supremo ideal de Justicia que debe inspirar siempre el letrado a lo largo de las impurezas de la vida?

"Pues ahora ha llegado el caso de aplicar a la práctica aquellos supremos conceptos, si es que ellos no han de ser siempre una entelequia, un algo como un 'caza tontos', pues tontos son lo que creen, dicen, en los conceptos abstractos de bien, verdad y belleza, por encima de los al uso, basados todos en la utilidad y el interés.

"La cosa, querido Justino, es rara, ¡casi folletinesca! y en ella juega el principal papel un hermano tuyo, creo, llamado Walter, hombre de tan buen corazón como fantástica cabeza, un cervelle brouillée, a juzgar por las muestras. "Debo los informes a mi amigo el Cónsul italiano en Trípoli, que acaba de llegar a ésta con licencia. Somos también antiguos camaradas, y paseando el otro día en coche por la solitaria Vía Apia y refiriéndome cosas de la profesión, me relató no sé a cuento de qué la aventura que hacía poco acaeciese en Trípoli con unas histéricas, un faquir y un chico maltes, a un tal Walter Mac Dowell, de Madrid, joven hermano tuyo, que recordé al punto haber visto contigo en la Facultad de Filosofía y Letras.

"Como supongo que de tal aventura tendrás, por desgracia, noticia, renuncio a relatártela. Te la diré en otra carta, caso de que la ignores, consignando hoy sólo que el buen Walter, fue a dar con un escribiente del consulado, granuja superlativo que, fingiéndose el cónsul, con la fábula célebre de los camellos de Abdallah, le sacó bonitamente cien mil francos, sobre los no sé cuántos mil que antes le sacasen sus compañeros de viaje desde Barcelona hasta Trípoli.

"Al acabar mi amigo su historia y recordando yo nuestra fraternal unión jurídica, que no se Ha borrado sino agigantado por los años, tomé la cosa en serio, quizás un poco quijotescamente, según los usos; pero es lo cierto que al verme tan interesado en ella se han girado las órdenes oportunas, y hoy, en el día de la fecha, puedo poner a tu disposición, para de aquí a pocas semanas, creo, no sólo los cien mil francos de los cien camellos, sino unos buenos pocos más que se han podido rescatar de la famosa acompañante Arabella y aun de su cómplice Titkamal; un aventurero griego muy listo, escapado de varios presidios y que con sus 'corresponsales' de Barcelona había urdido todo aquello.

"Cuando haya más sobre qué informarte, ya té informaré. Por ahora me limito a adelantarte la noticia, ya que cien mil francos en estos tiempos y en todos no son de perder. Pero hazme el favor, por Dios, de tirar un buen tirón de orejas a esa criatura que la fatalidad te ha dado por hermano y preguntarle pomposamente en nombre del embajador de S.M. el Rey de España cerca de S.M. el Rey de Italia si no hay en el mundo otras mujeres con quien convivir más que esas histéricas durmientes, médiums y despiertas echadoras de cartas, cuando cientos de mujeres honradas, normales, bien educadas y modelos de renunciación generosa que aguardan en ese Madrid paradisíaco, mejor dicho, en el mundo todo, al hombre por quien realizar increíbles abnegaciones, de lo cual tú, como yo, somos una buena prueba en la felicidad de nuestros hogares, felicidad en la que han puesto la mayor parte ellas...

"Hasta mi próxima, pues, te abraza fraternalmente tu antiguo compañero,

Manolo."

Acabada la carta, todos se miraron asombrados.

— ¡Parece esto un cuento de Las mil y una noches! —exclamó emocionadísima Margarita.

— ¡Sí, es cierto! —contestóle su esposo Justino, mientras releía la carta de Italia.

— ¡Y tanto! —añadió Oliverio, mientras miraba de hito en hito a Walter, rojo como el carmín de puro avergonzado—. ¡Pero yo encontré a mi Scherezada, a la salvadora mediante su propia renunciación y sacrificio!...

Entonces acaeció algo muy singular, digno remate o corona de aquella escena casi increíble, y fue que Walter, el tímido, el escarmentado buscador de "poderes", exclamó, dando una gran voz:

— ¡Sí! ¡Lo confieso paladinamente! He sido un loco buscando fuera el poder y la felicidad que el Destino me ponía pródigo a mi lado mismo!... ¿Hay por ventura "poder" alguno legítimo que en el "deber" no se funde? ¿Y hay "deber" mayor que el de dar a cada uno lo suyo, y traídos al seno de la Humanidad por una Ley tan santa como inexplicable, devolver a esta misma Humanidad lo de ella recibido, o sea un hogar, una familia, una educación a nuevos seres, y con ella la continuación del Destino mismo?

Y dirigiéndose a la pequeña y gentilísima Pepita, hasta entonces silenciosa, le dijo solemne:

—Tu hermana ha sido para mi hermano lo que Scherezad? del relato Las mil y una noches para el estúpido sultán, pero ella tenía una hermana y un hermano él, ¿quieres tú, mi antigua amiga, ser mi Dinarzada?

La contestación no se hizo esperar, y su sentido favorable nada sorprenderá a nuestros amabilísimos lectores. ¿Para qué repetirla, pues?

Consignemos por tanto, únicamente que el famoso trío en sí bemol pasó a sexteto, con las tres mujeres que así vinieron, por obra del Destino y como premio a unas gentes honradas, a endulzar la vida de los hermanos Mac Dowell.

El viejo Cleveland había sido más profeta de lo que parecía. ¿Quién había de decirle que también a él le había de tocar parte de la afinación del sexteto y del trío?

FIN